U0915189

高等院校通识教育“十三五”规划教材

# 大学生就业创业指导实用教程

EMPLOYMENT AND ENTREPRENEURSHIP

慕课版

韩丽霞 毕京铭 蔡玉生 ◉ 主编

人民邮电出版社

北京

图书在版编目（CIP）数据

大学生就业创业指导实用教程 : 慕课版 / 韩丽霞, 毕京铭, 蔡玉生主编. -- 北京 : 人民邮电出版社, 2018.9 （2020.3重印）
高等院校通识教育“十三五”规划教材
ISBN 978-7-115-48919-7

Ⅰ. ①大… Ⅱ. ①韩… ②毕… ③蔡… Ⅲ. ①大学生－职业选择－高等学校－教材 Ⅳ. ①G647.38

中国版本图书馆CIP数据核字(2018)第183712号

## 内 容 提 要

本书依据《大学生职业发展与就业指导课程教学要求》而编写，主要介绍了大学生职业生涯规划、大学生就业形势与政策、大学生就业准备、大学生就业心理分析、大学生就业途径与求职方式、大学生求职技巧与职场礼仪、大学生职业适应、大学生就业权益与保障、大学生自主创业等内容。全书内容丰富、系统、全面，讲解通俗、易懂、清晰。

本书适合作为高等院校“职业发展与就业指导”课程的教材，也可以作为高等院校相关教职人员的参考书；还可供有志于确立自己人生规划，提高自己就业与创业能力的广大青年朋友阅读。

◆ 主　　编　韩丽霞　毕京铭　蔡玉生
　责任编辑　王　平
　责任印制　焦志炜
◆ 人民邮电出版社出版发行　　北京市丰台区成寿寺路 11 号
　邮编　100164　　电子邮件　315@ptpress.com.cn
　网址　http://www.ptpress.com.cn
　涿州市京南印刷厂印刷
◆ 开本：787×1092　1/16
　印张：13.75　　　2018 年 9 月第 1 版
　字数：342 千字　　　2020 年 3 月河北第 5 次印刷

定价：42.00 元

读者服务热线：(010)81055256　印装质量热线：(010)81055316
反盗版热线：(010)81055315
广告经营许可证：京东工商广登字 20170147 号

# 前言

# PREFACE

随着高等院校连年扩招，大学毕业生人数大幅增加，到 2018 年，全国高校毕业生总数达到近 820 万人，比 2017 年增加近 25 万人，近几年高校毕业生总人数以 2%～5%的比例逐年增长，就业形势一年比一年严峻。大学毕业生凝聚着巨大的人力资本，拥有丰富的专业知识和敢于拼搏的勇气，是国家和社会的宝贵财富，也是国家现代化建设的主力军。因此，如何提升大学生综合素质和就业知识，对大学生进行就业与创业指导，对于提升大学生的个人竞争实力、促进社会发展有着十分重要的作用。

我国社会和经济的不断发展，为大学毕业生的就业提供了美好的前景。就目前而言，大学毕业生就业主要是依靠社会发展所提供的岗位。但不同行业、不同地区又有各自的特殊性，因此，毕业生就业指导工作应该充分考虑这些因素，真正做到有的放矢，让大学生学有所用，为今后的顺利就业打下坚实基础。

对当代大学生开展有效的就业指导，不仅有利于大学生树立正确的人生观、价值观和世界观，合理确立就业预期，缓解就业压力，而且有利于高校加强对大学生综合素质的培养，以便更加适应经济和社会发展的需要。大力加强就业指导工作，是时代的需要，也是大学生的渴望。因此，积极开展大学生就业指导工作，对大学生就业工作进行深层次的理性思考和功能的再次开发具有特别重要的意义。

本书以全面提升大学生综合素质和就业能力为宗旨，结合当前的就业形势和政策，以及高等教育改革和现代职业发展的特点，把就业指导贯穿于大学生活的始终，以创建一个全新的大学生就业指导体系。

作为大学生就业指导的教材，与目前市场上的其他同类教材相比，本书具有以下特点。

（1）内容切合实际。本书在当前大学生就业与创业形势较为严峻的环境下，从大学生的职业规划、能力要求、心理素质、角色转换、创业环境、创业能力等方面进行全面阐述，引导大学生树立并培养职业规划、就业能力、角色适应、创业能力等方面的意识与能力。

（2）知识分布合理。本书包括职业生涯规划、就业指导、自主创业 3 部分内容，其中职业规划为第一章，通过一章的篇幅主要介绍职业规划的目的、职业规划的方法和职业规划的具体步骤等内容，让大学生从时间、实力和经验等方面做好充足的准备；第二章到第八章为就业指导，主要内容包括大学生就业心理、大学生个人质素与能力、面试与笔试的准备与礼仪、大学生角色转换与适应、求职技巧等内容，通过全面且系统的讲解帮助大学生成功就业；第九章为自主创业，侧重于创业现状与政策、创业准备、创业知识与技巧等内容的介绍，以此来激发大学生创业的意愿，鼓励大学生开拓进取、自立自强。

（3）案例丰富具体。本书附有大量案例，包括大学生求职案例、大学生就业案例、大学生创业案例。这些案例真实有趣，具有很强的可读性和参考性。大学生可以从中得到感悟和经验教训。

（4）名师同步在线视频教程。本书配有名师同步视频教学课程，大学生通过老师在线视频讲解来学习与巩固所学知识，增加了学习的途径，也更容易接受和理解知识，提高了学习的效率。（可以登录人邮学院进行在线学习 http://www.rymooc.com/）

（5）丰富的多媒体资源。本书配套有丰富的多媒体资源，大学生可以扫描书中的二维码获取更多的资源。

本书由韩丽霞、毕京铭、蔡玉生任主编。在本书的编写过程中，作者参考了大学生就业指导的同类书籍、文献和相关资料，在此谨向这些资料的作者致以诚挚的谢意。

编者

2018 年 2 月

# 目录

# CONTENTS

CHAPTER 01

# 第一章　大学生职业生涯规划

## 学习目标

掌握大学生职业生涯规划的方法
掌握大学生进行职业生涯规划的基本步骤
熟悉大学生实现职业生涯规划的必备措施

## 案例导入

小陈家境不太好，一心想要改变家中的困境。通过自己的努力学习，小陈如愿考上了理想的大学。一进学校，小陈就暗下决心“我一定要努力学习，找一份好工作，让家人过上幸福的生活。”

小陈以优异的成绩和良好的沟通能力，在大二时就被认命为班长兼学生会副主席，但在学校活动中，表现得过于急躁，有时候会和同学发生争执，引起同学们的反感，不久后，干部改选，小陈落选了。他含着泪水，回想着过去，我哪里做错了？我该如何做？小陈没有忘记自己进校时暗下的决心，他不能让家人失望，更不能让自己失望。他吸取教训，继续按照自己的目标默默努力着，认真学习每一门功课，从不放弃任何一个学习的机会，期末成绩年年名列前茅。除此之外，小陈还积极参加学校举办的各项活动，每次活动结束，他都会主动留下来打扫卫生，最后一个离开。寒暑假期间，小陈还会积极参加各种校外实习工作，并于 2015 年在第五届大学生“风尚杯”服装设计大赛中获得一等奖。后来，由于小陈的出色表现，学校直接将他推荐给了北京某服装品牌公司，并顺利与该公司签订了《就业协议书》。小陈用自己的实际行动，改变着命运。

**启示**　认真做好规划，就能改变命运。小陈在大学阶段合理地规划自己，并将规划付诸行动，最终改变了自己的命运。一些大学生在学校里没有目标，常常感到迷茫，就是因为没有下定决心好好规划自己的时间和生活，大学生活也因此浪费了。大学生应该摒弃不好的习惯，有计划地规划大学期间的学习和生活目标，并努力进行实践，才能使大学生活更加有意义、更加充实。

作为职业生涯准备期的大学阶段，学习、生活、社会工作等情况都会间接影响未来的职业发展方向。此时，就需要大学生对自己的职业生涯进行科学且合理的规划。

# 第一节 职业生涯规划概述

大学生个人职业生涯的良好发展，离不开最初的个人定位，以及对自己整个职业生涯的规划和根据该规划所进行的努力。

## 一、职业生涯规划的含义与目标定位

职业生涯规划是指个人结合自身条件和现实环境，确立职业目标，选择职业路线，制订相应的培训、教育和工作计划，并按照规划实施具体行动，完成职业目标的过程。职业生涯规划的基本内容包括：设定职业生涯目标、明确职业意向、分析职业素质、决定职业选择，如图 1-1 所示。

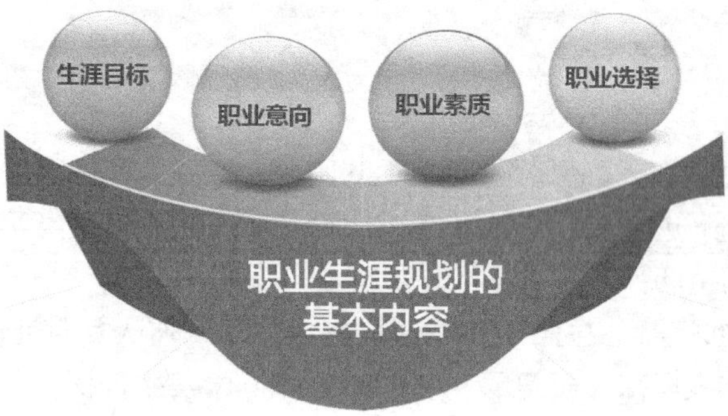


图 1-1 职业生涯规划的基本内容

目标定位是职业生涯规划的第一步，只有确立了明确的目标和发展方向，才能实事求是朝着目标努力。而大学生因为长期处于校园中，不能真实体验到职业环境，可能会使目标的订立偏理想化。因此，要特别提醒大学生，目标设定要恰到好处，保证目标明确、具体，不能因为追求"宏大"而不切实际。同时，职业目标与环境联系紧密，可因为各种因素而发生变化。因此，在整个职业生涯规划的过程中还需要时刻关注内外环境的变化，调整步伐，不断地修正目标，使自己立于不败之地。

有效的职业生涯规划不是简单制订一个宏大目标就可以了，而是要制订一个切实可行的目标，并且可以根据环境、个人情况变化适时地调整修正。大学生制订职业生涯规划，可以减少自己在人生道路、前途选择上的徘徊犹豫。

阅读材料

### 灵活就业成就职业生涯规划

刘明是某大学计算机专业的本科毕业生，他立志在计算机行业里"混"出一番成绩。毕业时，为了照料生病在床的母亲，作为独子的他选择离开大城市，回到家乡，在当地找了一份工作。

直到两年后母亲身体恢复健康，刘明辞掉了工作，来到大城市投靠同学，经过几番周折，最终在城里不仅找到了与计算机相关的工作，当了程序员，而且成为了部门领导，并将父母接到了城里。

刘明因为家里的原因（所处环境）放弃了最初的职业规划，然而当又有新的选择时，他又重新“回归”职业规划，在不停地修正过程中完成了自己的职业生涯规划。

## 二、职业生涯规划的原则和常见问题

职业生涯规划对于人生道路的发展具有重要意义，只有设计出合理的、可行的大学生职业生涯规则，才能使我们离目标越来越近，少走弯路。大学生在制订职业生涯规划时，除了要遵循相应的原则外，还应避免导致职业生涯规划失败的常见问题。

### （一）职业生涯规划的原则

正确的职业生涯规划能够使大学生顺利步入职场并走向成功。因此，大学生在制订自己的职业规划时，切忌随意而为，必须把握并遵循职业规划的原则，才能科学地制订个人职业生涯规划。

#### 1 目标导向原则

职业生涯的发展，首先从选定目标开始，以目标为导向是大学生进行职业生涯发展规划的首要原则。在职业生涯发展上，只要不放弃目标，每一次挫折、每一次失败都是有价值的。

在进行职业生涯规划的过程中，目标的设定十分重要。一般而言，职业生涯目标的制订原则如下。

- ◆ 目标要明确。即目标要有针对性，主要解决的问题要明确。
- ◆ 目标要具体。目标可以有具体的衡量标准，如实现目标的准确期限、有关的约束条件等。
- ◆ 目标要系统。全面考虑规划目标在生涯发展中的主次、先后关系，建立起层次结构分明的目标体系。
- ◆ 目标要切实可行。目标应依据个人的能力、所处环境、某些不确定因素的影响等来制订，避免制订一些不太现实甚至纯粹空想的目标。

#### 2 相适应原则

随着社会的发展，职业岗位的数量和需求也会随之改变，有的新兴行业出现了新的岗位，也有的岗位可能会自然消亡。因此，在制订个人职业生涯规划时，一定要分析社会需求，必须把社会需求与个人愿望有机结合，这样才能顺利实现自己的职业目标。

#### 3 相匹配原则

个人职业规划与个人专长相结合，实际上就是要在规划职业道路时，充分发挥自身优势，人尽其才，物尽其用。每一个行业，对从业者都有共性的能力素质要求，或是在某一专项上有高规格的要求，比如，外贸行业对外语听说能力的要求等。大学生要对自身能力与素质充分分析后再正确地确定职业目标。

一般来说，大学生的专长与专业关系密切，因此个人规划与个人专长是否匹配的评判标准之一就是——职业目标与专业对口，但也并非绝对，例如，有学法律的同学，但擅长管理；有学会计的同学，但擅长营销。因此，只有从自身实际出发，衡量比较出自己的专长才是最重要的，以专业代替专长，一味局限在所学专业对应的行业里来确定自己的职业目标有时会适得其反。

阅读材料

### 专业不对口，不就白学了吗？

谢静是某重点大学工商企业管理专业的应届毕业生。她的目标是毕业后进入知名企业从事管理工作，她认为那样的单位不仅待遇较高，而且受人尊敬。为此，她努力学习，读书期间成绩也很理想，还拿过两次奖学金。从大四开始，她就陆陆续续向各大企业投递简历，并参加各种现场招聘会和网络招聘活动。投出的简历也有近百份，但很少有回复，只有两家公司通知她面试，但最后都没有被录取。虽然有几个其他单位愿意录取她，但她觉得所从事的工作与自己所学专业完全不对口，都一一拒绝了。谢静心想，毕竟学了几年的管理，到头来放弃专业，岂不浪费了这几年所投入的人力、物力和财力？

大学毕业生在择业时要结合市场需求和个人专长，适时进行择业的调整，做好职业规划。专业对口固然最好，但是学校培养学生，除了专业知识外，还有各种辅修课及其他综合素质的培养，当专业与职位发生冲突时，可以结合自身的特点和优势，来寻找能够发挥个人专长，又能够在一定程度上发挥专业优势的职业，把眼光放长远一点，而不是一味地追求专业对口。

#### 4 相结合原则

职业生涯规划中的相结合原则主要包括：抽象与具体相结合、确定性与非确定性相结合、质化与量化相结合、实力与挑战相结合、自己主见与他人意见相结合。

- 抽象与具体相结合。在进行职业生涯规划过程中，有些地方要抽象、模糊，有些地方则要具体、清晰。比如，战略考虑可以抽象，但具体措施则必须清晰。
- 确定性与非确定性相结合。一般来说，在职业生涯规划过程中，职业生涯的大方向是确定的，而实现职业生涯最终目标的具体方法、途径、手段等则相对灵活。
- 质化与量化相结合。在职业生涯规划过程中，某些问题需要通过质化和量化相结合的方式才能实现最终目标。比如职业方向、最终的职业目标就应注重质的规定性。而具体目标的实现时间、实现手段、实现形式等，则必须量化，以便随时了解实践状况，从而进行修正或强化。
- 实力与挑战相结合。职业生涯目标的抉择是以自己的实力为依据的，即自己的最佳才能、最优性格、最大兴趣等条件，否则设计一个好高骛远的目标就很难实现。但作为一个大学生，设计的职业生涯目标应高于本人的实力，这样才能最大限度地发掘自己的潜能，取得更大的成功。
- 自己主见与他人意见相结合。自己的职业生涯规划当然应该有自己的主见，这样才能积极、主动地实现自己的目标。但是大学生的人生观、价值观等都还未完全形成，单凭自己能力来完成职业生涯规划还有一定难度，此时，大学生们应该认真听取他人的意见，才有助于更全面地掌握信息，更深入地分析问题，以最小的偏差做最正确的决策。

#### 5 实践性原则

个人职业生涯规划的目的在于指导自身的职业实践，如果没有积极的实践，规划本身就变得毫无意义。确定了什么样的职业目标，就应为之不懈努力。坚持个人规划的实践性原则，在制订规划时就能客观地审视内外条件、清醒地认识自我、敏锐地感知社会需求，从而“量身定做”出切实可行的职业规划。

### （二）职业生涯规划的常见问题

职业生涯规划对于大学生虽然并不陌生，但作为一个新生事物，大学生仍然存在缺乏科学规划职业生涯的问题。在职业生涯规划方面存在的问题主要表现在以下几个方面。

#### ① 职业生涯规划意识淡薄

当代大学生普遍缺乏自我规划意识，不能针对自身所处的具体情况制订科学、合理的职业生涯规划。大学生一方面对工作岗位充满了向往，另一方面却缺少理性的思考与规划，即使制订了职业生涯规划，也会因为对就业形势的严峻性估计不够，而缺乏竞争意识和紧迫感，不能准确确定职业发展的方向，从而导致制订的职业生涯规划缺乏竞争性、科学性和针对性，最终影响了大学生职业生涯规划的实际效果。

除此之外，大学生学业规划的模糊直接导致了职业意识的淡化。高中阶段，将考大学作为自己唯一的奋斗目标，填报志愿时很少考虑自己的兴趣、爱好和特长；进入大学后，部分大学生没有明确的学习目标，很少进行学业规划，也就不能为将来的职业发展奠定良好的基础。

#### ② 职业价值取向有偏颇

有些大学生把对自己职业和前途的长远期盼转化为对薪酬待遇、工作地点、环境条件、休假制度等具体条件的要求，他们更加注重的是职业的经济价值，而忽视了它的理想价值所在。当理想与现实错位时，大学生就会择业困难。

阅读材料

**别高估了自己**

会计专业的小邓在学校的成绩一直不错，而且该专业在学校属于热门专业，时常会有不同的企业前来选拔人才，所以小邓觉得毕业后找工作问题不大，抱着这样的态度，她一开始只向高收入、高福利、高地位的大企业投简历，结果投了十多份简历都没有得到面试的机会。此时，小邓内心有点着急了，开始重新定位企业，也顾不上精挑细选了，匆忙投了三四十份简历。最终，有一家公司愿意录用小邓，但却因为用人单位开出的工资待遇低于小邓的心理预期，她毅然放弃了这个工作岗位。目前，小邓还在继续寻找工作。

本例中，主人公小邓的问题在于对自己的期望值过高、且定位不准确，从而导致就业失败。毕业生要客观分析目前的就业形势和自身实际，切忌眼高手低。大学生不要怕从基层干起，无论什么样的工作岗位，只要有好的表现，用人单位都会给你一个发展空间，满足你对职业目标的追求。

#### ③ 自我认识不足

大学生自我认识不足是职业生涯规划不准确的重要原因。充分地认识自己，是进行科学职业规划的前提。在认识自我的过程中，一定要清楚自己想要什么、想成为什么样的人、自己能做什么、自身的优势和弱点有哪些等。这些问题看上去比较容易，回答起来却并没有想象的简单。

大学生对自我的认识往往并不全面，对事物的观察和思考容易理想化，不能准确地评价自己的优势与劣势。当所定的目标与现实相差太远，就会产生自责、自怨，甚至自卑的心理，从而不能正视择业过程中的不合理现象，无法承受挫折和失败。还有部分大学生在择业时会过分考虑自己的兴趣、爱好和未来的发展空间等因素。

除此之外，很多大学生仍然存在“铁饭碗”“精英就业”等观念，这样的观念导致大学生对自己缺乏准确的定位，往往高估自己，很难找到与理想匹配的工作，从而失去很多理想的就业机会。

阅读材料

## 自我认识不充分

4年前，某师范大学语言专业毕业的小张，跟同班同学一起由学校推荐到一家中学任教。她从一名普通的教师晋升到中级教师，再到高级教师，经历了几次岗位变动后，便不再变化，这使小张对自己的职业道路感到很迷茫。她也曾有过很多想法，却不知道该通过何种方式将自己的理想变为现实。她时而觉得自己能力很强，什么工作都可以胜任；时而又对自己信心不足，觉得自己再升级为年级组长的可能性不大。小张矛盾重重，犹豫不定，不知未来的道路该如何前行。

本例中的主人公小张，存在的问题是对自己没有一个正确的评估，没有充分认识到自己的优势与劣势。因此，不能扬长避短，正确规划自己的职业，从而造成自己信心不足，举棋不定。

### 4 缺乏对职业生涯规划的认识

职业生涯是一个动态的发展过程，每一阶段对职业的认识、理解乃至终极目标的实现都会有所不同，随着自身的成长，需要循序渐进、动态地调整职业规划。

职业生涯规划的“动态过程”主要体现以下 4 个方面。

- 大学阶段与学业规划紧密结合。部分大学生凭“感觉”、随“潮流”规划职业，与大学生活、学习目标脱节，职业目标就成为空想，也无学习的动力。
- 多个阶段规划的融合。大学生活的每一阶段都能体现学业规划与职业规划的紧密结合。有了学业才会有职业，这个道理很简单。水滴石穿，积少成多，多项学业的进步，终将促成职业目标的实现。
- 社会实践体现职业能力。有的大学生为了增加职业经验，选择了丰富多彩的兼职项目，如家教、促销员、营销员等；另一部分大学生则选择考证来增加择业“分量”，认为证书就代表能力，如驾驶证、教师证等。总体来说，大学生社会实践活动缺乏围绕职业定位的方向性，耗费大量的时间和精力，却收效甚微。
- 及时反馈机制。大学生正处于对自身世界和外在世界的认识、评价、借鉴、深化从而指导实践的过程之中，初入大学制订的职业规划、实践路径与实际情况会不断产生偏差，需要大学生及时反馈、调整，并通过有效的机制予以保障，这就需要大学生有较强的自制能力和自我约束能力。

## 三、职业生涯规划的主要内容

职业生涯规划，实质上就是指个人和组织相结合，根据自己的职业倾向，确定最佳的职业奋斗目标，并为实现这一目标做出行之有效的安排。一般职业生涯规划包含以下内容。

◆ 题目：包括姓名、规划年限、年龄跨度、起止日期。

◆ 职业方向及总体目标。

◆ 社会环境分析：包括对经济环境、法律环境、政治环境、职业环境的分析等。

◆ 行业和企业分析：包括即将从事的行业分析，若有目标企业，可分析该企业的制度、企业文化、领导人、企业产品和服务、未来发展领域等。

◆ 自身条件及潜力测评结果。

◆ 对自己职业生涯影响较大的一些人的建议。

◆ 目标分解及目标组合。

◆ 自身实际情况与实现目标之间的差距。

◆ 缩小差距的方法及实施方案。

## 四、大学生进行职业生涯规划的意义

对职业生涯进行科学、合理的规划，有助于大学毕业生顺利地踏入社会，进入职场，谋求职业发展与事业成功。职业生涯活动将会伴随我们的大半生，因此，职业生涯规划具有特别重要的意义。

### （一）形成积极向上的人生观

刚踏进大学校门的新生，绝大部分不知道该以什么样的态度面对大学生活，也不知道自己的人生目标是什么，自己身上所肩负的人生责任更是无从谈起。因此，大学生应该以科学的方法来正确地、全面地认识自我，了解社会需求，找出自己的发展方向与目标。

一个人只有了解自己的需要和追求后，才能确定自己的人生目标，有了目标才会有健康向上的人生态度。人们不仅有基本生存需要，而且有爱、归属、尊重与自我实现的需要，后者的满足有赖于个体的社会化。其中，自我实现的需要可以理解为“事业有成”，而事业有成一定是建立在正确的职业选择与发展基础之上的。因此，大学生应以职业发展为切入点，通过追求职业与事业的成就，实现高层次的自我实现的需要，从而形成积极向上的人生观。

### （二）明确职业发展方向

在制订职业生涯规划前，大学生要对个人的专业特长、性格特征、待人接物的能力、擅长的技能等做充分、全面的分析，这样可以帮助自己进行正确评估，准确定位，明白自己更适合从事什么样的工作，自己将来有可能在哪些方面获得成功。逐渐理清职业生涯发展的方向，形成较明确的职业意向后，提升自己的职业生涯自主意识和责任，为今后的事业发展做全面长远的打算。

明确职业生涯规划的目标，除了可以协助大学生找到一份满意的工作外，更重要的是帮助大学生真正了解自己，不断增强职业竞争力，实现职业目标和理想。

阅读材料

**采用正确的方式、方法，明确职业发展方向**

小谢毕业后一直从事财务管理工作，从业4年期间换过一家公司，也算是比较稳定。但此时，小谢觉得现在这家公司的发展空间太局限，而且薪水基本没有上浮的空间，个人发展机会太少，所以产生了换工作的想法。原以为以自己的经验和能力找个财务主管的位置是没有任何问题的，可事与愿违，这段时间招聘会跑了不少，网上简历投了更不知道有多少份，可还是没有找到一份适合的工作。究竟问题出在哪里呢？

欠缺正确的方式和方法是小谢受挫的根源，他在谋职时主要依托的是随机的想法，突然发现某一岗位适合自己，就认为肯定没问题，但适合和成功是两回事。小谢首先应通过正确的方式和方法来了解职场和企业需求，然后再明确自己的发展方向，最后投其所好，争取跳槽成功。

**（三）促进学习实践的自主性**

一个人一旦有了目标，就会想着一定要向这个目标努力，并且相信自己能够实现它。大学生的职来生涯规划目标是自己制订的，主动性更强，必将主动制订自己大学阶段的学习和能力培养计划，更加如饥似渴地追求知识，充实自己，完善自我，使整个大学阶段的学习和生活由被动变为主动。如果大学生想毕业后去政府机关工作，那么在大学期间就要主动加强自身的政策理论水平修养，加强个人口头表达能力和文字处理能力的训练；如果毕业后想从事营销工作，则应注重培养自己的市场分析及预测能力和应变能力等。在努力达到目标的过程中，就会集中精力、心无旁骛地投入其中，建立起一种自我激励机制，即使遇到困难和挫折，也会全力以赴地去克服，真正从内在方面来激励自己的成才愿望和成才行为。

**（四）增强就业核心竞争力**

当今社会，到处充满着激烈的竞争。好工作不是依靠运气得来的，对大学毕业生而言，它是多种因素共同作用的结果。影响大学生就业的因素包括学校品牌、专业与社会需求、学生自身因素（如个人综合素质、就业观念、就业技巧、家庭背景等）、学校就业指导工作的质量等。其中，个人素质、就业能力与技巧是大学生本人能够控制的。

科学的规划职业生涯将引导大学生正确认识自身的个性特质、现在与潜在的资源优势；激励大学生提高自己的竞争意识，更加注重自身素质和创新能力的提升，从而增强就业的核心竞争力。

**（五）奠定职业成功的基础**

有效的职业生涯规划可以帮助大学生重新对自己的价值进行定位，并使其持续增值，能够引导大学生评估个人目标与现实之间的差距，学会如何运用科学的方法、采取可行的步骤和措施，不断增强自己的职业竞争力，最终实现职业目标。

大学生要想未来拥有成功的事业，实现自己的人生价值，就需要按照规划，有步骤、有计划地去实施，为自己的人生发展储备能量，创造机会。

阅读材料

### 正确的职业规划，迈出成功的第一步

小胡高中毕业后就读于一所热门的职业技术学校。在进校之前，小胡就曾听说过一些校友辉煌的历史，有的当上了大公司的总经理；有的当上了销售总监；有的自己创业成为了私营企业的大老板。这些成功的事例深深地激励着他，成为了他学习的动力。然而，虽然他很刻苦，但学习成绩一直很一般。小胡也对自己的能力有着清醒的认识，为了增加就业的成功率，他为自己制订了一个符合自身条件的应聘方案：先就业再创业，从低职位做起。在人才招聘会上，当大家都一窝蜂地涌向那些高端企业时，小胡专门找了一些刚起步，比较有发展前景的私营企业。小胡通过现场与一家私营企业老板的交谈，了解了该企业未来几年的发展构想后，感觉自己的职业生涯规划与公司发展方向很吻合，当即表达了自己想加入公司的意愿，老板也很高兴，当场决定录用这个朴实而有理想的小伙子。

本例中，小胡对自我有充分认识，并进行了正确的职业规划，这为求职成功奠定了基础。与此同时，小胡在求职时没有一味地“唱高调”，而是选择了适合自己的岗位，面试成功是情理之中的事情。

## 第二节　职业生涯规划的方法

一份好的职业生涯规划可使制订者客观分析环境，充分认识自己，并且通过树立的目标选择适合自己的职业。职业生涯规划的制订也是有章可循的，下面分别介绍制订职业生涯规划的方法。

### 一、SWOT 分析法

SWOT 即 Strength（优势）、Weakness（劣势）、Opportunity（机会）、Threat（威胁）词的缩写，是一种检查个人技能、能力、职业、喜好和职业机会的科学的分析方法，最早由美国旧金山大学管理学教授提出。它通过分析内部环境中个人的优势与劣势，以及外部环境的机会与威胁，从而制订出有依据的职业生涯规划。

扫一扫

SWOT分析职业生涯规划

使用 SWOT 分析法进行职业生涯规划，一般有如下几个基本步骤。

- 正确评估自己的优势和劣势。
- 找出职业机会和威胁。
- 列出自己未来 5 年内的工作目标。
- 列出未来 5 年内的工作计划。

阅读材料

### 市场调查助大学生圆了创业梦

小王于2014年考入某著名大学播音主持专业，是2018年的应届大学毕业生。他使用SWOT分析法对自身情况及社会环境进行了职业生涯规划分析，具体分析内容如下。

（1）自身情况分析

S：优势

理想远大、乐观向上；口齿伶俐、诚实守信、善于与人交往、待人诚恳；有较强的责任心和社会适应能力、勇于创新、对待问题有独特看法。在读书期间，曾利用业余时间兼职婚礼主持、活动主持等工作，积累了一些工作经验。

W：劣势

社会工作经验不足、遇事缺少理性思考、自视清高、听不进他人的友善建议、优柔寡断。

（2）外部环境分析

O：机会

现在不论是社会上，还是电视台等媒体机构均有播音主持的需要。并且随着社会经济的发展，社会中需要播音主持的范围越来越广。由于播音主持都需要通过较高的普通话等级考试，因此除了主持人之外，老师、配音等都是不错的职业选择。

T：威胁

当前我国就业形势严峻，越来越多的用人单位更看重实际工作能力和工作经验。播音主持虽然是一个技术岗位，但相对来说，作为一般的播音主持其技术含量往往不高，其他专业的人也可能将其替代。

（3）结论

小王运用SWOT分析法，清楚地认识了自己的优势与劣势。根据个人的喜好及擅长的领域，小王决定以主持人作为自己的职业，计划进入大型国家级电视台。但由于这类电视台对于主持人的各方面要求都比较高，于是他准备从地方台做起，并从收视率相对较低的节目做起，积累更多经验。同时，积极充电提升自己的专业技能，考取相关的资格证书。

## 二、5What 分析法

5What 分析法是许多专业职业咨询机构和心里学专家进行职业咨询和职业规划时常采用的方法，它是一种归零思考法。5What 即 5 个问题，分别介绍如下。

扫一扫

5What式职业生涯规划法

### （一）What do am I?（我是谁？）

对自己进行一次深刻的反思，同时把自己的优点和缺点都列出来进行分析。内容可以包括自己的专业、动手能力、思考能力等方面。

**（二）What do I want？（我想做什么？）**

每个人在不同阶段的兴趣和目标有可能不一样。在追问的过程中，找到自己最终想做的事情，从而形成自己的终身理想。

**（三）What can I do？（我能做什么？）**

职业定位的依据是个人能力，职业发展空间的大小则取决于个人潜能。通过追问发现自身的不足及差距，将理想职业规划逐步回归现实。

**（四）What can support me？（环境允许我做什么？）**

环境包括客观环境和主观环境，其中客观环境包括当前的经济发展、人事政策、企业制度、企业文化等；主观环境包括同事关系、领导关系等。两者结合起来才是真实的环境，通过追问清楚认识在该环境下我们可以做些什么。

提醒

在做职业选择时一定要注意考虑客观环境和主观环境两方面的环境因素，不能只考虑其中一个方面，否则无法将一切有利于自身发展的因素调动起来，从而影响自身的职业发展。

**（五）What can I be in the end？（我的最终目标是什么？）**

通过前面 4 个问题的回答就会从中找到对实现职业目标有利和不利的条件，选出不利条件最少的、自己想做而且又能够做的职业目标，就是自己“最终的职业目标”。

提醒

除了前面两种常见且有很强科学性的职业生涯规划方法外，人们通常还会使用测试法（即通过已有的测试题目，测试自己的职业趋向）、平衡单法（主要是对比各种职业生涯规划的优缺点，选择可实施的职业生涯发展规划）等方法来进行职业生涯规划。

扫一扫

平衡单法

## 三、大学生职业生涯愿景模型法

“愿景”原本是企业战略管理的概念，概括了企业的未来目标、使命和核心价值，是企业最终希望实现的图景。而职涯愿景模型建立的目的，是在基于价值观、个人形象、知识技能的核心内容上，尽可能地让每位大学生发挥长处、弥补不足，使个人在机会的把握、技能的增长、形象的管理等方面逐步重合于职涯愿景，最终实现职业目标。

**（一）个人愿景**

个人愿景是个人发自内心的、一个人真正最关心的、一生最热切渴望达成的事情。当为了达成个人愿景献出无限心力时，它就会变成一种自然的、发自内心的强大力量。

个人愿景的内容包含物质上的欲望，有关个人健康、自由方面的欲望，以及对某领域知识的贡献等，这些都可以成为人们心中真正愿望的一部分。总的来说，个人愿景主要包括如图 1-2

所示的几个方面的内容。

- ◆ 个人健康。对于自己的健康、身材、运动及其他与身体有关的事情，有什么期望？
- ◆ 自我形象。希望成为什么样的人？如果可以变成自己所期望的那种人，你会有哪些特征？
- ◆ 职业状况。你理想中的职业状况是什么样子？你希望通过自己的努力发挥什么样的影响力？
- ◆ 家庭生活。在你的理想中，未来的家庭生活环境是什么样子？
- ◆ 有形财产。你希望拥有哪些物质财产？物质财产达到多少自己才会满意？
- ◆ 人际关系。你希望与你的同事、家人、朋友及其他人保持哪一种关系？
- ◆ 个人休闲。在个人的学习、旅游、阅读或其他的活动领域中，你希望创造出什么样的成果？

图 1-2 个人愿景的内容

### （二）个人愿景的建立

每个人都有自己的愿景，但很多情况下，人们对自己的愿景往往是模糊的，或者是误解的，这样就会造成盲目行动，离期望越来越远。因此，对于每个人来说，建立个人愿景的重点是理清个人愿景，具体可以分为以下 3 步。

◆ 想象实现愿景后的情景（假如你得到了梦寐以求的职位，那么……）。

这到底会是什么样的情景？你怎样来形容它？你的感觉如何？这种感觉是不是自己真正想要的？

◆ 形容个人愿景（想象你正在达成你一生最热切、渴望达成的愿望，这些愿望会是什么样子？）。

这些愿景包括自我形象、有形财产、感情生活、个人健康、工作等，如回顾自己在中小学时代、高中毕业时、大学毕业时、参加工作后及现在的个人愿景，其中，哪些愿景已经实现，哪些还未能实现，其原因又是什么。

◆ 检验并弄清楚愿景（检视你写下来的个人愿景所组成的清单和各个方面，从而找出最接近你内心深处的层面）。

如果你现在就可以实现愿景，你会接受它吗？假如你现在已经实现了愿景，这愿景能为你带来什么？

## 第三节 职业生涯规划的基本步骤

职业生涯规划是一个长期的、连续的过程，需要有一套完整的步骤来确保规划的顺利完成，包括客观认识自我、评估职业环境、设定职业生涯目标、制订行动计划并实施、评估与反馈等步骤。

## 一、客观认识自我

在制订职业生涯规划前，每一位大学生都应明确“我是一个什么样的人？我将来想做什么？我能干什么？”等一系列的问题。自我认识的目的是更好地了解自己。只有认识了自己，才能对自己的职业做出正确的选择，才能选定适合自己发展的职业生涯路线。自我认识的内容包括自己的兴趣、特长、性格、学识、技能、智商、情商、思维方式及社会中的自我等。

扫一扫

认识自我

提醒

大学生在进行自我认识时，可以借助科学的心理测评工具来了解自己的性格、智商及情商等。现在，国内常用的可供选择的职业评测工具有职业发展测评系统、实用人才素质测评系统、综合素质测评系统等。

阅读材料

### “职业迷茫”症

小蒋是2012年毕业的大学本科生，参加工作也有5年时间了。刚毕业时，学校推荐她到省城一家教育机构从事文案编辑工作，但由于文笔不好，始终没有做出让领导认可的工作成绩，每天上班的压力越来越大，于是小蒋主动辞职了。第二份工作是在一家公司当文员，平时做一些收发邮件、文档编辑之类的琐碎小事，小蒋感觉工作枯燥乏味且学不到什么东西，于是又辞职了。后来她又陆续找了几份工作，都和前两份工作差不多。目前，小蒋在一家外企做经理助理，对于这份工作，小蒋还比较满意。

最近同学聚会，小蒋发现周围的老同学个个都比自己强，以前在学校成绩比她还差的同学，现在都已经当上经理了，有的同学还自己开公司，再看看自己，只不过是一个经理助理，干一些琐碎的事情。小蒋越想越自卑，可想来想去，除了文员、经理助理之外也想不出其他自己可以胜任的工作了，她该怎么办呢？

小蒋遇到的问题是典型的“职业迷茫”问题，她应该客观地认识自己，然后再根据自身性格、兴趣爱好、自身特长等来选择相匹配的职业。

## 二、评估职业环境

职业生涯环境的评估，主要是评估各种环境因素对自己职业生涯发展的影响。每个人都处在一定的社会环境之中，或多或少都会与社会这个大环境发生关联。因此，在制订个人职业生涯规划时，要分析环境的发展变化情况、自己与环境的关系、自己在这个环境中的地位及环境对自己提出的要求等。只有充分了解了这些环境因素，才能在复杂的环境中避害趋利，使自己的职业生涯规划具有实际意义。

职业环境的评估主要包括 4 方面的内容，如图 1-3 所示。

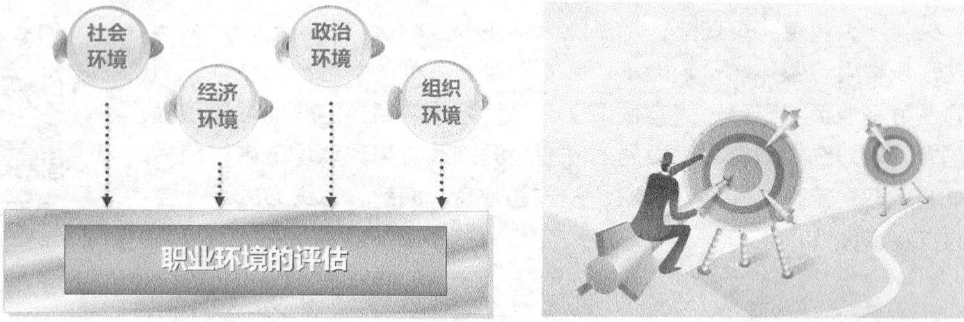


图 1-3　职业环境的评估

## 三、设定职业生涯目标

职业生涯目标的设定是职业生涯规划的核心。一个人事业成功与否，很大程度上取决于有无正确、适当的目标。没有目标就不知道自己应走向何方，只有树立了目标，才能明确奋斗方向。大学生应在选择专业之后再进行职业生涯目标的设定。按目标时间长短可以分为短期目标、中期目标和长期目标。

- ◆ 短期目标：一般为 1 ~ 2 年。短期目标又分日目标、周目标、月目标和年目标。
- ◆ 中期目标：一般为 3 ~ 5 年。
- ◆ 长期目标：一般为 5 ~ 10 年。

职业生涯目标应具有一定的挑战性，同时也要符合自身的性格特点，顺应环境的发展趋势。通过一段时间的学习，一旦确定了自己的大学生涯发展方向，未来职业生涯目标的设定就水到渠成了。

## 四、制订行动计划并实施

一旦确定职业生涯目标，行动便成了关键的环节。没有行动，目标就难以实现，更谈不上事业的成功。这里所指的行动，是指落实目标的具体措施，主要包括工作、训练、教育、轮岗等方面的措施。

例如，为达成目标，在工作方面，计划采取什么措施提高工作效率；在业务素质方面，计划学习哪些知识和技能提高业务能力等，这些目标都要有具体的计划与明确的措施，并且这些计划要特别具体，以便于定期检查。

## 五、评估与反馈

正所谓“计划赶不上变化”，影响职业生涯规划的因素很多，有的影响因素是可以预测的，而有的影响因素则难以预测。因此，要使职业生涯规划行之有效，就必须不断地对职业生涯规划进行评估与修正。一般修正的内容包括职业的重新选择、人生目标的修正、实施措施与计划的变更等。

此外，也可以只对某个阶段性目标的实施路径进行修正，也可对理想的发展目标进行更改等，但这一切都应符合客观现实的需要。

# 第四节　实现职业规划的必备措施

职业生涯发展规划一般有知己、知彼、抉择、目标和行动 5 个要素，一旦确定自身的职业规划目标后，就应根据职业规划，一步步完成职业目标。在实现职业生涯规划目标的过程中，面对各种问题，应采取必要的措施来帮助实现目标。下面具体讲解在实现职业生涯规划目标的过程中可以采取的有效措施。

**（一）确定与分解目标**

职业生涯目标包括人生目标、长期目标、中期目标和短期目标，它们分别与人生规划、长期规划、中期规划和短期规划相对应。一般来说，我们首先应根据个人的性格、气质、价值观、所学专业及社会的发展趋势来确定自己的人生目标和长期目标，然后再将人生目标和长期目标进行分解，最后根据当前环境和情况制订中期目标和短期目标。

通常来讲，人生目标可能过大，对于很多人来说很难在一定时期内实现。但是一个中长期、短期的目标是较容易制订的，比如制订 10 年、5 年、3 年、1 年目标，以及 1 月、1 周、1 日目标。通过由小到大，将目标进行分解，实现长期目标，继而最终实现人生目标。

提醒

在校大学生，由于知识结构尚不完善，观念变动较大，因此需要灵活的职业生涯目标规划方式，制订可实施的未来发展目标、大学期间学习目标、学年目标、学期目标等。另外，一些大学也提出了“学业生涯规划”，让大学生规划自己大学期间的学习和能力目标。

**（二）周期性总结与计划调整**

由于社会的变化和一些不确定因素的存在，人的个性也是在不断变化的。比如兴趣、能力、价值取向等，这些是随着外部环境的变化和自身的学习体会而不断改变的。因此，在职业生涯目标实施的过程中可能会出现与最初的规划有所偏差的情况，这时应当对职业生涯目标与规划重新进行评估，然后做出适当的调整，以更好地符合自身发展和社会需要。正所谓“偶尔的停顿与总结，是为了更好地上路”，总结与计划是个人对自己、对社会不断认识的过程，是最终实现职业生涯规划的有力手段。

对于在校大学生而言，周期性总结同样重要，它可以修正大学生当前的不正确行为。但应注意未来的长期计划是以综合考虑各方面的因素做出的决定，在没有确定长期目标，或是有重大偏差时，不应该三心二意，随意改变原定计划。

# 第五节 评估与分析

每个人的性格从某种意义上决定了他更适合从事的职业，如果求职者能够清楚地了解自己，将有利于更好地选择职业，更准确地做出职业定向。现在关于个人性格、兴趣等与职业的关系，有一些以心理学为基础的测试，可以供广大学生参考，其中比较主流且具有科学性的测试有两种，一是 MBTI 职业性格测试，二是霍兰德职业兴趣测试。

下面以 MBTI 职业性格测试为基础，列出了一些测试题，其中的所有问题都取自于日常生活，答案只是表明被测试者通常是如何看待和处理事物的。所有问题无所谓对错，也无好坏之分，被测试者在答题时不必对每道题多加考虑，只需按感觉判断进行作答即可。

答题方法：每 7 题为一部分，根据所选答案，找出你选择最多的字母，然后按顺序进行排列。

（1）你倾向从何处得到力量：

（E）别人。

（I）自己的想法。

（2）当你参加一个社交聚会时，你会：

（E）在夜色很深时，一旦开始投入，也许会是最晚离开的那一个。

（I）在夜晚刚开始的时候，就疲倦了并且想回家。

（3）下列哪一件事听起来比较吸引你：

（E）与情人到有很多人且社交活动频繁的地方。

（I）待在家中与情人做一些特别的事情，例如，观赏一部有趣的录影带并享用你最喜欢的外卖食物。

（4）在约会中，你通常：

（E）整体来说很健谈。

（I）较安静并保留，直到你觉得舒服。

（5）过去，你遇见你大部分的异性朋友是：

（E）在宴会中、工作上、休闲活动中、会议上或朋友介绍。

（I）通过私人的方式，例如个人广告、录影约会。

（6）你倾向拥有：

（E）很多认识的人和很亲密的朋友。

（I）一些很亲密的朋友和认识的人。

（7）过去，你的朋友和同事倾向对你说：

（E）你难道不可以安静一会儿吗？

（I）可以请你从你的世界中出来一下吗？

（8）你倾向通过以下哪种方式收集信息：

（N）对有可能发生之事的想象和期望。

（S）对目前状况的实际认知。

（9）你倾向相信：

（N）你的直觉。

（S）你直接的观察和现成的经验。

（10）当你置身于一段关系中时，你倾向相信：

（N）永远有进步的空间。

（S）若它没有被破坏，不予修补。

（11）当你对一个约会觉得放心时，你偏向谈论：

（N）未来，关于改进或发明事物和生活的种种可能性。例如，你也许会谈论一个新的科学发明，或一个更好的方法来表达你的感受。

（S）实际的、具体的、关于“此时此地”的事物。例如，你也许会谈论品酒的好方法，或你即将要参加的新奇旅程。

……

更多的题目和最终的测评结果，请扫描 MBTI 职业性格测试二维码。

扫一扫

MBTI职业性格测试

CHAPTER 02

# 第二章　大学生就业形势与政策

**学习目标**

了解大学生就业形势的相关知识
熟悉与大学生相关的就业政策
掌握大学生就业流程

**案例导入**

小许在高考前填报志愿时一直很犹豫，不知道该选哪一个专业，自己也没有特别喜欢的。最后，在家人的帮助下他选择了当时最热门的“计算机科学与技术”专业，在校 4 年埋头苦读，成绩也不错。大学毕业时，本以为学的是热门专业，找份好的工作不是什么问题。但等他拿到毕业证书，走进人才市场才知道，这早已经不是往日的热门了，许多名牌大学毕业生想要找到对口的工作都成问题，更何况自己只是一所普通学校的应届毕业生。更糟糕的是，由于选择的是热门，现在人才市场上几乎遍地都是同专业的竞争者，竞争力可想而知，这时的小许彻底傻眼了。

**启示**　高考志愿专业选择是职业生涯的第一步。在选择专业时，切不可盲目追求热门。职场的需求冷热是一个动态的过程，没有永远的热门，也没有永远的冷门。如果只考虑当前的热门或冷门，不去充分分析未来行业发展，岗位需求等综合因素的变化，盲目地追求所谓的热门，当热门变成冷门，求职就会遇到问题。

当前社会是一个多元化经济组合的社会，对于大学生来说，这样的社会环境，既是一个挑战，同时又充满了机遇。

## 第一节　大学生就业形势分析

大学生就业前，应先对当前的就业形势有一个清晰的认识，以帮助自己做出正确的择业判断。就业形势反映了一段时间内就业市场的整体趋势。每个阶段，每个时期，就业形势都会发生不同的变化，大学生应理性分析与应对。

## 一、大学生就业环境

近年来，大学生就业现状和前景逐渐成为社会普遍关注的一个话题。那么，大学生就业到底面临怎样的形势呢？中国高等教育的跨越式发展，高等院校的规模扩招，导致大学毕业生求职的成本和时间增加、难度也增大，在这种状况下，了解就业环境是非常必要的，这样才能在求职时做到有的放矢。

### （一）大学生由“精英”迈向“大众”

近年来，随着经济和各项事业的不断发展，我国高等教育模式已从传统的精英化模式向现代的大众化模式转变。

在大众化教育阶段，接受高等教育成为多数人的权利，因此，与精英教育阶段相比，大学生不再是计划经济体制下的“精英”和“宠儿”了，大学生也要公平地参与社会竞争，实行双向选择，自主择业。

**提醒**

现在的大学生必须清楚地意识到，就业机制已向市场化、网络化转变，不能再像以前那样被动或消极地等待机会的来临，而应主动出击，通过各种渠道，如学校的就业信息网、各大网络招聘网站、企业的官方网站、本地人才市场等，寻找就业机会。

### （二）大学生就业市场从“卖方”步入“买方”

在“精英教育”阶段，高校毕业生供给小于社会需求，大学生处于“卖方市场”。但是当高等教育迈向“大众化教育”阶段时，大学毕业生紧缺的时代一去不复返，大学毕业生与市场需求逐渐呈现“供需平衡”，直至“供大于求”的现状。此时，大学生就业基本趋于市场化，价格机制在就业市场的调节作用越来越大，在今后很长的一段时间内，高校毕业生将处于“买方市场”。

现在，大学毕业生层次间的较量是一个较明显的趋势，同层次、同专业毕业生的培养质量和特色竞争将格外激烈。这样一来，一部分大学生通过竞争将成为社会的精英，同时也必然会有一部分大学生从事与大众化相适应的“蓝领工作”。

**阅读材料**

### 不要好高骛远，把握当下

小郭是某大学市场营销管理专业的本科生，临近毕业时，一所大型国企来学校招聘，听闻这个消息后，整个市场营销专业的学生都倾巢出动了，除了几个已经找到不错工作的学生外，几乎所有人都参加了这场招聘会，就连其他专业也有同学参加。最后，这家企业只在小郭所在班级上挑选了3名学生，剩下的同学都是失望而回。

后来，陆续也有一些企业来学校招聘，但招聘人数都很少，每次对市场营销专业招聘两三个人，甚至有时还要求本科以上学历。毕业后，小郭总结了一下，来学校招聘市场营销专业本科生的总人数在20人左右，是他们班级总人数的三分之一。慢慢地，小郭放低了对于企业性质、薪酬的要求，终于找到一份工作。在该单位里，恰好有一位和他同专业的师兄也在这里工作，他们成了同事，并聊起了当前大学生的就业情况，这位师兄不禁慨叹：如今大学生的就业形势一年不如一年，本科生的总量更是一年多于一年，远远超过了市场需要。

由此可以看到，在现在“僧多粥少”的大环境下，大学生在求职时要客观分析个人的条件，不要好高骛远。任何一项工作都要有人去做，只要努力加用心，任何一项工作都可以做得非常出色。不要太在意企业的性质、福利这些客观因素，最重要的是找到一个适合自己发展的平台。

**（三）用人标准由“重学历”转向“重能力”**

现在，各类企业和机构招聘人才时，首先看重的是大学生的能力和学识水平，学历高低仅作为参考，不是硬性指标，更没有苛刻的要求。如果学历和能力都不符，不仅找不到工作，还会被人瞧不起。为了寻求一份好工作，大学生应在提高自身能力水平上下功夫。

长期以来，我国大部分企业都会对求职的学历做出硬性要求，求职者学历越高，就业就越容易，求职者文化程度的高低成为企业选才用人的重要参照因素。但是，近年来，用人单位用工要求由原来的侧重求职者学历水平，开始向注重求职者的实际工作能力和综合素质等方面转变，学历因素对求职的影响略有下降。

阅读材料

## 同等学力，能力更重要

小君是金融学专业毕业的研究生，金融行业发展前景好、收入高，专业也被戏称为最有“钱”途的专业。不管是在哪个口径统计出来的薪酬数据中，金融行业都位居前列。小君也感觉自己算是幸运儿，选择了当下最热门的专业，找到理想工作完全没有问题。

因此，她信心满满地来到人才市场，搜罗各种适合她专业的岗位，简历也投了不知道多少份。一开始她打算去银行、证券、保险行业谋求职位，可门槛实在太高，最终她选择了财务行业。于是，她开始关注国有企业、合资企业、民营企业等的招聘信息，也相继参加了一些单位的笔试、面试，但最终的结果都不满意，要么工资太低，要么地理位置偏远。为这些事情，她陷入了苦恼之中，时常在想“也许不读研究生，早点就业，会不会好点呢？”

后来，她的老师了解到她就业的情况，特意把她叫到办公室安慰了一番，还主动为她介绍了一家从事期货的民营企业。这家民营企业的老总通过与小君的面对面交谈后，发现她除了学历上有点优势外，在工作能力和特长等方面还不如一名本科生，而企业里面研究生毕业且能力比她强的大学生有很多。小君应聘的职位，不仅需要学历的支撑，更重要的是数学和英语要很好，同时还需要相应的交际和沟通技巧。这些能力她都不具备，所以聘用也就成泡影了。

由此可以看到，研究生学历就业形势也不容乐观。大学生应该注意，个人学历固然重要，但在同等学历水平基础上，提升个人素质和能力更加重要。要想保证自己有较强的竞争力，就需要认真分析就业环境，做好充分准备。

**（四）就业形式由“单一”走向“多样”**

高等教育逐渐步入大众化发展阶段，已不仅仅是数量的变化，还包括培养模式、教学方式、培养目标等一系列的改变。培养目标和要求的多样化必然导致毕业生就业取向、就业形式的多样化。

- ◆ 从工作时间来分，有全日制就业、半日制就业、计时就业等。
- ◆ 从就业地点来看，有大城市、沿海城市和中小城市、城镇等。
- ◆ 从就业单位属性来看，有党政机关、事业单位、国有企业、民营企业等。
- ◆ 从就业途径来看，有参加招聘会、学校推荐、网上求职等。
- ◆ 从实现方式看，有一次性就业、创业、准备就业、暂时待业（继续深造，如留学）等。

阅读材料

## 灵活就业，不要在乎地点

小金从小在教育世家长大，爸妈都是高级英语老师，从小她的英语就非常好，还经常参加各种英语演讲比赛并获得了不错的成绩。小金性格非常开朗，交了很多好朋友，古灵精怪的她经常逗得周围的朋友哈哈大笑。马上面临毕业了，她也开始犯愁了，因为到目前为止，她还没有找到满意的工作，经过这几个月的碰壁，也是真真切切地感受到了就业形势的严峻。

“工作难找，你不要太着急，慢慢来，不行的话就回老家吧，老家是小县城，竞争压力没那么大。”放下电话的小金觉得压力更大了。父母的话显然是在安慰她，因为一个小县城怎么会需要外语人才呢？整年都不见得有几个外国人光顾。可小金还是不甘心，决定继续找工作，一次一次的打击，让小金的心情跌到了低谷，她决定考虑父母的建议，回老家求职。

电话铃声又一次响起了，妈妈打电话来，告诉她，现在县上最大的一个家具厂正在招聘翻译员，正好可以发挥自己的特长。虽然工资待遇比不上大城市，但发展前景好，而且竞争压力也没那么大。小金一听回家还可以发挥自己的特长，马上从大城市找工作失利的阴影中走出来，重振旗鼓回家应聘这份工作。

参加了厂里的招聘考试，在二十几个应聘者当中，小金以出色的口语和笔试能力胜出，正式加入销售科，负责外贸部门的翻译工作。

中小城市不一定没有就业机会。随着市场经济的不断发展，许多中小城市都有了自己的龙头企业，这些企业的发展同样需要大量的人才。与其在大城市激烈拼杀，不如选择一个中小城市定下心来工作，创造属于自己的一片天地。

**（五）战略新兴产业受青睐**

随着国家发展的大布局，特别是与“一带一路”、京津冀一体化、港珠澳大湾区等相关的项目行业，对人才吸引力巨大。电子信息及互联网等 IT 行业、机械制造业、房地产建筑业对毕业生的需求旺盛，物联网、智能装备、新材料、新能源汽车等战略性新兴产业对毕业生的需求也呈上升趋势。

## 二、大学生就业现状

目前，对大学生而言，就业形势总体来说比较严峻，除了就业人数逐年上升之外，就业需求结构性的变化、专业的热门与冷门转化快也是就业形势严峻的重要因素之一。认清大学生的就业现状，能够帮助大学生在严峻的就业形势下，找准定位，树立正确的就业观。

**（一）就业结构变化，供给与需求存在矛盾**

随着中国高等教育的不断发展，以及国民对文化教育的重视程度不断提高，高等教育进入大众化时代。但一些问题也随之产生，教育大众化要求普通高校进行大规模扩招，导致高校毕业生（一般简称“毕业生”）快速增长。图 2-1 所示为 2012—2017 年 6 年间高校毕业生的数量，2018 年高校毕业生的人数再创新高，预计达到 820 万人。

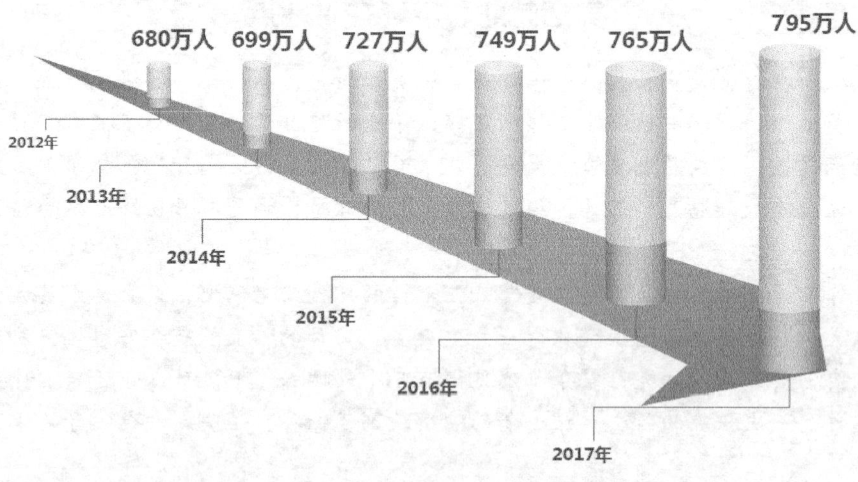


图 2-1　2012—2017 年共计 6 年间高校毕业生的数量

这种量的快速增长对毕业生择业就业造成了巨大影响，大学生就业从精英化走向大众化也是大势所趋。

与此对应，作为人力的需求方，国有大型企业的转型，打破了传统的分配供给制，大学生没有了就业保障，不再是“上了大学等于有了工作”。中小型企业对于人才要求也逐步进入精细化状态，大学生已经慢慢失去高学历优势。

2017 年人才蓝皮书《中国人才发展报告（NO.4）》显示，我国高级技工缺口高达上千万人，高科技产品技术缺口大，一方面是大量应届毕业生一岗难求，另一方面是企业对于技术工人求贤若渴，结构性用工荒越发突出。

**（二）片面的人才观依然存在**

近年来，随着高等教育大众化及就业压力的增加，大学生的就业观念也有所改变，就业期望值有所降低，但“万般皆下品，唯有读书高”“望子成龙”“望女成凤”等封建思想依然严重，大多数毕业生希望到大城市、大机关、大公司、大院所、大企业等比较体面的大单位就业。毕业生择业时容易受社会上一些舆论的左右，盲目追随，而不考虑自身条件及职业特点和社会整体需求。

大学生自身定位与社会发展对人才需求的实际状况存在较大的差异性，结果出现了很多大学生找不到工作，而又有不少工作岗位没有人愿意去的不正常现象。

**（三）专业的热门与冷门转化快**

学习的最终目的是学以致用，为适应社会发展的需求，学校教育也在不断改革，其专业设置、课程设置与社会的关联度不断上升。教育改革在一定程度上缩短了学校与社会的差距，弱化了理论与实践之间的距离。

与此同时，某些相对冷门的专业，如机械、技术工种，用人单位欠缺技术人才，一些大学生即使专业对口，也因为“工作看来不够体面”而拒绝工作机会。

所以，高校应该合理调整学科结构和专业设置，使之与未来就业趋向相结合，面向社会、面向市场，立足未来办学。

**（四）用人单位对学历要求进一步提高**

随着高校的不断扩招，每年毕业的大学生不断增多，大学生的地位不再“高高在上”，同样一家公司、同一个职位对于学历的要求，可能每年都会有所提高。虽然学历不代表一切，但在相同的条件下，学历还是用人单位考虑的因素之一。

**提醒**

2018年考研报考人数达到177万，有56%的考生出发点是为了“更好的工作”。而其中考研大军中往届毕业生占了四成。

**（五）素质要求大于学习成绩**

随着社会经济的发展，用人单位的择才观念也在发生变化。据调查显示，用人单位对大学生的基本能力要求依次为环境适应能力占 65.9%；人际交往能力占 56.8%；自我表达能力占 54.5%；专业能力占 47.7%；外语能力占 47.7%。能力成为影响大学生成功就业最基本、最直接的因素。除了专业能力外，用人单位还提出了明确的非专业能力要求，主要集中在表达能力、协调沟通能力、人际交往能力、组织管理能力、适应能力和实践能力等方面。影响大学生就业的非专业能力还有很多，如学习能力、应变能力、观察能力和分析能力等，尤其是学习能力，已成为现代用人单位考察大学生的一个重要因素。

## 三、大学生应树立正确的就业观

在当前的就业形势下，大学生应该以怎样的态度来应对这复杂的就业局面呢？或许很多人都难以回答。其实，无论是“就业猛于虎”，还是“工作并不难找”，每一位大学生都应有良好的心理准备，树立正确的就业观。

**（一）认清就业形势，把握就业机会**

当代大学生应理性看待当前的就业形势，把握社会发展的趋势。由于某些学校和媒体过分渲染就业形势的严峻性，而某些大学生不假思索地全部吸收，导致大学生就业信心不足。其实，我国不断发展的经济给大学毕业生带来了一些新的机遇和条件，面对这些机遇和条件，大学生应积极把握，同时又要理性选择，切忌盲目跟风。因此，广大毕业生应全面冷静地分析自身情况和社会发展趋势，调整心态，不断充实自己，把握每次就业机会。

**（二）提高个人素质，增强就业竞争力**

大学生在校学习期间，除了努力学习课本知识外，还必须培养良好的职业道德，树立正确的世界观、人生观、价值观。大学生还应当具有创新精神，面临激烈的社会竞争，能视变化为机遇，视困难为坦途，对生活、对未来充满期望，充满热情。同时，大学生还要注重能力的培养，能力是一个人素质的外在表现。大学生应尽可能培养自己处理信息的能力、处理人际关系的能力、处理好人与资源的能力、系统看待事物的能力、运用技术的能力等。只有这样，才可能在社会上更有立足之地。

**（三）找准自己的位置**

找准自己的位置是大学生择业中最为重要的。不管是“双向选择”还是“自主择业”，最后你只能落实到一个具体的工作岗位。要选择适合自己的岗位，首先要从需求信息入手，信息越多，选择的余地就越大；信息越可靠越有利于做出决定。

同时，要善于筛选信息，筛选信息要从主客观两个方面着眼。从主观来讲，要考虑自身条件适合哪些单位、哪些职业；从客观来讲，要考虑用人单位的工作性质、发展前景、人才结构、需求情况、是否与自己的预期相同。只有综合考虑主客观因素，大学生才能在择业的过程中不至于迷失方向，通过理性的“双向选择”寻找到适合自己的工作。

# 第二节 大学生就业帮扶政策与措施

正所谓挑战与机遇并存，困难与希望同在，虽然大学生在就业时可能会面临种种困难，但同时也存在很多机遇。不管是国家提出的种种鼓励、支持政策，还是各高校、各单位提供的机会平台，对于大学生来说都是一个很好的机遇。每一年，教育部及地方都会出台相关的就业帮扶政策，以支持大学生就业。

## 一、国家就业帮扶政策与措施

为促进高校毕业生多渠道就业创业，努力实现更高质量和更充分就业。2018 年，教育部关于高校毕业生就业做出了以下 4 个方面的指示。

**（一）鼓励毕业生服务国家发展战略**

（1）引导毕业生到重点领域就业。各地各高校要围绕国家经济社会发展需要，主动对接国家发展战略需求，向重点地区、重大工程、重大项目、重要领域输送毕业生。结合“一带一路”建设、京津冀协同发展、长江经济带发展，大力开拓就业岗位。落实区域协调发展战略，引导毕业生到中西部地区、东北地区和艰苦边远地区就业。

（2）促进毕业生到新兴领域就业创业。各地各高校要结合建设科技强国、质量强国、航天强国、网络强国、交通强国、数字中国、智慧社会要求，引导毕业生到高技术产业、战略性新兴产业、先进制造业和现代服务业等领域就业创业。深入挖掘互联网、大数据、人工智能和实体经济深度融合创造的就业机会，在共享经济、现代供应链、人力资本服务等领域拓展就业新空间。

（3）鼓励毕业生到国际组织实习任职。各地各高校要加强政策支持力度，在经费资助、教学管理、就业服务等方面出台具体举措。高校要结合人才培养特色和学科优势，加快培养具有参与全球治理能力的高素质人才。加强与国际组织的联系，拓宽合作交流渠道。及时收集发布国际组织招聘信息，把国际组织相关内容纳入就业指导教材和课程，通过开展讲座报告、项目推介、组建社团等多种方式，为毕业生到国际组织实习任职提供咨询、指导、培训等服务。

**（二）鼓励毕业生到基层就业**

（1）拓宽毕业生基层就业渠道。各地各高校要深入贯彻中央《关于进一步引导和鼓励高校毕业生到基层工作的意见》，落实好基层就业学费补偿代偿等政策，实施高校毕业生基层成长计划。服务乡村振兴战略，引导毕业生到现代种植业、农产品加工、农村电子商务等一二三产业就业创业。继续组织实施好“教师特岗计划”“大学生村官”“三支一扶”“西部计划”等中央基层就业项目。鼓励毕业生到城乡基层从事教育文化、健康养老、扶贫开发等工作，到社会组织就业。

（2）继续做好大学生征兵工作。各地各高校要加强与兵役机关协调配合，落实学费资助、复学升学、就业创业等优惠政策，共同组织咨询周、宣传月等活动。加强高校大学生征兵机构建设，面向毕业生、在校生及新生等群体开展宣传动员，在高校放暑假前对体检、政考合格的学生发放“大学生预定兵通知书”。

（3）鼓励毕业生到中小微企业就业。各地各高校要充分发挥中小微企业吸纳毕业生就业的主渠道作用，广泛收集发布岗位信息，办好全国中小企业网上百日招聘等活动。省级教育部门要积极配合人力资源社会保障、税务、中小企业主管部门等，落实小微企业吸纳毕业生的社保补贴、培训补贴、降税减负等优惠政策。高校要关心毕业生在中小微企业的成长发展，支持毕业生在小微企业进行产品研发和技术创新。

**（三）提供全方位就业指导服务**

（1）优化就业精准服务。各地各高校要广泛应用“互联网+就业”新模式，通过新职业网、智慧就业等平台，根据毕业生和用人单位需求，开展精准对接服务。推动搭建跨区域、跨行业、跨类别的招聘信息服务平台，鼓励举办分层次、分类别、分行业的中小型校园招聘活动，更多采用网上初选、线下面试的便捷校园招聘模式。

（2）加大就业困难群体帮扶力度。各地各高校要重点帮扶建档立卡贫困家庭、少数民族、身体残疾等毕业生就业困难群体，配合有关部门落实好求职创业补贴等政策。要通过开展个性化辅导、组织专场招聘、优先推荐岗位、发放求职补助等方式，确保困难群体就业一个不能少、一个不能掉队。要与人力资源社会保障部门做好离校未就业毕业生的信息衔接和服务接续工作。

（3）规范就业工作管理。各地各高校要严格落实就业签约“四不准”要求，不准以任何方式强迫毕业生签订就业协议，不准将毕业证书、学位证书发放与签约挂钩，不准以户档托管为由劝说毕业生签订虚假协议，不准将顶岗实习、见习证明材料作为就业证明材料。建立健全毕业生参与的就业状况统计核查机制。严禁发布带有歧视性内容的招聘信息，严密防范“培训贷”、求职陷阱、传销等不法行为，切实维护毕业生权益，确保校园招聘活动公平、安全、有序。有条件的地区要积极推动建立入职定点体检和结果互认机制，尽力避免手续过于烦琐、重复体检。

（4）提高就业指导能力。各地各高校要加强就业指导教师的培养培训，在专业技术职务评聘中充分考虑就业指导教师的工作性质和工作业绩，推进就业指导教师队伍职业化、专业化、专家化。把学生职业发展与就业指导课程贯穿于整个人才培养体系，将课程与学科专业相融合，探索慕课等新型课程形式。要为大学生职业发展提供个性化咨询指导。

（5）充分发挥高校毕业生就业状况反馈作用。各地各高校要认真落实就业情况统计和监测责任制，确保就业数据真实准确。不断完善就业质量评价指标体系，按时向社会发布高校毕业生就业质量年度报告。鼓励开展毕业生就业创业与职业发展状况跟踪调查，推动形成就业与招生计划、人才培养、经费拨款、院校设置、专业调整的联动机制。

**（四）加强组织领导和宣传教育**

（1）强化组织保障。各地各高校要认真落实就业“一把手”工程，建立就业工作目标责任制，切实做到就业创业工作“机构、人员、经费、场地”到位。省级教育部门要加强与相关部门的协调配合，共同研究制定就业政策，开展就业服务。高校要完善就业部门牵头，学工、招生、教学、创业、武装等部门参与的工作机制，形成齐抓共管的工作格局。

（2）加强监督检查。各地各高校要开展就业创业政策和工作落实情况督促检查，建立就业创业情况通报、约谈、问责等工作制度，对工作创新成效显著的要总结经验、表扬推广；对不履责、不作为的要及时纠正并要求限期整改，对发生就业率作假等违规行为的要严肃查处并追究领导责任，确保政策和工作落实到位。

（3）深化思想教育和宣传引导。各地各高校要落实全国高校思想政治工作会议精神，把思想政治工作融入高校毕业生就业创业工作全过程，坚持立德树人，引导毕业生树立科学的就业观和成才观。加强正面宣传，广泛宣传基层就业创业毕业生典型事迹，宣传解读国家促进就业创业的政策措施，努力营造有利于就业创业的良好舆论氛围。

提醒

作为即将就业的大学生应随时查看学校相关的就业信息，把握就业机会。同时，在国家大就业政策和框架的支持下，各地方还会出台相应的就业支持政策，也需要多上地方的就业网站查看。

## 二、部分省市就业帮扶政策与措施

高校毕业生人数一年比一年创新高。面对庞大的求职大军，除了国家层面，地方层面也出台了政策、措施，为高校毕业生就业“保驾护航”。

浙江省制定出台了《浙江省人民政府关于做好当前和今后一段时期就业创业工作的实施意见》，以下简称《实施意见》。《实施意见》明确，社会组织吸纳高校毕业生就业同等享受企业吸纳就业扶持政策，科研单位吸纳高校毕业生参与研究的按规定将社会保险补贴纳入劳务费列支，以及推荐高校毕业生到国际组织实习任职。

海南省人力资源和社会保障厅与省财政厅制定了《海南省就业补助资金管理办法》，以下简称《管理办法》。《管理办法》提出了为劳动者提供创业补贴，补贴对象为首次创办企业或从事个体经营，且所创企业或个体工商户自工商注册登记之日起，正常运营 1 年以上的离校 3 年内高校毕业生(含技师学院高级技工班、预备技师班和特殊教育院校职业教育类毕业生)和就业困难人员。补贴标准按每个法人 6 000 元给予一次性补贴。同时，对招用毕业年度高校毕业生的小微企业或社会组织，与补贴对象签订 1 年以上劳动合同并为其缴纳社会保险费，履行合同满 1 年后，按每招用 1 人给予一次性奖励 1 000 元。

扫一扫

成都

成都 2017 年的“蓉漂”计划推行“先落户后就业”。按照该政策，具有全日制大学本科及以上学历的青年人才，以及在同一用人单位工作两年及以上的技能人才，均可申请办理落户手续。成都还为“蓉漂”安居问题提出了人才公寓、产业新城配套租赁住房和用人单位可自建倒班房等多种方式和途径的解决方案。为方便外地来蓉应聘的应届毕业生，还设置了 20 余个 7 天以内免费入住的青年人才驿站。

扫一扫

长沙

长沙则对到当地工作的博士、硕士、本科等全日制高校毕业生，两年内分别发放每年 1.5 万元、1 万元、0.6 万元租房和生活补贴；博士、硕士毕业生在长沙工作并首次购房的，分别给予 6 万元、3 万元购房补贴。

扫一扫

郑州

郑州此前推出了“智汇郑州”人才新政。按照相关政策，2017 年 1 月 1 日后毕业、在郑州市内落户、缴纳社会保险满 3 个月并符合“智汇郑州”人才政策规定条件的青年人才，均可申请生活补贴。其中，新引进落户的博士、35 岁以下的硕士研究生、本科毕业生和技工院校预备技师（技师），3 年内按每人每月 1 500 元、1 000 元、500 元的标准发放生活补贴；落户后暂未就业或创业的，按上述标准发放 6 个月的生活补贴。

扫一扫

南京

南京则为外地高校毕业生提供了面试补贴。2018 年，外地高校应届毕业生来南京面试，可一次性领取 1 000 元补贴；研究生以上学历或

40 岁以下本科生，可以直接落户南京；另外，南京对高校毕业生也有租房补贴政策：学士每月补贴 600 元；硕士每月 800 元；博士生每月 1 000 元，可以连续领 3 年。

扫一扫 北京 | 扫一扫 天津 | 扫一扫 沈阳 | 扫一扫 大连 | 扫一扫 吉林

扫一扫 上海 | 扫一扫 深圳 | 扫一扫 西安 | 扫一扫 重庆

## 第三节　大学生就业流程

马上就要毕业了，毕业生们也即将完成从学校到职场的跨越。那么，大学毕业生们在正式入职之前，一般需要办理哪些手续呢？图 2-2 所示为大学毕业生就业流程图。

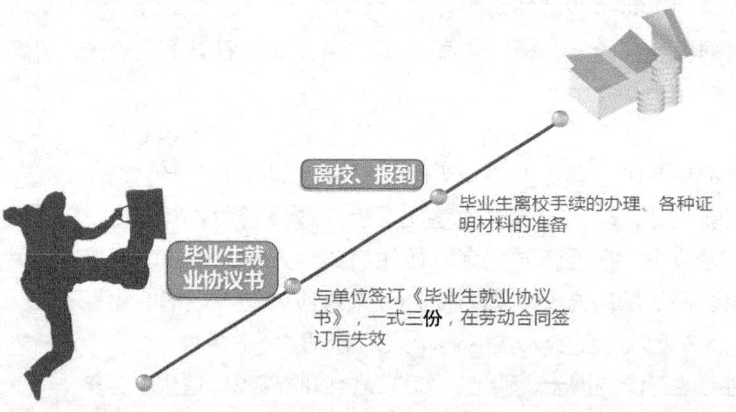


图 2-2　大学毕业生就业流程图

### 一、签订就业协议书

《全国普通高等学校毕业生就业协议书》是高校毕业生和用人单位在正式确立劳动关系前，经双向选择，双方在规定期限内就确立就业关系、明确双方权利和义务而达成的书面协议。协议条款应该是协议主体之间权利与义务的明确表示，对双方当事人皆具约束力。一经订立后，当事人不得随意解除，否则应承担违约责任。

《全国普通高等学校毕业生就业协议书》（以下简称《就业协议书》）明确了毕业生、用人单位、学校三方在毕业生就业中的权利和义务。《就业协议书》一般统一制表，如图 2-3 所示。

提醒

《就业协议书》一般统一制表，但由于各个省市的要求不同，内容也会有所差别。例如，《就业协议书》的“备注”页，一般用于学校填写就业时需要学生注意的事项；“签约须知”页，即《就业协议书》的第三页，是就业协议的具体条款内容，但因地域不同，也会存在一些差异。

### （一）《就业协议书》的主要特征

毕业生与用人单位双向选择达成意向后，用人单位要先与毕业生签订就业协议，当劳动者正式到用人单位报到时，再签订劳动合同，从而确定劳动关系。从法律上讲，《就业协议书》是一种民事合同，主要有以下特征。

◆ 《就业协议书》是当事双方的民事法律行为。毕业生与用人单位通过双向选择达成意向，约定毕业生毕业后到用人单位工作，其基础是相互协商的民事法律行为。

备注：

编号：

全国普通高等学校毕业生就业协议书

毕业生＿＿＿＿＿＿

学　号＿＿＿＿＿＿

用人单位＿＿＿＿＿＿

学校名称＿＿＿＿＿＿

教育部高校学生司制表

按《普通高等学校毕业生就业工作暂行规定》的要求，为维护国家就业计划的严肃性，明确毕业生、用人单位、学校三方在毕业生就业工作中的权利和义务，经协商，毕业生、用人单位、学校三方签订如下协议：

一、毕业生应按国家规定就业，向用人单位如实介绍自己的情况，了解单位的使用意图，表明自己的就业意见，在规定的时间内到用人单位报到，若遇到特殊情况不能按时报到，需征得用人单位同意。

二、用人单位要如实介绍本单位的情况，明确对毕业生的要求及使用意图，做好各项接收工作。凡取得毕业资格的毕业生，用人单位不得以学习成绩为由提出违约，未取得毕业资格的结业生，本协议无效。

三、学校要如实向用人单位介绍毕业生的情况，做好推荐工作，用人单位同意录用后，经学校审核列入建议就业计划，师范类毕业生报山东省教育厅批准、非师范类毕业生报山东省人事厅批准后，学校负责办理派遣手续。

四、学校应在学生毕业前安排体检，不合格者不派遣，如用人单位对毕业生身体条件有特殊要求，原则上应在签订协议前进行单独体检，否则，以学校体检为准。

五、毕业生、用人单位、学校三方如有其他约定，应在备注栏注明，并视为本协议书的一部分。

六、本协议经各方签字、盖章后生效。三方都应严格履行本协议，若有一方提出变更协议，须征得另两方同意，由违约方承担违约责任并在备注栏注明违约金数额。

七、本协议一式三份，毕业生、用人单位、学院各执一份，复印无效。

八、本协议未尽事宜，经毕业生、用人单位、学院三方协商同意，在备注栏填写协商内容，视为本协议的一部分。

毕业生情况及意见

| 姓名 | | 性别 | | 年龄 | | 民族 | |
|---|---|---|---|---|---|---|---|
| 政治面貌 | | 培养方式 | | | 健康状况 | | |
| 专业 | | | | 学制 | | 学历 | |
| 家庭地址 | | | | | | | |

应聘意见：

毕业生签名：　　年　月　日

用人单位情况及意见

| 单位名称 | | | 单位隶属 | |
|---|---|---|---|---|
| 联系人 | | 联系电话 | | 邮政编码 |
| 通讯地址 | | 所有制性质 | 全民、集体、合资、其它 | |
| 单位性质 | 党政机关、科研事业单位、学校、商贸公司、厂矿企业、部队、其它 | | | |
| 档案转寄单位名称 | | | | |
| 档案转寄详细地址 | | | | |

用人单位意见：　签章　年　月　日

用人单位上级主管部门意见：（有用人自主权的单位此栏可略）　签章　年　月　日

学校意见

| 学校联系人 | | 联系电话 | | 邮政编码 | |
|---|---|---|---|---|---|
| 学校通讯地址 | | | | | |

系部意见：　签章　年　月　日

学校毕业生就业部门意见：　签章　年　月　日

图 2-3　《就业协议书》模板

◆ 《就业协议书》是当事双方在平等互利基础上的民事法律行为。毕业生可以根据自己的需求选择经济效益好、能够发挥自身特长的用人单位；用人单位也可以自由选择优秀毕业生到单位工作，不存在一方当事人强迫签订就业协议书的情况。

- 《就业协议书》是当事双方设立各自权利义务的民事法律行为。《就业协议书》主要规定毕业生的工作期限、工作岗位、工资报酬、劳动待遇、就业协议终止条件、违反协议的责任等，明确了毕业生到用人单位工作的权利等。

**（二）《就业协议书》的填写内容**

毕业生在填写《就业协议书》时，应注意查看和填写如下内容。

- 学生部分。专业名称应为学生现在所学的专业名称，应与学校登记的专业名称完全一致，不得误写、简写。
- 用人单位部分。主要应注意 3 个方面。一是用人单位名称与单位公章应一致，不得简写、误写或写别名。二是用人单位性质应填写单位的经济类型，如国有、独资、合资、民营、私营等。三是档案转收详细信息（包括单位名称、邮政编码、详细地址等），若某些外资、私营、民营等单位没有人事档案保管权，应填写委托保管档案的单位地址，如某人才市场等。
- 甲乙双方协商达成条款部分。主要应注意 3 个方面。一是服务期、见习期等条款，必须明确填写；二是各项福利、违约金等必须注明；三是甲、乙双方就有关事项协商达成附加条款，如甲方有何特殊的体检要求等均可在协议中写明。

扫一扫

《就业协议书》填写说明

**（三）《就业协议书》的签订程序**

毕业生与用人单位在签订《就业协议书》时应遵守相应的程序，所有相关人员签字盖章后，《就业协议书》才能生效。签订《就业协议书》的基本程序如下。

（1）毕业生到学校就业办领取写有本人编号的《就业协议书》。

（2）毕业生和用人单位经双向选择、达成就业意向后，双方在就业协议书上签字盖章。

（3）用人单位或毕业生本人将《就业协议书》交至学校院系，由学校院系签署意见并加盖公章，纳入就业计划派遣。

（4）用人单位或毕业生本人将《就业协议书》交至学校学生处就业指导科，由就业指导科签署意见并加盖公章。

（5）毕业生、用人单位各留一份，学校留两份（其中一份交至学校所在地毕业生就业主管部门）。

扫一扫

《就业协议书》签订程序

提醒

《就业协议书》每人只能有一份，复印无效，应妥善保管；《就业协议书》中档案转寄地址、单位、邮编应填写清楚，以免档案误投，损害毕业生自身利益；如今校方为鉴证方，《就业协议书》在毕业生和用人单位双方签约后即可生效。

**（四）《就业协议书》的解除**

《就业协议书》的解除根据提出解除方的不同，分为单方解除和三方解除，具体内涵如下。

- 单方解除。单方解除包括单方擅自解除和单方依法或依协议解除。单方擅自解除属违约行为，解约方需承担违约责任。单方依法或依协议解除，是指一方解除就业协议有法律或协议依据，如毕业

扫一扫

《就业协议书》的解除

生未取得毕业资格，用人单位有权单方解除就业协议。此类单方解除就业协议的情况，解除方无须承担法律责任。

◆ 三方解除。三方解除是指毕业生、用人单位、学校三方经协商一致，取消原先签订的协议，此类解除三方均不承担法律责任。

## 二、离校、就业报到

大学生在校学习期满，并且各科成绩合格达到毕业要求后，就要在6月着手办理离校手续，然后准备到用人单位报到。大学毕业生要积极主动地配合学校做好各项工作，做到文明离校，顺利就业。

### （一）离校

毕业生完成学业，离开学校前还有一些必要的离校手续需要办理，主要包括：毕业鉴定、填写普通高等学校毕业生登记表、毕业体检、领取就业报到证和户口迁移证等。

#### 1 毕业鉴定

毕业鉴定是毕业生临近毕业时，通过回顾自己大学期间的德、智、体、能等综合情况的表现，为自己所做的准确且客观的评价和总结。鉴定的主要内容如下。

◆ 思想、道德素质。对党的领导和党的路线、方针、政策等方面的认识，参加学校组织的各项思想政治教育活动情况；遵守国家各项法规、制度及校规、校纪的情况；参与社会实践活动的情况等。

◆ 学习情况。学习成绩和专业知识的掌握程度；学习态度和学习自觉性方面的表现；科研活动成果及创新能力方面的表现等。

◆ 身心素质方面。身体健康状况、心理健康状况、参加各项体育活动的情况等。

◆ 综合能力方面。自己的专长和特点；交际与沟通能力；对社会的认知和适应能力等。

◆ 存在的主要缺点、问题及今后的努力方向。大学毕业生在进行自我鉴定时，一定要认真听取老师和同学们的意见，要实事求是，不能弄虚作假，也不能满纸空话、套话；态度要端正，字迹要工整；奖励和处分都要写清楚，尤其是对处分切不可隐瞒。

#### 2 毕业生登记表的填写

普通高等学校毕业生登记表是由国家教育部制订的学生毕业材料之一，要归入学籍档案，凡取得毕业资格的毕业生都必须认真填写。内容主要包括：毕业生基本情况、学习经历、社会关系、个人总结、毕业实习单位和主要内容、毕业论文题目、本人工作志愿、学校意见等。

扫一扫

毕业生登记表

毕业生登记表是毕业生在校综合情况的反映和记载，是学校对毕业生在校期间的综合评价材料，毕业生要按照每个栏目的具体要求认真填写。学校也要认真核实其中的各项内容，要以对国家负责、对毕业生负责的态度严肃对待。

#### 3 毕业生离校手续的办理

毕业生办理离校手续的时间一般在毕业生离校前的一周左右，按照学校的相关规定进行。毕业生须持学校统一发放的离校手续单办理相关手续，主要流程如下。

（1）毕业生到所在院系领取离校手续单。

（2）到校党团部门办理党团组织关系转接手续。

（3）到图书馆办理归还图书及借书证等手续。如果将学校的图书损坏或丢失，应按照学校的有关规定予以赔偿。

（4）到财务部门进行费用核对、清退。

（5）到宿舍管理部门办理退宿手续，交还宿舍钥匙。家具如有损坏，应按照学校的有关规定予以赔偿。

（6）到学生管理部门交还学生证。

（7）到教务部门交还借用的教学仪器和用具。

（8）到校医院交还医疗证。

（9）对于享受国家助学贷款的毕业生，到贷款管理部门办理有关手续。

（10）以上手续办理完毕后，领取毕业证、学位证、就业报到证和户口迁移证。

### （二）就业报到

毕业生在办理完所有离校手续后，即可持就业报到证、毕业证、学位证等有关证件到用人单位报到。其中，毕业证、学位证这些证件对于大学毕业生来说是再熟悉不过了，下面主要说说就业报到证的相关事宜。

根据《普通高等学校毕业生就业工作暂行规定》，毕业生必须使用由省级毕业生就业主管部门统一审核、打印和签发的，由国家教育部统一印制的就业报到证。就业报到证的样式如图 2-4 所示，它是毕业生就业报到的证明和公安部门办理落户手续的凭证。

图 2-4　就业报到证的样式

#### 1 就业报到证的组成

就业报到证一式两联，正联（毕业生就业报到证）是毕业生到用人单位报到的凭证，报到后由用人单位装入本人档案，作为毕业生参加工作的初始记载凭证；副联（毕业生就业通知书）由学校装入毕业生本人档案，随档案一同转至用人单位，作为学校寄送毕业生档案的凭证。

#### 2 就业报到证的作用

就业报到证是毕业生到就业单位报到的凭证，也是毕业生参加工作时间的初始记载和凭证。毕业生所持的就业报到证的作用主要体现在以下几点。

- 毕业生到用人单位报到的凭证。凭报到证报到以后，方可开始计算工龄。
- 证明持证毕业生是纳入国家统一招生计划的学生。
- 就业报到证是用人单位给毕业生落户、接管档案的重要凭证和依据。
- 持就业报到证到有关部门办理自主创业手续可减免有关税费。
- 就业报到证是毕业生的干部身份证明。如果没有就业报到证，毕业生将成为社会劳动人员（工人编制），而且人才中心无法接收毕业生的档案。
- 待就业毕业生可凭就业报到证到省、市毕业生就业主管部门或人才服务机构办理就业代理手续。

◆ 就业报到证也是毕业生办理改派手续的重要材料。

### 3 就业报到证的报到期限

就业报到证的报到期限分为报到有效期和改派有效期两种情况。

◆ 报到有效期时间。它的有效期一般是 2 年，即从毕业开始 2 年内有效，超过两年视为自动放弃并作废。但个别地方，3 年也可以报到。具体应按照当地政策来定。

◆ 改派有效期时间。就业报到证一般从毕业开始算起，1 年内可以改派，当然个别地方 2 年内也可以改派。如果在 2 年内没有办理就业手续，以后就不能改派了。特殊情况除外，如支援西部的择业期可延长两年。

扫一扫

毕业生改派

提醒

毕业生要在报到期限内，也就是说，要在派遣证规定的时间（一般是一个月）内到用人单位（已就业）或生源地所在地政府人事主管部门（未就业）报到。如果超过这个期限，可能会被用人单位追究违约责任，或生源地政府人事主管部门不包分配或不能参加事业单位及公务员招考。

### 4 就业报到证的补办

毕业生的就业报到证不慎遗失，需补办就业报到证分为两年择业期内和超过两年择业期两种情况。

两年择业期内的就业报到证需要补办时，应提供如下证明材料。

◆ 本人提出申请。

◆ 工作单位开具的证明。

◆ 学校就业主管部门开具的介绍信。

◆ 毕业生本人持上述材料到省就业办申请补发新的就业报到证。

超过两年择业期的就业报到证需要补办的，应提供如下证明材料。

◆ 本人提出申请。

◆ 工作单位开具的遗失证明。

◆ 学校就业主管部门开具的介绍信。

◆ 毕业生本人到学校研招办，复印当年经省级招生部门盖章审批的新生录取审批表复印件，并加盖学校研招办的公章。

◆ 毕业生持上述材料到省就业办申请补发就业报到证证明书。

## 第四节　评估与分析

（1）阅读下面的案例，分析当事人应该如何做出选择。

许洋是刚毕业的大学生，在毕业之前，他曾打算考取薪酬待遇高且体面的财务管理系统的公务员，这对当时的他来说，压力是非常大的。由于他学习的是语言专业，如果选择考公务员，就意味着放弃自己这几年的专业知识，然后置身于另一个领域，多少有点儿让他不适应，经过再三考虑，他决定放弃考公务员的打算。虽然，公务员待遇福利好，是很多人梦寐以求的，但在许洋看来，再好的工作如果没有兴趣就很难做好。

现在，大学生就业形势越来越严峻，竞争的人更是举不胜举，有本科生，还有硕士生，另外，还有非常多的海归回国就业，许洋更是悬着一颗心，每天都不敢放松。不过他的专业知识倒是让他很有底气，因为大学四年他一点儿也没有荒废。接下来的日子里，许洋陆续参加了很多单位的面试，但结果都不理想，这让他有些灰心，并且对大城市也有点失去信心，觉得自己确实个人能力不足。各种因素的影响下，许洋萌生了回家乡工作的念头，在家乡虽然没有高楼大厦，没有地铁，但那里有一个温暖的家。

提示：

应对就业环境进行分析。就业形势不容乐观，而就业竞争压力也非常大，如果许洋要选择在大中城市就业，那么他就要付出一定的代价。如果失策，那么代价将是高昂的。因此，与其继续在大城市浪费时间和精力，许洋还不如选择放弃继续在大城市找工作的想法，返回基层找工作更有发展前途。

（2）阅读下面的案例，分析如何帮助当事人顺利找到工作。

程杰明即将大学毕业，但他始终找不到方向，想干的事很多，却又不知道从哪里干起。程杰明是“两耳不闻窗外事，一心只读圣贤书”的典型，他对当前大学生的就业形势和政策基本没有了解，而且这 4 年两点一线的大学生活让他已经彻底地松懈下来，他不想吃苦，也无法适应那种朝九晚五的生活。因此，面对即将步入的职场，程杰明显得很迷茫。

提示：

① 程杰明应首先了解当前大学生的就业形势和就业政策。

② 解剖自我，清楚认识自己的优点和缺点、兴趣爱好等。

③ 确定就业方向，灵活就业。

CHAPTER 03

# 第三章　大学生就业准备

**学习目标**

掌握大学生就业应具备的知识和能力

掌握就业信息的准备

掌握自荐材料的准备

**案例导入**

又是一年毕业季，同窗4年到了不得不说再见的时候，这时班上却出现了不同的景象。

同学A：天天忙忙碌碌，准备英语四级证、计算机二级证、学校竞赛优胜奖、优秀奖学金证明等各种证件，让自荐材料丰富而有说服力，并且每天在网上和招聘会上奔波着……

同学B：仍旧“三点一线”，教室、图书馆、寝室，熟悉他的同学都知道，他决定考研。

同学C：和以前一样没有多大变化，父母为他在家乡谋了一份职业，他虽然并不了解这份职业具体做什么，也不太清楚这个公司的发展情况，但鉴于懒得找工作，就先做着吧。

同学D：表面若无其事，心中暗暗着急，他心中清楚，自己并没有多少技能。感叹某某同学进入了中国500强企业，某某又和他人合伙开了个小公司，而自己却手足无措，在毕业的关头急得像热锅上的蚂蚁。

同学E：在校期间就开始做兼职，与自己专业相关的、与自己专业无关的，只要在学习之余能够兼顾的工作，他都尝试过。临到毕业，他心中的想法也越来越清晰。

5年后，当时的同学再聚在一起时，已悄悄地发生了变化。同学A换过两份工作，现已是一家公司的项目经理；同学B考研失败后，就职于一家国营企业；同学C已不在父母安排的公司上班，正谋划与朋友合伙创办一个项目；同学D没有来同学会……；同学E经历了一次创业失败，又在另一次创业的路上……

**启示**　从上面的案例来看，每个人对自己的未来都有不同的期望与判断。其实选择就业还是创业，没有绝对的“对”与“错”，关键在于是否对自己有清晰的认识与分析，以及做出选择之后，是否做了相应的努力。

同学 D 没有来同学会，给了我们很大的想象空间，有两种可能，一是毕业后一直没有合适的工作，碌碌无为，无颜参加同学会；二是经历毕业时的慌乱后，对自己有了清晰的认识，重新开始学习，最后延迟就业，或自己创业，却由于时间、安排等原因没有来到同学会现场。不管是哪种情况，这都与同学 D 最初的状况，以及后面的种种选择、认识与努力有关。

由此可见，大学生毕业前所做的准备，对于每个人今后的就业、创业而言，是必不可少的重要工作。

# 第一节 知识与能力的准备

职场人士经常为一件事情所苦恼：是做一个所有领域样样皆懂的“万精油”呢？还是做精通一个领域的“专才”呢？其实对于大学生而言，只要自己在就业前做好了充足的准备，拥有较多的知识和能力，良好的职业素养，不管是“万精油”，还是“专才”，都有其用武之地。

## 一、知识准备

知识是从事各行各业所必须具备的基础，而且每个职业所需要的知识内容是不一样的，但不管什么职业，需要的知识均分为专业知识和非专业知识两部分。

### （一）专业知识的准备

专业知识主要是指该职位所必须具备的专业技能，一般来说，专业知识优秀的毕业生更容易找到理想的职业。

由于用人单位在实际工作中更加注重大学生的工作能力，某些学生产生专业知识并不重要的错觉，认为专业知识在以后的工作中基本都用不上，因此学习起来就很懒散，不用心。实际上，在同等条件下，用人单位在无法直观地发现具体个人谁更优秀的情况下，会根据大学生在校的成绩来进行人才选择，特别是专业课的成绩。因为专业知识是大学生在就业时最重要的资本之一，所以大学生在校期间应注意知识的积累，特别是专业知识的积累。

### （二）非专业知识的准备

非专业知识主要是指可在各行业通用的知识，它是对所学专业知识以外的其他知识的统称。非专业知识也是用人单位选拔人才的重要依据。非专业知识涵盖面很广，它从某种意义上代表了大学生的综合素质，这类知识除了可从书本中学习外，还可以从日常的学习和生活中积累。

## 二、能力准备

一个人在某个岗位上是否胜任，除了可以从知识方面考察外，还可以从能力方面体现。能力是直接影响活动效率、使活动顺利完成的个性心理特征。社会上对一个职业人能力的要求主要包括表达、沟通与协作、学习、创新、逻辑思维、应变、决策等方面。

### （一）表达能力

表达能力是指一个人把自己的思想、情感、想法和意图等，用语言、文字、图形、表情和动作等方式清晰明确地表达出来，并利于他人理解、体会和掌握的能力。表达能力主要包括语言表达能力和文字表达能力两个方面。

◆ 语言表达能力。语言表达能力就是指“口才”。若一个人“口才”不佳，对其自身的职业生涯是非常不利的。语言表达能力不是一朝一夕可以练成的，它从某种程度上包含了一个人的综合能力，需要长期锻炼培养。经常在公开场合说话，以及正式场合演讲都有利于提高一个人的语言表达能力。

◆ 文字表达能力。文字表达能力是指一个人将需要表达的内容通过文字的形式呈现出来。一个大学生如果缺乏文字表达能力，将无法完成个人的毕业论文、毕业设计；一个职场人士，如果缺乏文字表达能力，将不能很好地写出工作需要的工作总结、策划方案等。在实际工作中，职位越高的人，其应当具有的文字表达能力要求也越高。

**（二）沟通与协作能力**

沟通与协作能力主要考察一个人在团队中是否可以很好地与他人相处合作，并且发挥出其自身的最大作用。当今社会上，一个项目、一项事业能否成功，依靠的不再是一个人的个人能力，而是团队的力量。

沟通与协作能力要求一个人在团队中首先做好自己的事情，然后要信任他人，包括信任他人的工作能力、工作方式。个人在团队合作工作中应注意换位思考，这是高效发挥团队能量，提高自身协作能力的关键因素。切忌遇事推诿，或者存在永远都是他人的错误、自己没有任何责任的思想。

阅读材料

## 别样的自荐形式让求职成功

小胡参加了学校举办的一次大型招聘会，此次来参会的企业有很多，并且还有不少大型的知名企业。小胡以出色的表现和优异的成绩征服了一家国内知名企业，成功取得了面试机会。据说当时有上百人投简历，最后进入面试的只有10多人。当时，这些人被分成3个小组回答面试官的问题，小胡觉得要脱颖而出就必须表现得更积极。因此，在面试官提问时，他总是抢在别人前面，比别人多说两句。面试管问：“如果在工作中与同事发生分歧时，你怎么办？”别人还没有说话，小胡就抢着回答：“如果觉得自己的观点是正确的，就坚持自己的观点，不要被别人的思想所左右。”整场面试下来，考官所提的大部分问题都是小胡一个人作答的。

一个星期后小胡收到通知，被客气地告知不需要参加复试了，因为公司觉得小胡不注重团队合作精神，太急于表现自己，这不是他们企业所需要的人才。

在本例中，小胡太急于表现自己，总是抢着回答问题，不顾及其他组员的感受。面试中想要脱颖而出也应做到张弛有度，不能不知收敛。从他回答问题的行为上可以看出，小胡是一个缺乏团队精神的人，没有协作的概念，这是用人单位所不能接受的。

### （三）学习能力

学习能力就是学习的方法与技巧，它是所有能力的基础。评价一个人学习能力的指标一般有6项，即专注力、成就感、自信心、思维灵活度、独立性和反思力。学习能力的强弱在一定程度上反映了一个人能否很好地适应新的环境、新的工作。学习能力是一种长期训练后的综合体现。

一个人可通过视觉型、听觉型、触觉型3种方式进行学习能力的提升。视觉型即通过视觉来学习，要求学习者有较强的观察能力和视觉记忆力，主要表现在学习者只要看了某事物，就能很快记住并且记牢；听觉型即通过听觉来学习，要求学习者能够通过讲解很容易地掌握所讲解的内容；触觉型即通过肢体语言表达来学习。通常我们采用的是3种方式的结合，如果一个人的学习能力相对较弱，可以从这3方面进行训练。

### （四）创新能力

创新是人类社会进步的根源，它以现有的思维模式提出有别于常规的见解，通过利用现有的资源，改进或创造新的事物（包括产品、方法、元素、路径、环境），并获得一定有益的效果。影响创新能力的因素有很多，除了长期形成的社会因素外，还包括个人因素。个人因素主要是指因为缺乏创新意识、创新欲望和创新兴趣，长期形成的思维惯常定式等导致了创新能力受限。

培养创新能力是与时俱进的要求，从某种意义上来说，具备良好的创新能力，就意味着具有较高的潜在价值和发展空间。

当今社会，不管是学生还是职场中人，都将创新能力看作一种非常强大、不可超越的能力。其实创新能力说大，可以是一项发明；说小，可以是一项举措的小改变。对个人而言，不让思维受限，善于发现新事物，善于从新事物中获取信息，并应用于现有事物，就是一种创新。

### （五）逻辑思维能力

逻辑思维能力是个人对各种信息的理解、判断、分析、综合、推理等形成的综合能力。作为职场中人，逻辑思维能力通常能让我们从复杂的事情中“解脱”出来，帮助理清事情的来龙去脉，直击事件的核心，从而解决问题。逻辑思维能力不仅是一个数学范畴的问题，在职场中，特别是一些专业岗位（如程序员等）、管理岗位，都需要较强的逻辑思维能力。

### （六）应变能力

应变能力可以理解为个人处理突发事件的能力。紧急情况下，如果事态不能迅速控制，后果往往不堪设想。这就要求大学生必须具有一定的应变能力，以更好地面对并处理突发事情。对突发事件进行应变处理时应当按照以下程序进行。

1. 迅速控制事态源头

面对突发事件往往没有过多的时间用于事前准备，所以要快速介入稳住形势，防止事态继续发展，尽量将其影响控制在源头处。

2. 应变处理

突发事件往往还具有一个特点：与常规事件不雷同。在发生突发事件时若按常规操作处理一般难以解决问题，这时就要灵活使用以前的经验，并且有效地运用到当前事件中，一般情况下都能够起到立竿见影的效果。

3. 善后处理

及时总结经验教训，对提高应变能力也有所帮助。

阅读材料

### 职场中，应变能力很重要

小杨到一家公司面试，与考官一握手，就感觉到这将会是一个十分老练的主考官：他的手指冰凉、手心僵硬，握手只是轻轻一碰，连指头都不带弯曲的！果然，小杨刚一坐下，考官便开始按部就班地从自我介绍、对职位的认识等问题开始询问起来，看架势没有半个钟头是脱不了身的，小杨也早就做好了打持久战的准备。

谁知，才过了几分钟，主考官的手机就响了起来。主考官挂断电话后，脸色骤变，手脚也不自在起来。放下手机后的考官，没有了刚开头的沉稳，反而显得如坐针毡。小杨发现了主考官的情绪不对，但是她并没有把这一细节放在心上。正好主考官问了她一个十分在行的问题，她便口若悬河、旁征博引地讲了近十分钟，当她还要继续讲下去的时候，主考官粗鲁地打断了她的讲话，让她另谋高就。

在面试途中，考官接电话或出去办事再回来，由此引起的情绪变化，不外乎好、坏两种。显然，本案例中的主人公小杨虽然觉察出了考官的情绪变化，但她却不知道该如何应对。其实，当发现考官情绪突然变坏时，应聘者回答问题就要简洁明了，切忌拖泥带水，小杨却完全没有领会到这一点。归根结底，小杨还是缺乏职场上基本的应变能力，这是导致求职失败的最主要原因。

#### （七）决策能力

在职场中，不管是一般岗位还是一些关键岗位，肯定都会碰到各种需要当事人当机立断处理的情况，而处理该事情的好坏程度也受当事人决策能力的影响。决策能力是指个人对未来行为目标的决断和选择的能力，良好的决策能力可以让个人、企业少走弯路、少犯错误，以较小的代价达到目标效果。

培养决策能力应从日常小事做起，不能事事让父母、朋友拿主意。虽然决策能力需要培养，但决策能力的培养也是有章可循的。决策能力主要由以下几个方面构成。

- 开放的提炼能力。以开放的态度吸收各种方法、方案，然后准确、迅速地提炼出解决问题的各种方案。该能力包括两个方面：一是不要局限于传统的思想中，要以开放和包容的态度尽可能获取更多的决策方案；二是对获取的决策方案进行对比、提炼，把握各种方案的本质，正确评估每个方案的条件、效果及可行性。
- 准确的预测能力。预测是决策的基础，决策是预测的延续。要具备卓越的决策能力，首先应具备准确的预测能力。
- 准确的决断能力。准确的决断能力是指从众多的决策方案中选择最有利方案的能力，以及在危机时刻当机立断的能力。要保证决断的事情对于企业是有利的，在进行决断时应把握5点：一是选择的方案是可以实施操作的；二是选择的方案应与企业的宗旨和目标相符；三是选择的方案要能被决策方案的受益人所接受；四是选择的方案要能被决策方案的执行者所接受；五是正确评估决策方案的风险，多方面分析决策的优缺点，为选择方案的后续工作做准备。

#### （八）实践操作能力

实践操作能力，也称动手能力，它是把创造性思维变成实际的物质成果。这种能力对于大学生来说是最需要培养的，因为，在校大学生更多的是注重专业理论知识的学习，或在一些基础理论实验室进行简单且常规的动手训练，实践能力较弱。

作为一名大学生，如果只懂得专业理论，而不具有实践操作能力，是不可能赢得用人单位青睐的。因此，大学生在校期间不仅要积累知识、学好文化理论，而且要积极通过参加模拟实验、科研活动及利用生产实习和勤工俭学等机会，着重培养和提高实际动手能力，以满足日后的工作需要。

**（九）信息处理能力**

现代社会是信息社会，大学生必须具备灵活处理信息的能力。这种能力表现主要体现在以下几方面。

- 对各种信息具有高度敏感性，能广泛地接收各种信息。
- 对有用信息具有简化、归类、存档和联想发挥的能力，并能把这种经过筛选和加工的信息，连同自己的认识、评价运用到学习、生活和工作实践中。
- 熟悉现代化的信息工具，特别是会利用计算机来检索和提取自己需要的信息。

# 第二节 就业信息的准备

就业前，大学生应广泛收集各类就业信息，然后从众多的就业信息中找到适合自己的职位。

## 一、就业信息的获取

随着社会的发展，社会上有越来越多的招聘就业渠道，学校也有自己的就业部门，可供大学生利用的就业信息收集渠道、手段日益增多。一般情况下，大学生获取求职信息的方法主要有以下几种。还有更多的求职方法将在第五章中详细介绍。

扫一扫

途径——校内就业主管部门

**（一）学校就业主管部门**

当前，就业形势日趋严峻，各高校都专门设立了为毕业生就业提供服务的机构，如毕业生就业指导中心、就业工作处或就业办公室等。这类机构所提供的信息，无论是全国性的、地方性的还是行业性的，一般都来自政府部门或大型企业，主要是由用人单位根据高校学科专业设置提供的。该途径的准确性、权威性、可信度非一般就业渠道可比，而且通过这个渠道获取的信息，专业对口性强、成功率高，是大学毕业生放心的就业渠道。

**（二）双选会**

双选会，顾名思义即双方选择的招聘会，是专门为大学毕业生准备的，它搭建起了毕业生与单位之间的桥梁，在双方都愿意的前提下可以签订三方协议。双选会一般是当年11~12月、下一年3~4月在各高校举行，每年年底各大城市也要举办相应的大型双选会。

**（三）网上招聘**

随着互联网的不断普及，通过互联网获得就业信息成为现代大学毕业生就业的主要渠道。互联网提高了招聘、就业的便捷性，只要有一台可以上网的计算机即可，而且其中包含了大量的招聘信息，使大学毕业生选择的范围更广。通过网上招聘获取信息有以下几种信息渠道。

◆ 通过专业的招聘网站。互联网上存在大量的招聘网站，如智联招聘、前程无忧、猎聘网、中华英才网、58 同城等，每个网站均能提供就业信息，大学毕业生可通过各网站提供的岗位，结合自身情况与用人单位联系，传达就业意向。

◆ 通过企业官方网站。一些较大型的公司或企业都有自己的网站，招聘信息也会发布到其网站上，大学生可通过发布的信息，寻找到适合自己的岗位后，与对方联系。

扫一扫

途径——计算机网络

◆ 通过地方政府及学校的就业平台。这就像网络版的“双选会”，为了方便学生更好地选择职业，越来越多的学校和地方政府都设立了这种网络就业平台，将用人单位的招聘信息发布在网上，供学生选择。

提醒

在招聘网站上，大学生不仅可以自行寻找职位，而且可以在网站上留下自己的简历、联系方式、就业目标等关键信息，让用人单位精确地找到自己，然后让工作“主动”找上门来。

**（四）亲朋好友、家人及其他社会关系**

个人的接触面总是有限的，拓宽社交范围可得到许多有价值的信息。亲朋好友、家人及其他社会关系是最直接的社交范围。由于他们分布在社会的各个领域、各条战线，因此通过他们了解和收集社会需求信息的针对性更强，信息的可信度和有效度都会比较高。

扫一扫

途径——亲朋好友、家人及其他社会关系

**（五）社会实习、实践活动**

大学生寒暑假的社会实践单位及毕业实习单位等一般都是与专业对口的。在实习过程中，毕业生不仅能将自己所学的知识直接用于管理、生产或其他社会服务；而且可以更为直接地了解服务单位内的人员需求情况。同时，服务单位对自己也有一定的了解，假如单位有意招人而你又积极主动，这就是一个很好的机会。

扫一扫

社会实践活动

阅读材料

**主动出击多渠道收集就业信息**

大三下学期，小李所在的班级被安排到外地实习两个月，正当班上其他同学都在准备未来两个月的实习时，小李却在准备其他的事情。他先找到不随同一起去外地的班主任，拜托班主任如有合适的单位请帮忙推荐，并留下几份自荐材料，然后他又去学校就业办公室，请办公室的老师有重要的信息时及时通知他。接着，他还找到一个低年级的师弟，请他帮忙在学校就业信息栏看到重要的招聘信息时通知他。最后，他仔细查询了即将离开的两个月中各地人才交流会的信息，并根据实际情况做了安排。一切准备就绪后，小李便安心去实习了，在实习期间他参加了几个单位的面试，实习结束，他的工作也落实了。

## 二、就业信息的筛选

扫一扫

就业信息的筛选

由于就业信息的来源和获取的渠道不同，内容也会存在虚实兼有的情况，因此，对收集到的信息进行去粗取精、去伪存真的整理、筛选，就成为使用信息的必要前提，这也将为自己的求职提供服务与帮助。

### （一）掌握重点信息

一般来说，学校发布的一些就业信息是比较有针对性的，可以作为重点信息分类保存。而对于国家和政府对本专业的毕业指导性意见及相关政策的资料收集也不能忽视。

首先，尽量筛选和本专业有关的用人单位的信息，一般来说，你的专业就是你的优势，其次，筛选与个人特长相关的招聘信息，俗话说“兴趣是一切成功的源头”，特长皆源自于兴趣，因此，与自己特长有关的岗位也需重点留意。

### （二）类比同类信息

大学毕业生在查看招聘广告时也要多留一个心眼，对于应聘者年龄、学历、工作经验等条件都要求过低，但工资却较高；或者招聘内容过于简单，只留下电话就要求应聘者直接去面试的，这些招聘信息就要特别留意，这很可能是广告陷阱。

因此，大学毕业生一定要善于对比同类信息，学会换位思考。换作你是老板，你会招聘什么样的员工，发什么样的薪水，如果这些信息与实际差别太大，那很可能是不真实的，应主动摒弃。

### （三）科学的分析和取舍

对所获得的一切就业信息进行分析鉴别，科学取舍。分析就业信息的含义如下。

- ◆ 可信度分析。一般来说，学校毕业生就业管理部门提供的信息可信度比较高，而通过其他渠道收集到的信息，由于受时间性或广泛性影响，还需要进一步核实，才能判断其可信程度。
- ◆ 有效度分析。对信息的可用性进行鉴别，如该信息是否与自己的兴趣、特长、专业、爱好甚至收入、工作环境、地域等相符，更要注意用人单位对生源地、性别、学习成绩、个人素质等各方面的要求。
- ◆ 内涵分析。内涵分析包括用人单位的性质、要求及限定条件等。通过分析，对就业信息去粗取精，剔除无用的信息，保留与自己的兴趣或专长有关的信息。

### （四）虚心向他人询问了解

大学生由于刚走向社会，没有太多的经验和阅历，对于招聘广告中一些不实或夸大的信息，不容易分辨。此时，可以向有经验的师长或朋友请教，多学习一些分辨是非的能力。一些招聘单位喜欢玩文字游戏，在某些苛刻的条件上，用比较模糊或带有歧义的，引导求职者往好的方向理解，一旦成功签约，后悔莫及。俗话说“三个臭皮匠，顶个诸葛亮”，对于拿不准的求职信息，可以多找几个人商讨，肯定有益无弊。

### （五）避免盲目从众心理

每个人的特长、专业有差别，即使同样的专业，也因人而异。因此，在求职时，大学毕业生们千万不要有随大流的想法。寻找什么样的工作岗位，一定要结合自己的特长和兴趣爱好，切不可盲从。

如听说现在教师工资待遇不错，很多大学生都放弃自己的专业，也不管自己有没有教师资格证、普通话证等，一窝蜂地去各大学校应聘。求职时不要有盲目从众的心理，如果只是听别人说这个岗位好，就盲目签约，结果可能工作不久就想毁约，也可能在工作中产生消极怠工的现象，严重的还会导致失业。

**（六）留下适合自己的信息**

大学生用各种各样的方法，从不同途径收集的信息，当然不可能全部保留，要经过筛选、比较，然后按照自己拟定的求职方向及计划，留下适合自己的信息。将这些信息分门别类地进行整理，理清应聘顺序和应聘重点后，再各个击破，相信一定会有一个理想的工作岗位在等待着你。

**提醒**

筛选重要的求职信息时，应寻根究底，仔细了解具体内容。如岗位的历史、现状、前景、要求条件等。对该职位的待遇、进修培训、晋级晋升等信息要通过合适的方式侧面了解。了解得越深、越透彻，就越能准确找到适合自己的职业。

**阅读材料**

### 适合自己的岗位，才是最好的

赵霖是某学校生物与工程专业的应届毕业生，听别人说现在电力行业收入高、福利又好，加上父母对其求职的影响，赵霖决定将求职定位在大城市的供电局。但在人才市场上他几乎很难觅得供电局招聘的职位，家人也托人找关系，但始终没有回音。由于赵霖仍执意要进供电局工作，以致错失许多就业机会，直到现在都还在家里待业。

难道天下的求职者都是这样的“执着”吗？为什么不能绕过这种盲目从众的心理，选择适合自己的职位呢？对于应届毕业生而言，除了要正确筛选各种求职信息外，还应明白，适合自己的职位才是最好的。本例主人公赵霖，可以找出一张白纸，制作一个适合自己的职业清单，不要再“执迷不悟”。

## 三、就业信息的合理利用

收集信息、分析筛选信息的目的是为了最终的运用，就业信息的运用包括自己运用和分享给他人两个方面。

扫一扫

就业信息的运用

- 自己运用信息。筛选信息的主要标准是：是否适合自己，无论信息的准确性、及时性、有效性多么高，如果不适合自己，那么它就没有价值。大学毕业生在择业时，要将自己的实际情况与就业信息进行认真的对比衡量。
- 分享给他人。收集到的信息中存在有些信息对自己没用、但对他人可能十分有用的情况。遇到这种情况时，可将其分享给他人使用，这不仅是对他人的帮助，同时也增加了与他人交流信息的机会。通过这种交流，也许会从别人手中获得对自己有益的信息。

# 第三节 自荐材料的准备

自荐在很大程度上决定了自己是否能够获得进一步面试的机会，这就要求大学毕业生在选择求职信息、决定应聘之前，一定要准备好必要的自荐材料。自荐材料一般包括封面、求职信、导师推荐信、毕业生推荐表、个人简历及一些辅助材料。

## 一、自荐材料的要求

准备自荐材料的目的是为了吸引用人单位对自己的兴趣，使其给予面试的机会。由于用人单位最初是通过自荐材料来了解求职者的，因此，自荐材料的质量，对用人单位决定是否与求职者进一步接触起着至关重要的作用。一份好的自荐材料应遵循以下几个通用的原则。

### （一）内容翔实，格式规范

自荐材料既要全面反映自身的基本情况，又要反映出自己的求职目标与意向等内容。所以，自荐材料的内容应全面，突出重点，切忌长篇累赘。尤其要注意的是自荐材料内容翔实，切忌为了赢得用人单位的好感而弄虚作假，那样只会画蛇添足、弄巧成拙。同时，自荐材料在格式设置方面应尽可能统一、规范，不用特殊、生僻的字体，字号大小应符合日常公文的要求，给用人单位留下良好的印象。

### （二）富有个性，针对性强

由于不同的用人单位对求职者要求不尽相同，求职材料的准备也要根据不同的单位有所差异，下面分别介绍几种不同类型单位对自荐材料的要求。

◆ 如果想去“三资”企事业单位，那么最好准备中英文对照的自荐材料。

◆ 如果想去少数民族地区择业，使用民族文字撰写自荐材料效果则会更佳。

◆ 如果想去广告设计类企业，那么自荐材料最好能体现出求职者的个性和创意。

◆ 如果想去文学类企业，那么自荐材料最好能体现出较好的文字功底。

### （三）设计美观，杜绝错误

自荐材料无论是手写还是电脑打印都要注重大方、整洁和美观。现在大多数用人单位在进行招聘时都比较重视应聘者自荐材料的美观性，如果非设计类专业的学生想使自荐材料更加美观，可考虑在网上下载比较符合自己特点的自荐材料模板，然后在模板基础上修改为自己希望的效果。

除了设计的美观性外，自荐材料最重要的一点是要杜绝错误，无论是语法错误，还是错别字、标点符号错误或印刷错误，都应尽量避免。因为任何一个小小的错误都可能会给人以不认真、不负责的印象。

## 二、自荐的方式与技巧

毕业生要想让用人单位认识自己、了解自己、选择自己，通过自荐方法宣传自己、展示自己、推销自己是最有效和最直接的方法。如果毕业生在进行自荐时，能巧妙运用相应的自荐技巧，一定可以成功叩开就业之门。

### （一）自荐的方式

扫一扫

自荐的种类

自荐最常见的方式为：直接自荐和间接自荐两种。其中，直接自荐是指由本人向用人单位做自我介绍、自我评价、自我推销。

间接自荐是指借助中介机构或相关材料推荐自己，即不必亲自出马，只需将自己的想法和条件告诉第三方，或形成材料就能达到推荐自己的目的。综合起来，自荐的方式主要包括以下几种。

- ◆ 参加人才招聘会自荐。带上个人自荐材料到人才招聘会上推荐自己。
- ◆ 登门自荐。带上自荐材料亲自到用人单位推荐自己。
- ◆ 在实习或社会实践过程中自荐。通过各种实习和社会实践的机会推荐自己。
- ◆ 书面自荐。通过邮寄或递送自荐材料的方式推销自己。此种方式扩大了推荐范围，不受时空限制，不受“临场发挥”和“仪表效应”等的影响，是毕业生求职择业过程中常用的自荐方式。
- ◆ 他人推荐。请老师、父母、亲友、同学推荐以达到自我推荐的目的。
- ◆ 广告自荐。借助新闻传播媒介进行自荐，这种形式覆盖面广、时效性强。
- ◆ 学校推荐。学校推荐是一种间接的自荐方式。
- ◆ 网络推荐。网络推荐是近年来新出现的一种自荐方式，是借助互联网进行自荐，这种自荐方式时效性好、覆盖面广，今后会被越来越多的毕业生和企业招聘人员所接受。

上述几种自荐方法并非独立存在，在现实的求职活动中，需要综合应用方能达到自我推荐的目的。一般来说，几种方法并用效果会更好，但因人而异，究竟采取哪种自荐方式，应从自身的实际需求出发。

### （二）自荐的技巧

扫一扫

自荐的技巧

求职洽谈过程中的每一个细节都将决定面试的成败。在毕业生招聘会上，我们常常会看到这样的景象：有的毕业生在规定时间里连自己的基本情况、就业意向都讲不清楚；有的不修边幅；有的讲话态度不礼貌等。这样的人，用人单位自然不会接受。归根结底，还是因为求职者缺乏起码的求职择业方法和技巧。

#### ① 自荐只是手段而不是目的

大学生自我推荐，首先需要解决认识问题，清楚自荐仅仅是一种说服手段，即让用人单位认可、接受。肯定自己的知识、技能和理想，从而获得成功的机会。如果以推荐自己为目的，不管结果怎样，只是一味地推荐，结果只会得不偿失。

#### ② 自荐要积极主动

自荐是求职者的主动行为，任何消极、等待的态度都是不可取的。因此，在推荐自己时，必须积极主动。例如，不等用人单位索要材料，便主动呈送。这样，往往给人一种态度积极、求职心切的感觉。

#### ③ 自荐要有自信和勇气

自荐要有自信和勇气。自信是现代人所必须具备的心理素质。一位心理医生曾说过：“你越对自己有信心，就越能造成一种你很行的气氛”。大学生自我推荐，首先必须相信自己，清醒地知道自己具备达到目标所需的实力，并完全依靠自己的实力进行竞争。

阅读材料

## 与众不同的毛遂自荐

今天是某音乐学院最特别的日子，因为，著名歌手——谭××将来音乐学院参观访问。不少人都想乘此次难得的机会让自己的子女拜其为师，于是使出浑身解数，请这位歌王来听听他们子女的歌喉。

出于礼貌，谭老师耐着性子听着各种各样的声音，却一直没有表态。李涛是农民的儿子，凭着刻苦与努力考入了音乐学院，并且在学院里面的成绩也很优秀。他也想得到谭老师的指点，但他没有任何背景，想找到与谭老师见面的机会十分困难，突然李涛灵机一动，就在窗外引吭高歌世界名曲《夜曲》。谭老师立即有了反应，“这个年轻人的声音好像还不错。他叫什么名字？”就这样，李涛幸运地成了谭老师的学生。

此次毛遂自荐是成功的，通过该案例，不难发现主人公自荐成功的关键，除了自身的信心和勇气外，他独特的面试方式及出现机遇时果断出击的态度也是不可缺少的。所以，胆量是条件，技巧是关键，水平是保证，三者缺一不可。

### 4 自荐要诚恳、谦虚、有礼貌

诚恳、谦虚、有礼貌是为人处世的基本条件，是赢得用人单位好感的应有态度，对大学毕业生应聘十分重要。

- 诚恳。即做到言而有信。大学生自荐应以“信”为本，在介绍自己时，要讲真话、有诚意、不吹牛撒谎，给对方以信任感。例如，自己对某题目不明白时，可告诉考官：“对不起，我不知道这个题目。”这恰恰反映出你直率、老实的性格。
- 谦虚。谦虚是一种美德，是尊重对方的一种态度。在就业市场上，常有不少学生口若悬河，夸夸其谈吃了“闭门羹”。因此，切记：任何时候，虚心、谦逊都是最受用人单位欢迎的态度。
- 礼貌。礼貌是道德的一种外在表现形式，它在人际关系调节中具有不可忽视的作用。大学生自荐时，无论是表情，还是一句称呼、一个小动作或一声感谢，都能反映一个人的内在修养和素质，都会被用人单位看在眼里，作为评价的话题。

### 5 自荐要留意对方的需要和感受

自我推荐，应注重对方的需要和感受，并根据他们的需要和感受说服对方，从而被对方所接受。比如，自己所告诉的正是对方所要的，自己所问的，正是对方要告诉的。要做到这点，事先要有所准备，想一想一般用人单位需要什么、他们会提什么问题、对什么最感兴趣等；除此之外，要学会临场的“察言观色”，把握对方心理，随机应变。

### 6 自荐要善于展示自己

善于展示自己，即“展示适时，展示适度”。“热门”的用人单位往往门庭若市，要想在强手如林的竞争中脱颖而出，就必须做到以下几点。

- 会介绍自己。“良好的开端是成功的一半”。自荐时，要先入为主，一开始就简明扼要，说明来意。介绍自己时要言简意赅、有理有据。

◆ 会提问题。提问题是为自我服务，除了想弄清楚某些情况外，还可以借助提问题，更好地展示自己。比如，“贵单位需要什么样的大学生？”

◆ 会回答问题。回答问题是为了说明情况，展示自己。因此，要学会正确运用闪避、转移、模糊应答、引申等回答问题的方法。

◆ 会发挥优势。即展示自己要有特色。自荐必须从引起别人注意开始，如果别人都不在意你的存在了，如何能推荐自己呢？引起别人注意的关键是要扬长避短，展示自己的特色，使对方对自己产生兴趣。大学生自身特点因人而异，关键在于会表现，能“技高一筹”。

阅读材料

### 展示自己很简单

钱亮学的是家具设计专业，毕业后就留在了大学所在的城市求职。钱亮的目标很明确，就是想找一份家具设计的职业。家具公司看到他大学刚毕业，又缺乏实践经验，都不愿聘用他。可钱亮并没有泄气，他深入家具市场进行调研，重点分析了一些家具滞销的原因，然后信心十足地来到一家不太景气的家具公司毛遂自荐。

“我们公司已经招满了，你再去别家看看。”钱亮刚开口，便遭到了对方的回绝。“您能听我把话说完吗？”钱亮不甘示弱，诚恳且有礼貌地指出该公司家具滞销的原因，并提出了相应的改进方案，最后还立了“军令状”：“请给我3个月试用期限，如果我设计的家具不能打开市场，我立马走人，并且这3个月的工资我也不要。”老板认为钱亮说的很真诚且是内行话，再加上他所提出的改进措施也切实可行，便同意了他的请求。

两个月后，在订货会上，钱亮设计的新颖、实用家具受到了大力追捧。于是，老板立马与他签订了劳动合同，并给了他不错的待遇。

“毛遂自荐”这一特殊的求职方式正被人们越来越多地运用，但结果却是，有人如愿以偿，有人却屡屡碰壁。除去主、客观因素外，这与自荐者所采用方法与策略有很大关系。本案例中的主人公采用正确的方法展示了自己的特长，并做到知己知彼、投其所好，这才使其成功的概率大大提升。

#### 7 学会使用自荐材料

再好的自荐材料，也要会使用。不会使用，则势必影响自荐效果。如何使用，就需要根据实际情况而定。

#### 8 自荐要“知难而退”

各有所需，量材录用。假如你已极尽全力却仍然说服不了对方，没能被对方所接受，此时你就应该“知难而退”，另找门路。倘若期望值过高，就应该适当地降低期望值。

#### 9 自荐要把握好时间

自荐时间不宜过长。因为在招聘会上，人往往很多，有时还要排队，你必须在最短的时间内，最大限度地推销自己。

#### 10 善于“包装”自己

在竞争激烈的今天，包装不仅限于功效，更主要的在与它能弥补个人的不足，提高个人的价值，包装分为外包装和内包装。

- ◆ 外包装是通过一些非语言媒介对自荐发挥作用，如衣着发型、动作、行为举止、体态气质等得体适度，给人以大方、端庄、涵养、自信，符合大学生身份的感觉。
- ◆ 内包装是建立在有真才实学的基础之上的，是将多种抽象和具体相结合进行自我推销的一种方法。其内容主要包括：出色的口才、个人知识的累积及扎实的专业基本功等。内包装如果运用得当，则有助于给人形成完美的第一印象。

**⑪ 自荐要注意控制情绪**

人的情绪有振奋、平静和低潮 3 种表现。实践表明，无论是谁，心情紧张时，说话总是节奏过快，使听者很费力，容易厌烦。大学生初次接触社会，缺乏说话技巧。因此，在自荐时，一定要学会控制情绪，说话节奏要适中，可以表露出自己的才华、学识、能力及社会阅历，增加对方对自己的了解。

## 三、毕业生就业推荐表

就业推荐表是学校为毕业生统一设计、印制的求职材料，一般由以下 3 部分组成。

- ◆ 毕业生本人的情况介绍（附学校教务部门提供的在校学习成绩单）。
- ◆ 毕业生所在院系的推荐意见。
- ◆ 毕业生所在学校就业主管部门的推荐意见。

扫一扫

毕业生就业推荐表

用人单位往往对就业推荐表比较重视，在发给学生录用通知或正式签约前一般要求提供该表的原件。该表要求手写，毕业生在填写时应认真仔细、字迹端正、内容翔实，切不可马虎潦草，更不能弄虚作假。

**提醒**

毕业生就业推荐表填写错误或遗失后，应立即向院毕业生就业工作办公室汇报，一经确认属实并出具证明后，方可到学生就业指导与服务中心办理补发手续。补发以一次为限。除此之外，毕业生不得任意涂改已经盖有公章的就业推荐表。

## 四、简历的编写和制作

简历是大学生学习生活、工作经历的一个缩影。通过简历，用人单位对毕业生的工作经历、受教育程度、兴趣、特长等情况有一个初步了解。

扫一扫

简历的编写和制作

简历的真正目的是让用人单位全面了解自己，从而为自己创造面试的机会。它一般和求职信及其他材料一起送到用人单位。

### （一）简历的格式

简历的格式应便于阅读，使用人单位对自己有良好印象。

简历一般采用表格形式，这样可以比较直观、清晰地将求职者的个人情况、经历表达出来。

简历的书写格式一般有两种：一种是按年月顺序列出自己的学习工作经历；另一种是根据需要有选择地列出自己的学习、工作经历，充分表露自己具有的技能、素质。对于刚从大学毕业的大学生来说，学习经历较简单，所以一般采用第一种格式；如有几年工作经历后，可选择第二种格式。

**（二）简历的组成部分**

简历是毕业生向用人单位自我展示，自我推销的手段和形式。简历按不同分类方法可以分成多种，并没有固定的格式。但无论哪一种简历都应包括以下几个部分的内容。

个人简历模板

求职意向：________

个人概况：

姓名：____________性别：________

出生年月：__________

健康状况：__________

毕业院校：__________专业：________

电子邮箱：__________联系电话：________

通信地址：__________邮编：____________

教育背景：（____年—____年____大学____专业学习）

主要课程：________________

英语水平：__________计算机水平：__________________

论文情况：________________________________________

获奖情况：________________________________________

实践与实习：______________________________________

个性特长：________________________________________

**（三）简历填写的基本原则**

个人简历虽然没有固定的格式，但在填写过程中也应遵循一定的规则。写简历有 4 条重要的原则：内容一定要真实、以一个工作目标为重点、将个人简历视为一个广告、尽量陈述有利条件以争取面试机会。

**① 真实性**

简历是大学毕业生交给企业的第一张“名片”，不可以撒谎，更不可以夸夸其谈，但可以选择优化处理。即可以把自己的强项突出展示，将弱势进行忽略。比如你是一位应届毕业生，可以重点突出在校时的工作和实习、志愿者等工作经历，不单单是陈述这些经历本身，更重要的是提炼出自己从中汲取的经验，而这些收获很可能会在今后的求职过程中持续发挥效用。

**② 要突出重点**

一个招聘者希望看到求职者对自己的事业采取的是认真、负责的态度。不要忘记用人单位在寻找的是适合这一特定职位的人，这个人将是多个应聘者中最合适的。因此，如果简历的陈述没有工作和职位重点，或把自己描述成一个适合于所有职位的求职者，那么很可能将无法在任何求职竞争中胜出。

**3 把简历看作广告**

最成功的广告通常要求简短而且富有感召力，并且能够多次重复重要信息。因此，求职者的简历应该限制在一页以内。个人概况的介绍最好不要以段落的形式出现，尽量运用短语使语言鲜活有力。

在简历页面上端可以写一段总结性的语言，陈述自己在求职上最大的优势，然后在个人介绍中，将大学生职业发展与就业指导这些优势，通过经历和成绩的形式加以叙述。

**4 陈述有利信息**

要陈述有利信息，争取成功的机会，也就是说尽量避免在简历阶段就遭到拒绝。在面试阶段，相应的教育前景，技术水平和能力是应聘者在求职过程中取得成功的关键，应聘者只有符合这些关键条件，并将这些信息在简历中进行有利陈述，这样才能打动招聘者并赢得面试机会。

综上所述，在编写简历时，要强调工作目标和重点、语言简短、多用动词，并且尽量避免可能会使你被淘汰的不相关信息。

### （四）简历填写的要求

个人简历对于求职者获取初步面试极其重要，因此，在填写简历时一定要真实，符合自己实际的情况，保证简历的内容都是属于自己的。同时，也要注意相关的填写要求。

**1 个人基本信息**

个人基本信息主要包括姓名、性别、出生年月、身体状况、政治面貌及自己的联系方式（包括通信地址、联系电话、电子邮件）等。一般来说，填写个人基本信息时，应讲究条理性和点到即止，关键信息写出即可，让招聘者感觉个人信息比“户口本”还详细。

**2 求职意向**

希望从事的行业或职业一定要写清楚，以使用人单位了解求职者从事该行业的决心。在填写求职意向时要直截了当地表明应聘职位，如“求职意向：行政助理”。

**3 教育背景**

“教育背景”对大学生简历来说是排在第一位的重要信息，包括毕业学校、所学专业、学位等。填写时，注意时间上应该是倒序，即把最近获得的学位或最高学历写在前面，即大学—中学、博士—硕士—学士、所学专业等。

**4 主要课程**

毕业生应将在校学习的主要课程（主修课、辅修课与选修课）进行罗列，尤其是体现与所谋职位相关的学科和专业知识。当然，不必面面俱到，如果用人单位对你的大学成绩感兴趣，还可以给他们提供全面的成绩单，不需要在求职简历中过多的描述，做到有的放矢。

为了强调专业特长，尤其是特殊专业，也可以把与应聘工作相关的课程集中起来，特别是专业课程，以使用人单位能够一目了然，选择到他们所需的人才。

提醒

需要注意的是，如果招聘职位与所学专业对口，则不需要写主修课程；如果专业不对口，则应写出与招聘职位有相关性的五六门核心课程。

#### 5 工作实践经历

工作经历是简历中的重头戏，无论是全职还是兼职，是校园实习还是社会实践，是发表的文章还是成果等，都可以算是工作经历。

- ◆ 社会活动和课外活动。近年来，越来越多的用人单位渴望招聘到具有一定应变能力、能够从事各种不同性质工作的大学毕业生，尤其是商贸性公司、国家机关等。在这些社会活动中，你的责任心、协调能力、社交能力及人格修养将得以充分展示，所以社会实践活动和课外活动，对于仍在求学，尚无社会经历的毕业生来说，是应聘时一个相当重要的内容。
- ◆ 勤工俭学经历。即使勤工俭学的经历与应聘职业无直接关系，但打工赚钱可以显示你的意志，并给人留下能吃苦、勤奋、负责、积极的好印象。
- ◆ 生产实习。生产实习提供了学生理论联系实际的机会，可以增加阅历，积累工作经验。描述该内容时，应尽可能写得详细、具体，并可强调取得的收获，如果入学前有较多工作经验，也可有选择地列出与应聘职位有关的经历。

书写的内容一般包括：职务、职责及业绩。其中，工作成就一定要数字量化表达，让人感到你的真实经历，避免使用许多、大量、一些、几个这样模糊的词汇。

#### 6 获奖情况

在校期间获得的各种奖励、奖学金或其他荣誉称号是学生生活中的闪光点，应列举出来。如果多次获得多项奖学金，也可一一列出，以增加分量。但需要注意的是，在罗列奖项时一般应采用时间倒叙的形式，或者按使用价值从大到小的顺序进行排行。

#### 7 能力、特长

能力、特长应包括教育培训的程度，因为教育和培训可以转化为能力、特长。能力是求职择业和事业成功的重要保证。能力包容的内容很多，主要有两个方面。

- ◆ 思维能力。主要包括思维的独立性、抽象性、敏锐性、批判性、创造性、灵活性等诸多方面。
- ◆ 工作能力。主要包括言语表达（包括外语）能力、写作能力、学习的能力、专业能力及发明创造的能力等。如果重新谋求某个职位，求职者还应分析自己的工作成绩和缺点，以便在求职时扬长避短。

#### 8 兴趣与爱好

兴趣是爱好的推动者，爱好是兴趣的实行者，人们对职业的选择往往以自己的兴趣和爱好为出发点，这就更应该认真分析自己的兴趣和爱好。例如，在工作、学习之余，是爱好读书还是闲聊；是爱好跑步还是打球；是爱好舞蹈还是音乐等，这些是在求职择业前必须考虑的因素。因为有的职业需要某种兴趣爱好，而有的职业则明确禁止和反对某种爱好。

如果没有兴趣爱好也可不写，可直接描述你的性格特点。性格特点与工作性质关系密切，所以，用词要贴切，以展示你的品德、修养或社交能力及协作能力等。

#### 9 自我鉴定

自我鉴定，一般是概括自己的突出优势、工作态度或座右铭等。表达不能太啰嗦，应言简意赅，力求有总结升华的效果。

阅读材料

### 冗长的自我鉴定

我认为诚信是立身之本，是我今后立身处世的根本。我应该继续保持这一优良传统，鼓励自己奋发向上。我有个特点，就是做事从来都有始有终，要做的事就要全力以赴，追求最好的结果。急功近利是我最大的缺点，我喜欢一口气学很多东西，但是造成了样样懂，门门差的结局。如今想想，这样其实并不好，如果我一段时期内专注于某一种学问，不求博学但求精通，相信一定能更深刻地理解并掌握这门知识。自从发现自己这个缺点后，我常常警戒自己，步入社会后一定不能一心多用。

通过4年的大学生活，我不仅学到了很多知识，更重要的是有了较快掌握一种新事物的能力。思想变成熟了，性格更坚毅了。与很多同学和老师建立起了深厚的友谊，并在与他们的交往中不断完善自己。社会适应能力也有很大提高，为将来走向社会奠定基础。

这种自我鉴定给人的感觉就是将个人的特点杂糅在一起，无法突出优势且不易记忆，用人单位看过之后基本不会有回应，甚至于有的招聘人员连看都不会看。正确的方式是，采用分句表达，并对重点内容添加着重号，这样便于突出重点且让人记忆深刻，内容如下。

◆ 诚实、性格坚毅，做事从不会半途而废。

◆ 喜欢一心两用甚至多用，这一缺点已经努力纠正。

◆ 对于新事物的掌握能力很强，并具有较强的交际能力。

**（五）简历的撰写技巧**

扫一扫

简历模板

编写简历是一门艺术，许多求职者因不会编写简历而在求职中马失前蹄。那么，如何编写简历，才能让自己的简历在众多简历中脱颖而出呢？其实，一份好的简历除了版面清晰规整，内容有针对性外，还应运用一些技巧，这样才能打动招聘者。

**1 一页为宜，针对性强**

应届毕业生基本都还没参加正式工作，所以经历有限，一般一页简历就能将各方面情况清楚说明。如果经历较丰富、较为出色的同学，采用两页简历也完全足够了。

如果超过两页，很可能说明你的信息中无用的内容太多，比如应聘销售岗位的简历，重点表达自己的销售能力和最终成果，对于自己曾经的科研经历和能力及成果就当作绿叶，衬托一下即可，不必浓墨重彩。总之，简历要针对不同岗位的能力要求，突出自身的优势及能力。

**2 突出关键，吸引目光**

简历的整体内容较多，在一些需要引起重视的地方，或者某些关键词上，可以采用粗体、标红、添加下画线等方式进行突出强调，整个简历一般可有三四处采用此方法。

**3 表达客观，语言朴实**

简历是一种客观表达求职者经历和能力的材料，措辞一定要诚恳、朴实，不要过于华丽。比如“我希望拥有这样一个人生，它在经历了无数风雨后仍是一道最亮丽的彩虹……”，这类句子最好不要使用。

**4 结构分明，阅读舒适**

招聘人员每天要阅读大量的简历，已经养成了一种阅读习惯和逻辑。一般简历的逻辑顺序是个人信息——求职意向——教育背景——工作实践——获奖情况——自我鉴定。有的同学独树一帜，将顺序颠倒或者重大调整，违背了招聘者的阅读习惯，让他花更多时间寻找信息而不是阅读信息，最终只会弄巧成拙。

**5 消除错字，预防歧义**

由于计算机打字，尤其是拼音打字，会使很多简历产生错别字，比如将“师范大学”错打成“示范大学”等。更有甚者，产生歧义，比如有的学生在自我鉴定中写道：“我毕业于××大学，虽然没有名牌大学的光环，学的不是当下最好专业……”表现出对母校没有感恩的意思，这样的人进入工作岗位，怎么会产生归属感，怎么会对单位感恩呢？避免错别字和歧义的方法是让同学们互换简历，互相参看，查漏补缺。

> **提醒**
>
> 撰写个人简历时，基本内容要简洁、易懂、清晰、齐全。同时，要突出用人单位最关心的应聘者的经验、能力和发展潜能等，一定不要写对自己择业不利的情况。除此之外，简历的内容要真实可靠，自信但不自夸，注意美观，利于阅读。

## 五、求职信的编写和制作

求职信实质上就是简短的自我介绍信，是求职材料的一部分。它通过表述求职意向和对自身能力的概述，引起用人单位的重视和兴趣。如果能让招聘人员把自己的求职信从一大堆信件中挑选出来，那就成功了一半；如果能让招聘人员乐意且集中心思看下去，那就成功了90%。因此，写好求职信是十分重要的。

求职信是展示个人才能、自身个性的主要方式，求职者可根据应聘职位的需求重点描述自己与该职位匹配的特长或事件。一份成功的求职信具有多种特性，分别介绍如下。

- ◆ 着眼现实，有针对性，最好能对单位的情况有所了解，以免脱离实际说外行话。
- ◆ 实事求是，言之有物，优点要突出，缺点也不要隐瞒，不可夸夸其谈，弄虚作假。当然，对缺点的论述要适度，点到为止。
- ◆ 富有个性，不落俗套。如果能谈一谈行业前景展望、市场分析或建设性意见会有更好的效果。在这方面没有什么成规，需要求职者动脑筋发挥。
- ◆ 言简意赅，用语得当，文法及标点准确无误。废话连篇的求职信会引起反感。

> **提醒**
>
> 除了个人简历和求职信之外，为了加深用人单位对自己的印象，有时需要进一步提供其他材料，主要包括本人在大学期间所获得的各类荣誉证书以及证明材料等。这些证件可扫描后排版、美化，再打印出来。

阅读材料

## 别样的自荐形式使求职成功

王明去应聘一家公司的市场主管职位。由于待遇丰厚，接待大厅被应聘者围得水泄不通。看到这个情况，王明灵机一动，走到入口处高声喊道："请大家自觉遵守秩序！排好队。"应聘者看到王明与招聘公司的工作人员站在一起，以为他也是考官，便很快排好了队；然后王明又把大家的简历收在一起，当然近水楼台，他把自己的简历放在了最上面，这样王明便成了第一个面试的求职者。考官已将王明刚才的行为看在眼里，看了他的简历，便说："你被录用了。"

自荐材料是文字形式的自荐，要将自荐材料送到用人单位手上，还必须有一定的方式。常规的自荐方式包括面对面、电话、邮件、他人推荐。其实在实际求职过程中，求职者不应拘泥于自荐的形式，而应当根据各种环境、具体情况，采取不同的方式进行自荐，这往往能够抢先一步取得成功。但也要注意：由于不同领导看人的角度不同，思维模式也不同，不走寻常路的自荐方式可能会有反效果，本案例中王明的行为还是值得考究的。

### （一）求职信的格式

一般来说，求职信属于书信的范畴，因此，其格式应当符合书信的一般要求。主要包括：称呼、正文、结尾、落款和附件 5 个方面的内容。

扫一扫

求职信模板

- 称呼。求职信的称呼往往比一般书信的称呼更正规，例如"先生""女士""同志"等。
- 正文。正文是求职信的核心部分，主要包括求职缘由、自己的条件、专业特长、业务技能、其他潜在能力和求职目标等内容。大学生要根据用人单位的招聘信息或要求来具体介绍自己，通过对自己能力的描述，有针对性地来推荐和介绍自己，表明自己拥有胜任某个工作岗位的能力。其正文开头应表示对用人单位的敬意，然后通过直叙的方式详略得当地进行表述即可。
- 结尾，一般应写明希望对方给予答复，期望能有机会参加面试，并简短地表示敬意、祝愿。如：此致之类的词，然后换行顶格写"敬礼""祝工作顺利""事业发达"等相应词语。
- 落款。落款包括署名和日期两部分。署名，如"求职人×××"、"自荐人×××"或"愿成为您部下的×××"等，应注意与信首的"称呼"相对。日期一般写在署名右下方，最好用阿拉伯数字。
- 附件。求职信一般都要求同时寄一些有效证件，如外语等级证书、计算机等级证书、获奖证书的复印件及简历、近期照片等。最好有附件目录。

### （二）求职信的内容

求职信的内容主要包括以下 4 个方面。

#### 1 开头

开头一定要抓住阅信者的心，调动起他的注意力，使他有想继续往下看的冲动。不要写套话、空话、过多客气的话。如：尊敬的××领导：首先感谢您在百忙之中……

此外，在求职信的开头，要注意对收信人的称呼，如果知道招聘单位的负责人，可以写出负责人的职务、职称等，例如：尊敬的人力资源部赵总监；如果不知道招聘单位的负责人，可以用尊敬的销售主管等，并且还要有问候语，例如“您好”。

**2 正文**

这是求职信的核心部分。应包括个人的基本情况、自荐目的、条件展示即个人的才能和特长，阐明自己对该单位感兴趣的原因并表明自己希望到该单位供职的愿望等。

首先，介绍个人的基本情况，如姓名、性别、年龄、政治面貌、就读学校和专业等。注意详略得当，最好能附有近期全身照片，使用人单位对求职者的基本情况有大致的了解。

其次，说明求职信息的来源，做到师出有名。假如没有掌握用人单位的求职信息，而你又非常希望到该单位工作，也可写信投石问路，但必须表明你对该单位的印象和你愿意到该单位从事某种工作的强烈愿望。

再次，说明应聘岗位和能胜任本岗位工作的各种能力。表述自己对该单位的招聘岗位很感兴趣的原因，以及自己能够胜任该岗位工作所具备的条件、能力，主要是向用人单位说明自己有着与该工作岗位所需的各种专业知识和技能，并且有一定的实践经验，让用人单位感到不论从何种角度，你都能胜任此项工作，是应聘该岗位最合适的人选。

最后，介绍自己的潜能。比如，向用人单位介绍自己曾经担任过的各种社会工作及取得的成绩，预示着自己有管理方面的才能，有发展和培养的前途。例如，向宣传和公关部门推荐自己时，介绍自己的文艺、摄影、书法和口才潜能，就预示着自己可以承担相应的工作任务。

**3 正文**

毕业生在求职信的结尾部分有几个方面需注意。

- 表示希望得到面试的机会。例如“盼复”“期盼贵公司回音”等，毕业生还可以主动表示面谈的愿望，以显示毕业生对应聘此岗位的重视和诚意。
- 表示祝愿或敬意。例如“祝您身体健康”“祝工作顺利”等，以体现大学毕业生的良好素质。

**4 落款**

落款是求职信的最后部分，包括署名和日期两个部分。其中，署名写在右下角，要写全名，并且字迹要清晰、工整，不要潦草，名字前可写上应聘者字样。日期写在名字下面（年月日）。

阅读材料

## 自荐不当，错失面试机会

尊敬的先生/小姐：

您好！

我是通过阅读报纸，获悉贵公司正在招聘杂志编辑人员的。我自信符合应聘要求，特拟此信应聘该岗位。

本人名叫李××，今年25岁，毕业于××大学新闻系，具有编辑、校对经验，并熟悉编辑流程，个人简历如下。

2016年7月—2016年12月，我在销售量达10万的《××报》工作，主要工作是采访和撰写稿件。

2017年1月—2017年8月，在××出版社担任编辑，主要工作是负责策划、组稿、编排等。

2017年8月至今，在《××杂志》广告部担任区域经理，主要工作是负责华南地区的广告业务。

因目前的工作感觉压力过大，而且需要频繁出差，故希望谋求一份较稳定的工作。当然，过去的经验不能说明一切问题。但我认为自己从未离开过本行业，这也算是我的一个优势。希望贵社能录用我，并且相信通过我和贵社的一起努力，一定可以把贵社发展壮大。

敬请电话约见，谨候回音。

此致

敬礼！

应聘者：李××

2017年××

附：简历表1份

成绩单1份

联系地址：××路××号

电话：133××

以上求职信有多处瑕疵。首先，开篇就谈自己绝对能胜任此项工作，虽然展示了自信，但没有事实依据，显得有点过；其次，通过以往的工作经验，小李在两年内换了 3 份工作，说明他是一个很不稳定的员工。总体来说，小李过于自信，用词欠妥，并暴露了自己的缺点。

### （三）求职信的撰写原则

一封好的求职信，无论在形式还是内容上都必须给阅读者留下好印象。那么毕业生在撰写求职信时，有哪些写作原则呢？

#### 1 语气自然

语句要简单明了、直截了当。履历表所用词语要生动，使句子有力，不要依靠词典，特别是不能出现一些从未用过的令人费解的词语或难懂的句子；写信就像说话一样，语气要正式但不能僵硬。

#### 2 通俗易懂

求职者要考虑阅读对象的知识背景，切记：不要使用生僻词语、专业术语。因为人事经理不是你这个专业的行家，所以，不能用太过专业的字眼，一方面，人事经理会对自己看不懂的东西失去兴趣；另一方面，未免有卖弄之嫌。

#### 3 言简意赅

在重点突出、内容完整的前提下，尽可能简明扼要，切忌面面俱到。专门招聘的工作人员不仅工作量大且时间宝贵，他们不可能花时间在你冗长的履历上，并且可能反而导致招聘人的反感。所以，多用短句、每段只表达一个意思。

#### 4 具体明确

不要使用模糊、笼统的字眼；多使用实例、数字等具体的说明。比如："我设计的捕鱼神人 App 为公司创收超过 50 万元"会比"我设计的捕鱼神人 App 为公司创收颇丰"更有说服力。

### （四）求职信的撰写技巧

目前，很多应届毕业生在求职时，只注重个人简历，而忽略了求职信。其实，一封准备充分、有的放矢的求职信，不仅可以吸引招聘者的目光，而且可以提高求职的成功率。那么如何才能让求职信脱颖而出呢？那就需要掌握以下技巧了。

**1 态度真诚、摆正位置**

写求职信时，首先应该想清楚公司要我来干什么，而不是写自己需要什么；其次应该写自己能为公司做什么，而不是写自己得到该职位对自己有什么益处。有了这样的态度，才能摆正位置。

**2 整体美观、言简意赅**

求职信文字的整洁、美观很容易引起用人单位对求职者的好感，相反如果字迹潦草，龙飞凤舞，则会给用人单位留下不好的印象。

**3 富于个性、有的放矢**

求职信的主要目的是力求吸引招聘者，引起招聘者的兴趣，因此，在开头应尽量避免客套话、空话。求职信的核心部分是自己胜任工作的条件，这并非多多益善，而要有针对性，有的放矢，所以在动笔之前要着眼于现实，并对应聘单位情况要有所了解，才能使写出的内容恰如其分。

**4 以情动人、以诚感人**

语言有情，有助于交流思想，感动对方。写求职信更要注意这一点。

**5 要有新意、拒绝平庸**

现在写信求职的人很多，如果没有特色，平平庸庸，毫无新意，就难以给招聘者留下深刻印象。求职信的新意可以从凸显你的特长、展示你的文采、表现你的书法等方面入手。但需要注意的是，这并不是要你大吹大擂，而是要用事实说话。

最后，提醒求职者在写求职信时，还要切忌如图 3-1 所示的 6 点注意事项。

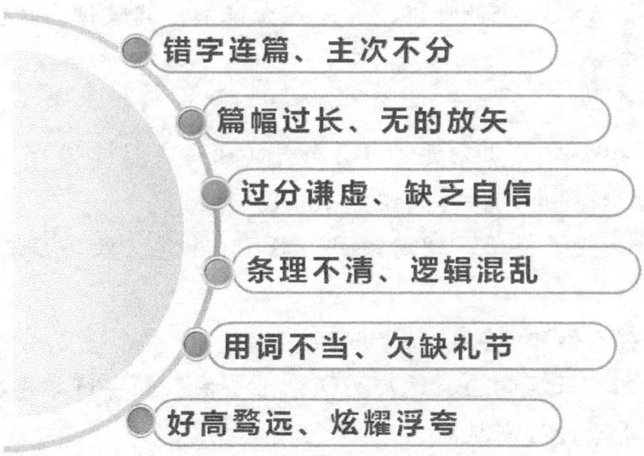


图 3-1 写求职信的注意事项

**（五）英文求职信**

现在，越来越多的企业对毕业生的英语水平要求很高，英文求职信也被越来越多地使用。特别是应聘外资企业，要求必须使用英文求职信。英文求职信的书写与中文求职信是有区别的，这不仅是两种文字本身的差异，还有两种文化传统、习惯的不同。英文求职信的格式与要求如下。

- 英文求职信的开头，第一个词和专有名词的第一个字母要用大写，注意点符号。
- 英文往往一词多义，要准确运用，语言以庄重为好。

◆ 无论手写或打印求职信，必须用墨水笔亲自签名，以表示郑重。
◆ 如要邮寄，注意信封的写法。

## 第四节 评估与分析

本章主要学习了大学生就业准备的相关知识，包括知识与能力准备、就业信息的获取与利用、自荐材料的准备等内容。以下题目主要是一些与自荐材料相关的分析，通过这些分析从中提取个人简历与求职信的正确写作方法。

（1）阅读下面的案例，分析该毕业生所写的个人简历是否恰当，并说明原因。

个人简历

姓名：沈明天　性别：男　年龄：26　健康状况：良好　政治面貌：中共党员

籍贯：四川省××市 家庭背景：职工家庭

所学专业：市场营销　　学历：本科

毕业院校：××大学商学院

联系电话：18080××××　地址：××市××××　E-mail:××××@sian.com.cn

求职意向：产品营销、活动策划、市场调查等方面工作

主修课程：商务谈判、组织行为学、大学英语、调查统计学、现代商业经济学

个人技能：先后自学并掌握了产品促销、零售学、市场调查等方面的知识

计算机水平：熟练使用计算机，并自学掌握了 Photoshop 图像处理软件的使用

荣誉证书：英语六级、会计师证、外语优秀证书、驾驶证、优秀大学生荣誉证书、一等奖学金等

社会实践：

2016 年 7 月，××公司，业务员实习 2 个月（获得实习证明）。

2016 年 10 月，××超市，临时促销员 15 天。

2017 年 7 月，××投资公司，理财顾问，实习 1 个月（获实习证明）。

自我评价：

缺点：嫉妒心强、做事情不能持之以恒。

优点：活泼开朗、乐观向上、适应力强、上手快、勤奋好学、脚踏实地、认真负责、吃苦耐劳、勇于迎接新挑战。

有较强的组织能力和活动策划能力。

有较强的语言表达能力，文笔流畅。

很强的团队合作能力。

兴趣爱好：羽毛球，游泳，长跑；擅长文章写作。

小结：

我认为我是一个有责任心、有理想的青年，对自己所要追求的理想，一刻未曾停止。希望凭借我的实力及真诚，成为企业的一员。我会运用我的理论知识，为公司创造更多的价值。

提示：

① 整个简历看上去没有什么大问题，但仔细一看还是存在多处漏洞。首先，求职意向不明

确，列举了产品营销、活动策划、市场调查等多种意向。

② 其次，该简历存在“注水”现象。比如，熟练使用计算机、很强的团队合作能力，这些都需要提供证据来支持，不是说说就了事。

③ 再次，用词欠妥。用人单位比较反感简历中写一些比较主观的词语。比如，小结中的“我认为……”，这样的语言容易给用人单位留下自负的印象。

④ 最后，自我认为过于乐观。在自我评价中，列举了大量自己的优点，而缺点几乎是一笔带过，不够全面，这样容易在以后的求职过程中出粮。

（2）阅读下面的案例。假如你作为一名招聘者，看看这封求职信是否能打动你，如果不能，请说明原因。

自荐信

尊敬的领导：

您好！

非常感谢您在百忙之中阅读我的自荐材料。

我的名字叫张××，来自云南大理，在大学的 4 年里，我努力培养自己的兴趣爱好，从而使自己变得更加成熟。在校期间，结交了很多朋友，从交往中懂得了沟通与倾听的魅力，也让自己了解了更多人与人之间的相处之道。在校期间我也经常阅读课外书物，在增长知识的同时，还学到了很多做人的道理——只有诚实努力才能成功。除此之外，我还专门阅读了很多关于销售的书籍，积累了一些理论知识，只是还没有验证的机会，希望领导给予我一个展示自己的机会。

时间如梭，现在的我深深懂得：昨天的成绩已成为历史，未来的辉煌要用今天脚踏实地、坚持不懈的努力才能实现。离校时，我携带着所学的知识和年青人满腔的热情，真诚地向贵单位自荐。

尽管我在众多的应聘者中，不是最优秀的，但我仍然自信，我有能力在贵公司干得出色。给我一次机会，我会尽职尽责，让您满意。在此，我期待您的慧眼垂青，相信您的信任与我的实力将为我们带来共同的成功。

尊敬的领导，希望您能给我一个机会来向您展示我的能力。在此，衷心地希望贵公司的业绩不断攀高，再一次感谢领导抽时间阅读我的自荐材料。

此致

敬礼！

自荐人：张××

提示：

① 求职信的开头就是空话、套话，毫无新意，这样很难引起阅读者的兴趣。

② 一封完整的自荐信，不但要有称呼，而且最后落款时要注明时间、姓名。用人单位往往有可能因为一个小的细节，决定你工作的去留。

③ 求职信中务必要写清自己所在的院校，给用人单位一个大概的认知。

CHAPTER 04

# 第四章　大学生就业心理分析

## 学习目标

掌握大学生就业心理调适的方法
掌握大学生职场情商的培养方法

## 案例导入

刘军与张小磊是大学同班同学，而且两人还在同一个寝室。平时的学习与思想考评 各方面两人都很优秀，毕业时，刘军和张小磊同时接到一家大型国营企业营销部的面试通知。

面试时，刘军与张小磊被分在两个会议室，主考官问了刘军一系列关于专业和职业认知的问题，刘军对答如流，并不时地提出自己的见解，受到主考官的赞赏。在另一个会议室张小磊的面试也进行得相当顺利，主考官对他也表示非常满意。

在面试就要结束时，主考官向刘军与张小磊提出了同样的问题："对不起，我公司计算机突然出了故障，参加面试的名单里没有你，非常抱歉!"。此时，在第一会议室的刘军听了主考官的话后，立即失去了原有的风度和素质，他生气地质问主考官为什么会出现这样的事，自己在学校时是非常优秀的，总是前几名，这次连面试的机会都没有，难道是贵公司在诚心要人！这时主考官对他说："你先别生气，其实我们的计算机并没有出错，你以第一名的成绩进入了我们的面试名单，刚才的小插曲是我们出的最后一道考题。我们感觉你的其他条件都不错，但心理承受能力有问题。作为一名营销人员，必定会经历工作中的各种风险，我们需要有良好心理素质的人才，显然，这个职位并不适合你"。

刘军听后，整个人都傻眼了，没想到这也是一道考题，所有付出都前功尽弃了。在第二会议室的张小磊听了同样的问题后，他面带微笑，十分镇静地说："我对贵公司发生这样的失误感到十分遗憾，但今天既然我来了，就说明我与贵公司有缘，我想请您给我一次机会。这次计算机失误对我来说是个意外，对贵公司来说也是意外，它或许意外地使你们选择了一个优秀的员工。"

主考官露出满意的神态："你是一个不错的小伙子，我愿意给你这个机会"。

**启示**　从上面的案例来看，都是同班同学，并且两人都很优秀，可在职场上却面临了两种不同的结局。刘军的面试刚开始很顺利，却在最后一关败下阵来，原因在于其心理承受能力太差；而同样的问题，张小磊却能顺利通过，反映了他良好的心理素质。由此可见，良好的心理素质，对成才和就业有着重要的影响。

面对就业市场的强大压力，大学生的内心充满复杂的矛盾和深深的困惑，在就业过程中出现了各种各样心理问题。与此同时，用人单位又非常重视求职者的心理素质，因此，大学生要有充分的心理准备和正确的认识，并通过积极开展自我调适、提高心理素质、保持健康心态等方式，来促进就业或创业的顺利进行。

# 第一节　大学生就业心理调适

大学生就业心理调适，主要是指在就业过程中进行自我心理调适。通过学习自我心理调适，能够帮助大学生在就业过程中面对心理矛盾、心理误区或心理障碍时，有效地进行自我控制和调节，消除心理困扰，维持心理平衡，并寻找最佳的解决途径来实现自己的目标。

## 一、求职过程中常见的心理问题

人的心理需要一种微妙的平衡，太过自卑或自信、太过浮躁或优柔寡断都是不健康的心态。而大学生在求职过程中，因面对就业市场的激烈竞争，他们所经历的不仅是严峻的就业考验，而且要承受各种心理问题，如焦虑、自卑、怯懦、畏惧、逃避、偏激、抑郁、自负、嫉妒、攀比、依赖、优柔寡断、盲从等。

### （一）焦虑

焦虑是指一种缺乏明显客观原因的内心不安或无根据的恐惧。在求职过程中，焦虑心理是非常普遍的。从投递简历开始到笔试、面试，这一系列等待的过程，都很容易让求职者产生焦虑的心理。如焦虑是否会得到这份工作、笔试中是否出现失误，诸如此类问题。

一般而言，适当的焦虑可以增强人的进取意识，激发上进心，从而产生求胜的心理；但是，如果是过度焦虑，且自身无法化解，就会导致心理障碍，严重时将会影响毕业生求职过程中主观能动性的发挥。

阅读材料

## 学会化解自身焦虑

从临近毕业的半年起，陈亮每天都不断重复着“参加招聘会—投递简历—面试”的过程，在一次次的被拒绝中，日趋沉重的焦虑替代了他原本拼搏进取的决心，也影响着他择业的思路。虽然陈亮在不停地调整自己的择业目标，但他发现自己离预定的目标越来越远。他心灰意冷，并开始出现心悸症状，有时候还整夜整夜地失眠。为此，他开始喝酒，希望借助酒精来缓解自己的焦虑，但仍然于事无补。他的脾气也越来越暴躁，还常常和身边的人发生口角，甚至一度产生了厌世的情绪。

幸好后来经过家人和好友的劝说，再加上一份工作的成功聘用。陈亮才逐渐恢复了原来的自信。他回忆起那段可怕的日子，这样说道：“基本每天就在焦虑与烦躁中度过，每一分每一秒都是煎熬。”

上面的案例中，导致主人公陈亮焦虑的根本原因是心理太脆弱，一旦被用人单位拒绝，就会对自己的能力产生怀疑，导致焦虑越发严重，一时又找不到缓解的方法。因此，刚毕业的大学生要摆正心态。通常刚毕业时不太可能一步就达到理想状态，要学会接受现实，认清自我，避免陷入焦虑的情绪之中。

**（二）自卑**

自卑心理在大学生就业过程中也是极为常见的。一些毕业生由于客观原因产生了自卑心理，如非名牌大学、冷门专业、家庭经济环境单薄、社会关系贫乏等；有些则是由于主观因素才造成自卑心理，如自身素质和就业竞争力过低、性格内向、不善于表达、心理负担重、自我控制能力差等。

不管自卑心理是如何产生的？在自卑心理的作用下，毕业生常常会精神不振、整日唉声叹气、内心孤寂，导致求职屡屡受挫。而且，自卑心理就好比是毕业生求职道路上的一个绊脚石，它会使毕业生择业标准的心理高度一降再降，最终导致失业。

阅读材料

## 大声说“我能行”

李静已经在准备第三次面试了，可是一进到面试现场，她就感觉心里发怵，手足无措，眼睛也不知道该往哪里看，面对主考官更是每次都低着头，心里七上八下的。回答问题时，声音小，还经常会卡壳，对原本非常熟悉的问题也回答得磕磕巴巴，甚至还出现过所答非所问的现象。这样的状态肯定很难通过，虽然这已经是参加第三家单位的面试了，可每次她都因为太紧张而面试失败，为此，她非常恼火。

为了找到方法来克服自己的心理障碍，李静主动求助于校内的心理咨询师，希望通过心理干预来改变自卑心理。心理老师给她指出了强化场景训练的方法，让她把自己的特长和优点写在纸上，并面对镜子对自己大声说“我能行”，每天重复几次，以此来增强自己的信心，慢慢消除自卑心理。经过一段时间的训练后，李静对自己的下一次面试充满了信心。

自卑产生的原因是多种多样的，有个人原因、家庭原因、社会原因等，但主要还是个人因素居多。本案例的主人公，李静就是由于求职一次次的失败，觉得自己不行，不如别人优秀，最终失去了信心，产生自卑心理。其实，自卑并不可怕，只要找到自卑的源头，就会有效遏制自卑感，重新找回信心，发现优点，努力为下一次求职冲刺。

**（三）怯懦**

大学生在求学期间，毕竟以理论学习为主，没有太多的实践技能，往往在求职时，因为缺乏实际工作经验，担心说错话给用人单位留下不良印象，因而说话音量过小或者干脆不敢说话。

阅读材料

## 胆小懦弱，难以成功

相信每一位面试者都会想尽办法给用人单位留下好印象，可是在求职时，往往克服不了心理上的怯懦，造成事与愿违的局面。即将毕业的小杨生长在农村，由于家境贫寒，大学4年小杨都在勤工俭学，几乎没添置过什么衣服。看着身边家境优越的同学，不仅穿得好，而且随手拿的都是最新的电子产品，对于这些电子产品小杨都只能远远地看，却不敢碰触，生怕碰坏了赔不起。

由于家境和自卑的影响，小杨在班里沉默寡言，很少和同学们聊天，即使遇到事情也不会说出来，只是一味地忍让，老是感觉自己不如别人、低人一等，久而久之就形成了怯懦的性格，最终他成了班里的隐形人。现在，即将步入社会，小杨也要准备应聘的相关事宜，可生性怯懦的他却面临了巨大的挑战，在求职过程中总是谨小慎微，老是想跟人谈的时候万一说错了怎么办啊？生怕一句话说错或一个问题回答不好给用人单位留下不好的印象，以致不敢放开说话，因此，每每面试他都是“不战而败”。尽管他自己也在努力改变，但收效甚微。不知道在求职的路上，小杨还要持续多久才能成功。

谨小慎微几乎是像小杨这样的学生的通病，生怕自己的一丁点儿错误影响他人，把自己缩在自己编织的壳里，这种状态最多能存在于校园当中。一旦大学毕业迈入社会，就会面临各种竞争，太过怯懦的性格必将导致竞争的失败。只有正确认识到自己的不足，发现自己的优势，扬长避短，用勇气去战胜怯懦，才能为自己的未来争得一席之地。

**（四）畏惧**

初入社会的毕业生遭遇挫折是在所难免的，有的毕业生在遇到挫折后，能够积极调整心态、重拾信心，再战“沙场”；可有的毕业生在挫折的打击下，往往会一蹶不振，并对求职产生畏惧心理，只要一听到周围的同学谈论找工作的事他就头疼，并远远地避开。其实，这是由于求职的失败经历已经在他们的心中烙下了深深的印记，出于心理上的自我保护机制，产生畏惧心理的毕业生会选择逃避失败、逃避就业，以此来减轻挫折对他们的心理打击。

事实上，挫折并不可怕，只要毕业生能够转变看待挫折的角度，就能够将挫折当作是迈向成功之门的一次考验。

**（五）逃避**

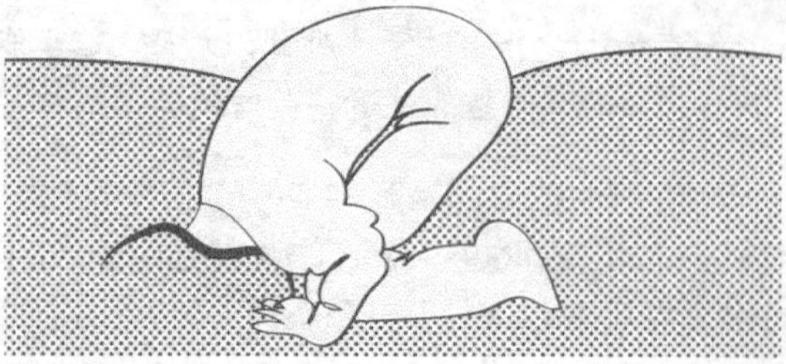

逃避实际上就是一种抵触心理，大学生因为过惯了校园生活，对父母和学校的依赖性很强，一旦独立面对社会，会发现社会竟然是如此的错综复杂，特别是看到一些社会的阴暗面，自己不想面对，常常产生逃避心理和抵触情绪。

**（六）偏激**

大学生在求职过程中，很容易出现偏激心理，固执地认为某种职业发展前景很好，一定要将自己的择业目标定在这一方向，并努力克服重重困难实现目标，但最后多半都是以失望告终。其实，这都是大学生没有认真去审视自己和审视未来的结果，被一些固有观念或道听途说所影响。

阅读材料

**适合自己的，才是最好的**

张小丽一直以自家的表姐为榜样，表姐在大学毕业以后，只通过短短的3年时间就变成了有车、有房一族。今天是外婆的80岁大寿，全家团聚，表姐也在，张小丽趁机会向表姐请教如何能快速成功，表姐说做销售吧，准能赚大钱。一心想证明自己实力的小丽，听后热血沸腾，暗暗下定决心，一定要像表姐那样，好好干出一番事业来。

张小丽从小性格就比较内向，在公共场合总是悄悄地在某个不起眼的角落里，也不善于表达自己。一次开班会，老师点名让她发表自己的看法。她一紧张居然口吃起来，从那之后，只要遇到紧张的场面，小丽就会条件反射地犯口吃。

转眼就到了找工作的季节，张小丽也听了表姐的建议，一门心思地找了一份销售保险的工作。她自己心里清楚，保险的工作不是每人都能干得来的，但一心想成为出色保险业务员的她，认为靠自己的努力一定可以成功。我们知道，保险销售除了要靠一张能说会道的嘴巴外，人脉关系也至关重要。但这两个基本条件，小丽均不具备。首先小丽家在异地，本城并没有什么人脉，卖保险很是吃力；其次，小丽在拜访陌生客户时，由于口才不佳，再加上有点怯懦，使她连连受挫，连续3个月都没有业绩。没有业绩就拿不到工资，好在家里的亲戚给他“赞助”了一单，不过之后的几个月又没有业绩了，最终小丽退出了这个曾让她热血沸腾的行业。

现在，很多大学生都存在某种偏激的思想，认为某种行业出路一定很好，或者某种行业出路一定不好。但是往往会忽视自身的缺点，光靠一腔热血，终会碰壁。要懂得克服自身缺点，吸取别人的成功经验，选择属于自己的人生道路。

**（七）抑郁**

大学生求职过程中往往会因为屡屡遭受挫折，不被用人单位认可、接受，导致情绪低落、愁眉不展，产生抑郁心理。

**（八）自负**

有的大学生在校是风云人物、学生会干部，再加上自己所学专业比较紧俏，自身条件也很好，有不少用人单位有意签约，因此，容易自信过头，产生骄傲的心理。持这种心理的毕业生，往往自认为高人一等，傲气十足。在求职时，好高骛远，对自己的期望过高，对用人单位横挑鼻子、竖挑眼，很难找到自己满意的工作。

**（九）嫉妒**

嫉妒在大学生中是比较常见的一种心理，只不过是轻重有别。在求职问题上，嫉妒心理的表现是，看到同班同学在自己之前找到了比较理想的工作，或是条件不如自己的同学都已经找到了好工作，自己却一无所获，此时，就会产生一种嫉妒心理，转而联想到自己，心有不甘。

阅读材料

**都是嫉妒心作怪**

某舞蹈学校需要招收1名有表演经验的学生做舞蹈老师，得知这一消息的毕业生们都跃跃欲试。众多精英参与竞争时，机会就是能者上，最终，舞蹈专业的小静获得了这个难得的机会。

小静的同学有的羡慕、有的嫉妒，其中一名叫涂敏霞的学生，因妒忌生恨，居然说此次招聘有“内幕”，在同学之间传播谣言。因为影响较大，导致小静没脸出门，整天郁郁寡欢，一度起了轻生的念头。后来事情终于水落石出，是因为涂敏霞认为自己各方面条件都比小静好，可主考官偏偏录取了小静，自己却落榜了，她心有不甘，才会散布谣言诬蔑小静。

幸亏此次事件给小静造成的只是精神伤害，没有产生严重后果，学校对涂敏霞进行了批评与教育。

嫉妒是一把“双刃剑”，用得好会化作成功的动力，用不好则会伤人伤己。本例中的涂同学就是因为遇到自己不能理解或者认为不公平的事情时，没有正确处理，才会因妒生恨，惹出祸端。

**（十）攀比**

一些大学生在求职时，不是从自身实际出发，而是与同学攀比，特别是看到与自己成绩和能力都差不多的同学，却找到令人羡慕且收入可观的工作时，觉得自己找不到理想的工作就会很没面子。

为了获得心理上的平衡，会为此重新设计自己的求职目标，其结果是高不成、低不就，错失了一些就业单位，陷入被动之中。

**（十一）依赖**

依赖心态往往产生于独立性较差的大学生身上。因为从小学到大学，很多事情都是父母包办，自己习惯了在温室里生活，不愿意去面对社会的竞争，完全是在父母和亲戚的庇护下生活，还希望通过他们给自己找到一份稳定的工作，这是一种不健康的心态。

**（十二）优柔寡断**

虽然心中已有了意向单位，但仍然抱着等一下、看一看的念头，签协议一拖再拖。

阅读材料

### 去大公司，还是小公司?

张华毕业于××师范学院的数学专业，他是个开朗热情的人，对自己的面试也做了充分准备。但是，小张有一个致命的缺点，就是面临选择时总是优柔寡断，等错失机会后才后悔莫及。

毕业后，小张也和其他同学一样，开始了面试生活，期间他也面试过多家企业，可是不知道什么原因，总是在通过两三轮的面试和笔试后就没有了下文。

直到2017年10月，小张同时接到了两家公司的好消息，他们都决定录用小张。开心之余，小张有点发愁了：一家是大公司，工作环境很好，制度也很健全，薪酬还可以，但关键是所提供的职位与小张所学的专业完全不对口；而另一家是一个小公司，所提供的职位也是小张一直都感兴趣的，可是薪酬不如大公司。这让刚走出学校的小张无从选择。

正在小张犹豫不决时，那家大公司通知小张明天正式上班了，而那家小公司则约他2天后正式上班。小张真是左右为难，一边不想放弃高薪的工作，另一边又不想放弃自己的专业。最终，还是在同学的劝说下，帮小张做了最后的决定。

大学毕业生到大公司工作还是去小公司工作，是一个两难的选择，这还要看求职者的个人情况，要具体情况具体分析。本例中的主人公小张同时取得了两份工作的机会，如果不是在同学的帮助下，他很可能因为自己优柔寡断的性格错失此次就业机会。

**（十三）盲从**

大街上经常看到一种现象：不知道什么原因，在某家店门口排起了长龙，自己也边排队边问别人干什么，这就是典型的盲从现象。有的大学生具有较强的依赖性，独立自主性较差，在就业找工作时，不先考虑自己的兴趣爱好，而是一味地从众，什么工作热门就去做什么，根本不去思考自己能否有能力胜任，是否有发展空间等问题。

## 二、大学生就业的心理矛盾

心理矛盾也可理解为心理冲突，它是指两种或两种以上不同方向的动机、欲望、目标及反应同时出现，而引起的紧张心态。职业目标上理想和现实的反差、职业选择上独立性和依赖感的错位等，这些都是大学生就业心理矛盾的具体表现。

**（一）理想与现实的矛盾**

当代大学生的理想丰富多彩，大学生在就业时总是踌躇满志、豪情壮志，准备在社会上拼搏一番，但由于涉世尚浅，对社会了解还不够深，理想往往脱离客观现实，在就业上与社会需要存在着较大差距。

一些大学毕业生想留在大都市，追求社会地位高、经济效益好的工作岗位，而不愿意到边远地区或条件较差的地方去工作；一些大学生只看重工资收入，走商业路线，但并未真正思考过自己的理想与现实之间的差距，甚至不了解自己的气质、性格、能力、兴趣适合于何种职业，因而产生了理想与现实之间的矛盾。

**（二）独立性与依赖性的矛盾**

大学生毕业后即将告别学校和老师，踏入社会，成为独立生活的成年人。由于进入了独立生活的空间，其自主意识增强，渴望独自决定自己的选择。然而，意识上的独立并不代表能力上的独立。

有些大学生认为学习以外的事情都不需要他们操心，许多事情还要依赖家长、亲朋好友、老师及社会的帮助。对自己喜欢什么样的工作，适合什么单位缺乏主见，对激烈求职竞争中的“双向选择”感到茫然，寄希望于家长的帮助和学校的安排，将自己的前途交予他人安排。这种心理上的矛盾，容易使大学生感到无奈和苦恼，从而对生活失去信心。

**（三）渴望竞争与缺乏勇气的矛盾**

目前，随着就业制度的不断改革，大学生的就业环境也日益完善，大多数毕业生已经意识到，在激烈的市场竞争条件下，没有强烈的竞争意识，是不可能成功的。然而，当真正面对竞争机会时，很多大学生又变得畏首畏尾、顾虑重重、缺乏勇气。

产生这种现象的真正原因在于主观能动性不强，缺乏实践的能力和勇气，尤其是在就业过程中面对困难时，如果不善于调整目标和自我，就容易打退堂鼓，从而拱手让出了竞争的权利。

**（四）所学专业与未来工作的矛盾**

在就业中，不少大学生将“专业要对口”作为就业的重要标准，只要是专业不对口，就认为不适合自己的职业发展，这是不现实的。因为社会中真正意义上完全与所学专业对口的工作岗位并不多，于是这就产生了所学专业与未来工作的矛盾。

事实上，在现代化的市场经济中，产业结构、职业结构是不断变化的。实际工作中更多的是强调求职者的学习能力、接受新事物的能力、适应环境的能力等，因此，毕业生完全不必为“学不能致用”而苦恼。

**（五）多种选择与优柔寡断决策的矛盾**

毕业生在就业过程中，常常会遇到多种选择的情况，每一种选择都有诱惑，都不舍得放弃。此时会感到束手无策、举棋不定，迟迟不与用人单位签约，一山还望一山高。思想上产生冲突，心理出现矛盾。这种矛盾的产生是由于大学生不能客观地面对现实，缺乏分析和解决问题的能力，遇到问题分不清主次，因此在矛盾面前顾此失彼、措手不及。

**（六）自卑与自傲的矛盾**

在市场经济的就业机制下，所有大学生在择业时都站在了同一起跑线上。在大城市激烈竞争中的失败，让许多大学生的傲气深受打击，由此产生了自卑、消极的心理状态。

如某些医科大学的毕业生，他们宁可承受着巨大的就业竞争压力，一心要到大城市、大医院里面工作，也不愿意到发展前景好、机会多的小医院、基层岗位上工作。在他们的认知过程中，总以为大医院的发展一定比小医院好，于是自傲与自卑的心理矛盾时刻困扰着这些毕业生，导致在择业过程中处处受挫，错失许多就业良机。

**（七）渴望创业与缺乏承受挫折的矛盾**

许多大学生毕业后想干一番大事业，试图在自己的专业领域进行创业，有所成就并实现自己的人生价值。但是，不少大学生缺乏艰苦创业的心理准备，害怕受挫，想走捷径来早日实现理想目标。但是人生往往是没有捷径的，只有经过艰苦奋斗、努力拼搏，才可能成功。

## 三、大学生就业的心理误区

大学毕业生在巨大的就业压力下，会产生种种困惑和不适应，甚至产生一些心理误区。所谓的心理误区是指大学生在求职就业过程中，由于受到错误引导或生活、学习受挫，而产生的有失常态的心理活动。

### （一）消极等待

有些毕业生认为自己条件好，对一般单位不屑一顾，挑三拣四，对就业一直采取消极和等待观望的拖延态度，以至于错失了许多就业良机，甚至是赋闲在家。

### （二）急功近利

急功近利是大学生就业时最常见，也是最难避免的一个心理误区。它是指大学生在就业时一味地追求经济收入丰厚、社会声望较高的职业，同时，产生向往经济发达、生活环境优越地区的心理倾向。大学生就业的这一心理倾向，在外资企业、合资企/事业单位及北上广地区最为常见。

首先，这些被大学生首选地区的岗位毕竟有限，不可能满足大学生的普遍要求；其次，大学生自身条件各有差异，这些为大学生普遍向往的职业，却未必是自己成就一番事业的最佳选择。

### （三）情绪波动

大学生就业过程中，情绪上出现异常波动，最为常见的表现有焦虑、不安，甚至抑郁等消极的情绪状态。

据调查，大学生就业前抑郁、焦虑情绪普遍存在，并且女生的焦虑程度高于男生，抑郁程度则低于男生。造成大学生就业前情绪波动和异常的原因主要是：严峻的就业形势、大学生缺乏自信和承受压力的能力、家庭背景等。

### （四）怀才不遇

有些大学生自视能力超群，非同凡响，但由于在就业的道路上处处碰壁，于是开始抱怨自己没有施展才能的机会，整日怨天尤人，闷闷不乐。其实，认为怀才不遇是一种心理误区，俗话说“酒香不怕巷子深”“是金子总会发光的”。只要自己有真才实学，不怕没有人赏识。

其实在求职时，用人单位不只看毕业生的学历文凭或学习中的成就，还要看毕业生是否掌握社会所需要的“才能”。因此，正确做法是调整自己的心态，重新审视自己，积极采取行动弥补不足，然后成功推销自己。

## 四、运用多种方法进行自我调适

人的心理活动总是处于“平衡—不平衡”的螺旋式发展过程中，毕业生的心理活动也是如此。当产生各种心理冲突时，毕业生应当正确对待，采用多种方法进行自我调节，不要慌张，也不要被动消极。

### （一）自我反省

大学生面对就业中的各种矛盾和问题，首先要正确认识和评价自己，明确自己未来的发展方向，弄明白自己的性格特点，知道自己的优势与不足，认识到自己最适合干什么职业等问题。

只有通过理智、冷静的自我思考，才能客观地评价自己，才能在就业中准确定位自己，进行科学的人职匹配，为理想的职业目标做好充分的知识、能力和心理准备。

阅读材料

## 自我反省，重获信心

英文专业毕业的林萌萌，意外收到了某学院的应聘通知，虽然应聘岗位与萌萌所学专业不是很对口，但她还是很幸运地接到了面试通知。第二天，林萌萌以饱满的精神状态和事先准备好的自荐材料，提前15分钟到达面试现场做准备。

应聘流程很简单，首先是笔试，笔试通过后才是面试。笔试时萌萌作答如流，没有任何难度，到了面试环节，前几分钟还很顺利，可到了快结束时，主考官突然提出一个情景问题，让萌萌措手不及，不过萌萌很快就缓过神来，急中生智顺利回答了所有问题。面试结束后，主考官让她等候通知。

半个月的时间过去了，萌萌自认为此次应聘过程没有任何问题，面试成功是理所当然的。好不容易等来了结果，学院的答复却是没有通过。这让林萌萌有点接受不了，她立即询问了被拒原因，答复的老师说是“专业不对口”。听到这个理由，林萌萌立刻抱怨起来，专业不对口，我的简历上写的清清楚楚，你们没有看吗？简直是浪费我的时间？电话另一头的老师没有多说，随即挂了电话。

放下电话后，林萌萌冷静下来，开始反思自己“难道真的只是专业的问题？还是院方认为我能力不够？还是……”，一连串的问题在萌萌的脑海里不断浮现。

人人都会有各种失败的经历，不可因为一两次的挫折而一蹶不振。只有认真反思后才能获取自信，而只有自信和奋斗才能成就未来。

### （二）培养自信

在就业过程中屡屡失败，这是大学生自信心减弱、自卑感增强的主要原因之一。因此产生怯懦、逃避、冷漠的消极想法也不在少数。自信心是前进的动力，也是成功的保障，所以，我们在做心理调适时，培养自己的自信心是极其重要的。

### （三）适度宣泄

宣泄法就是将心里的焦虑、烦躁、冲动等不良情绪用对人无害的方式发泄出来，以求得心里舒畅，得到舒缓压力的目的。有一种既简单又有效的办法，就是跑到一个空旷的地方，对着远方大声呼喊。当然，最好的办法还是倾诉，向父母或者朋友倾诉自己的忧愁、苦闷，在此过程中获得更多的感情支持和理解，增强克服困难的信心。

毕业生可以通过跑步、郊游、聊天等方式适度地宣泄自己的情绪，恢复心理平衡；也可以通过写日记的方式，将自己就业过程中积压的不良情绪从笔端流泻出来，以达到心理平衡的目的。

### （四）正视挫折

对于乐观的人来说，挫折是人生的一种挑战和考验，正视挫折和教训才使得我们成长，使得我们变得更成熟、聪明。

大学生在求职期难免会遭遇各种各样的挫折，但这仅仅是人生的一个小插曲，要敢于正视，不因小挫败而失锐气。在面对挫折感觉惊慌失措、怯懦抑郁时，要想办法调整自己的心态，把挫折视为正常现象，并以积极进取的心态认真总结，不断努力，反复尝试，最终实现职业生涯目标。

**（五）保持乐观**

爱因斯坦曾经说过："真正的快乐是对生活的乐观，对工作的愉快，对事业的兴奋"。不管是为人处世，还是工作学习，都应该时刻保持一种乐观的心态，相信事情一定会往好的方面发展下去。

在生活中，大学生可以多参加一些娱乐活动，多结交一些朋友，陶冶情操，同时转移就业压力，一举多得。此外，还应积极参加各种公益活动，在帮助他人的同时还会从中得到认可与快乐。总之，大学生的人生才刚刚开始，拥有乐观的心态是最重要的，一定要笑对人生。

阅读材料

### 乐观面对生活，生活就会充满阳光

王旭军是个性格开朗，嘴角随时带着微笑的大男孩，因为他乐观、外向的性格，让他在校期间结交了很多朋友。现在，刚进公司仅仅两个月的小王，就和公司两个同事的关系特别好，不仅如此，他还博得全公司上上下下的好感。要问小王有何秘诀，他笑着说："乐观"。乐观的人心中总是充满了希望，而且能保持积极的态度去做事，无论在什么情况下，他都把自己视为公司的一员，不把自己置身事外。在工作中他总是积极主动、善于合作、虚心请教、热心助人，这样的人，相信没有哪个老板和员工会不喜欢！

王旭军所在公司虽然算不上大，但麻雀虽小五脏俱全。公司不仅制度健全，而且每一个项目的开展都有严格的流程，王旭军首先用一个月的时间来熟悉公司的所有流程，然后再用一个月的时间来掌握不同项目的开发手续和流程。现在，公司决定将一个新项目的策划交由王旭军来独立完成，这对于刚进入行业的他来说，简直是高兴坏了。相比其他的同学，虽然进了大公司却连参与项目策划的机会都没有，只能为公司老板打打下手，真的是幸运太多了。王旭军很庆幸自己当时的择业方向，没有一味地要求大公司、高待遇。

本案例中，王旭军是个乐观的人，他始终坚持用阳光、乐观的心态去面对生活和工作，那么生活和工作一样也会回报给他阳光。而且人最快乐的是创造财富的过程，而不是创造财富的多少。有的大学生勉强进入公司后，整天无所事事，怨天尤人，当别的同学在作岗位积累了丰富的经验准备大干一场时，他才发现，自己把大好的时光和机会都白白浪费了。

**（六）学会转移注意力**

转移注意力是进行自我心理调适最重要的方法之一。当心理问题出现时，我们可以通过环境、参加娱乐活动等方式转移注意力，例如回归大自然，爬山、旅游不仅可以放松身心，开阔眼界，而且能在亲近大自然的过程中受到大自然的启发。

除此之外，我们还可以通过听音乐的方式来转移注意力。每个人的性格、音乐修养和乐曲爱好不同，所以应有针对性地选择不同乐曲。

- ◆ 心情抑郁时，宜听旋律流畅优美、节奏明快的一类乐曲，如《百鸟朝凤》。
- ◆ 心情焦虑时，则应听节奏舒缓、风格典雅一类的乐曲，如《大海》。

◆ 如果正处于愤怒的时候，宜听旋律优美、恬静悦耳、节奏婉转一类的乐曲，如《春江花月夜》《月光》等。

◆ 多听节奏少变、旋律缓慢、清幽典雅的乐曲，如《二泉映月》等则有助于缓解失眠。

提醒

大学毕业生在进行自我心理调适时，除了上面介绍的几种方法外，还可以试试“肌肉张弛放松训练法”，即通过手臂、头部、躯干、腿部的逐次放松而达到全身放松的方法。该方法可以减轻或消除大学毕业生身上的各种不良身心反应，如紧张、焦虑、恐惧、入眠困难等。

扫一扫

肌肉张弛放松训练法

# 第二节　大学生就业与心理素质

就业是大学生走向社会的第一步，也是大学生人生中的一次重要选择。当前严峻的就业形势加重了大学毕业生的就业压力，使得大学生的就业心理问题日益凸显。

## 一、心理素质对大学生就业的影响

一个人的心理素质是在先天素质的基础上，经过后天的环境与教育的影响而逐步形成的。心理素质包括人的认识能力、情感品质、意志、气质和性格等个性品质诸方面。心理素质的水平直接影响人的发展、人的活动效率及人对各种环境的适应。因此，心理素质对大学生就业的影响是非常大的。

### （一）对确定就业目标的影响

心理素质对大学生确定正确的就业目标起着至关重要的作用。拥有良好心理素质的大学生才能客观、正确地评价自我，并客观分析社会和用人单位所需的人才，从而在求职择业的坐标中找准自己的位置。

如果心理素质不良，就会导致自我认识失衡，造成情绪紧张慌乱，意志力下降等一系列心理问题，难以找准职业定位，从而带来就业的困扰。

### （二）对就业实现过程的影响

大学生的就业过程，实际上是一个选择与被选择的过程，也是用人单位评判、筛选大学生的过程。大学生在就业过程中将要面临自荐、面试、笔试等一系列的考验。能否顺利地通过这些考验，心理素质起着重要作用。此时，良好的心理素质，可以使大学生在面对困难时，沉着冷静、乐观向上、勇于创新、缜密思考、果断决策。

面对就业，无论成功与否大学生都应及时地进行自我调整，正确支配自己的感情和行动。特别是在面对失败时，更要有效地克制自己、调整自己的心境，尽快摆脱消极和负面情绪的影响，避免情绪过度波动。

### （三）对职业适应的影响

大学生就业走上工作岗位后，角色的转变、工作环境的变化及人际关系的变化，将给大学生带来种种新的考验。

良好的心理素质对职业适应的实现起着促进和保障作用，可促使职场新人充分发挥自己的聪明才智，挖掘自己的潜力，把握自我，拓展自我，与新的环境保持平衡，尽快适应职业角色。从而找到最能发挥自己才华、实现人生抱负的舞台。

阅读材料

### 心理素质很重要

某五星级酒店客房部主管在检查房间时，发现305房间的面盆里有一根头发，台面和镜子还有水珠。经查后得知是实习生胡琳琳打扫的房间。经理把胡琳琳叫到305房间，让她自己看，胡琳琳没作声，赶紧拿起抹布擦拭起来，她觉得已经擦拭干净后，让经理再检查。经理说："镜子上面怎么还有水珠？台面的缝隙里还有水印。"胡琳琳拿起抹布再次擦拭起来。擦完之后，经理又来了，并且后边还跟着主管。经理又检查一遍说："小胡你是怎么搞的？这个酒杯里还有手印，连这点活都干不好！你是怎么上培训课的？如果总是这样，我看你还是趁早回家吧！"经理的声音越来越严厉。这一次，胡琳琳掉下了眼泪。她觉得自己已经尽力了，重做了几遍都未达标，心想会不会是经理故意找茬。最想不通的是，经理还当着主管的面，这么严厉地训斥自己，真是一点面子也不给，本该五点就下班的，结果六点半了还没下班。她越想越气，伤心地哭了。

本案例主人公小胡接受不了经理严厉的批评，伤心地哭了，这说明小胡的心理素质脆弱，这也是当今大学生普遍存在的心理问题。实习生应该以高标准要求自己，不应该有怨气，这样才能克服不足，提高工作质量，迅速进步。

另外，酒店和学校是两个截然不同的环境，学生在学校受的是循循善诱的教育，而酒店对过失是毫不讲情面的惩戒管理。因此，从学校到酒店，大学毕业生要随之转变思想，调整心态，做好迎接各种挫折的思想准备。

## 二、心理素质对大学生择业的影响

心理素质对大学生择业的影响主要体现在以下 4 个方面。

### （一）气质对择业的影响

气质是人的典型的、稳定的心理特征。心理学家把气质分为多血质、胆汁质、黏液质及抑郁质 4 种类型。不同气质类型的人在生活和工作中会表现出不同的心理活动和行为方式。气质没有好坏之分，对人的智力发展和成就高低不起决定性作用，但是对人的职业有一定的影响。

- 多血质。多血质的人活泼、好动，反应灵敏，喜欢与外人交往，兴趣和情趣容易变换，对任何事情都有兴趣。但兴趣广泛容易变化，注意力易转移，情绪波动大，一旦遇到困难，容易灰心丧气。多血质类型的大学生，一般适合从事外交、公关、管理、纺织、服务、医疗、法律、体育等工作。例如，企业家、教师、医生、律师、军人、推销员等职业。
- 胆汁质。胆汁质的人精力旺盛、脾气急躁、容易冲动，心境变换剧烈，反应迅速，但缺乏自制力和耐性。胆汁质类型的大学生适合于难度较大，需要随机应变的工作，不适合稳重，细致的工作。一般可以选择演员、外交接待人员、导游、导演、飞行员、宇航员、节目主持人、演讲者等职业。

◆ 黏液质。黏液质的人安静稳重、沉默寡言，显得庄重，思维、语言、行动都显得迟缓，情绪兴奋点较低，感情不易外露，注意力不易转移，坚韧、执着、淡漠，自我控制力较强。但是容易因循守旧，不愿意改变旧习惯去适应新环境。黏液质类型的大学生不适合从事那些变化多端、随机应变的工作，适合做有板有眼、需要忍耐力和持久力的工作。一般可以选择秘书、护士、化验员、资料员、出纳员、保管员、话务员、会计师等职业。

◆ 抑郁质。抑郁质的人孤僻、行动迟缓，善于观察他人不易觉察的细节，情绪体验深刻、细腻、持久，但处事谨慎，性格腼腆，难以承受心理上较大的负担，面对困难总是畏缩不前。优点是兴趣专注、不易转移、善于忍耐。抑郁质类型的大学生不适合那些变化多端、当机立断的工作，适合耐心细致、脚踏实地的工作。一般可以选择法官、外科医生、档案管理员、打字员、排版员、化验员、雕刻师等职业。

提醒

不同职业对人的气质有特定的要求，如医务人员要求耐心、细致；飞行员要求机智灵敏、注意力集中等特点。气质具有相对稳定性，纯粹属于某一气质类型的人极少，大部分人都是几种气质类型兼具的混合体。因此，大学生在择业时要注意扬长避短。

### （二）性格对择业的影响

性格是个性心理中表现最明显，也是最重要的心理特征，一个人的心理特征主要从其对事物的态度和习惯化的行为方式表现出来。性格的分类方法很多，常见的是分成内向型和外向型两大类。

◆ 内向型性格的特点：慎重、自我克制、乐于独处、反省、固执、深思、孤独、自尊心强、不喜欢与人交往、少言寡语、富有责任感、有耐心、较稳重等。内向型性格的大学生适合的职业有：科学研究员、报刊编辑、银行职员、会计、打字员、考古研究员、电话员、档案管理员、地质勘探员、图书管理员等。

◆ 外向型性格的特点：大胆、果断、爽快、大方、活泼、乐于与人交往、灵活、随和、坦率、自信、冒失等。外向型性格的大学生适合的职业有：政治家、社会活动家、公关人员、律师、商人、商品销售、导游、时装模特等。

大多数人是偏向于某种类型或属于中间类型，在择业时，要善于把自己的性格特点和职业特点结合起来考虑，有利于更好地发挥个人的性格优势和潜能，从而避免性格的不足对择业产生的不良影响。

### （三）兴趣爱好对择业的影响

兴趣是最好的老师，它对人的发展有一种神奇的力量。当一个人对某种职业感兴趣时，就会对该种职业活动表现出肯定的态度，并全身心地投入其中，然后调动自己最大限度的潜能，从而获得工作的快乐。反之，被强迫做自己不愿意做的工作，对精力和才能都是一种浪费。

人的兴趣千差万别，有的兴趣在于运动，有的兴趣在于思考。不同的兴趣使人对不同的职业产生不同的态度。兴趣与职业的联系如下。

- ◆ 喜欢做有规律的工作，愿意按常规、有秩序地进行活动的人。可以选择考虑的职业有：图书管理员、档案整理员、打字员、统计员等工作。
- ◆ 喜欢与人打交道，对信息传播、推销、采访等活动有兴趣的人。可以选择考虑的职业有：推销员、记者、教师、服务员、行政管理人员等工作。
- ◆ 对分析、推理、测试等活动感兴趣，喜欢做研究的人。可以选择考虑的职业有：工程技术人员、化学家、生物家、地质学家、侦察员等工作。
- ◆ 不喜欢与人交往，愿意做具体事情的人。可以选择考虑的职业有：工程技术人员、制图人员、设计师、勘探师、建筑师、会计等工作。
- ◆ 喜欢进行操作，动手能力强，对零件、机械感兴趣的人。可以选择考虑的职业有：驾驶员、机械制造师、石油勘查员等工作。
- ◆ 喜欢指挥和管理，有组织协调能力、喜欢获得众人尊敬和获得声望的人。可以选择考虑的职业有：行政人员、导演、班主任、辅导员等工作。
- ◆ 喜欢创造性工作，善于抽象思维，有想象力和创造力的人。可以选择考虑的职业有：科学研究员、经济分析师、新产品开发人员等工作。
- ◆ 乐于帮助人，具有同情心的人。可以选择考虑的职业有：医生、护士、律师、咨询员、福利员、科技推广员等工作。
- ◆ 有艺术感，喜欢完成具体工作，善于欣赏和思考的人。可以选择考虑的职业有：美容师、装潢设计师、园林设计师、版面设计员等工作。
- ◆ 对人及人的心理和行为感兴趣，喜欢研究人的问题的人。可以选择考虑的职业有：心理咨询师、教师、人力资源等工作。

在职业选择过程中，能够充分考虑自己的兴趣爱好是十分重要的。当代大学生应当注意培养多方面的兴趣爱好，广泛的兴趣可以促使人们注意和接触多方面的事物，为自己选择职业创造更多有利的条件。

**（四）能力倾向对择业的影响**

人的能力一般可分为技能（现有的突出能力）和倾向性能力（经过培训可能获得的技能）两种。心理测验表明，人的各种能力是有差异的，有人擅长语言、有人擅长操作、有人擅长实践。研究表明，倾向性能力和职业选择有如下规律。

- ◆ 数理逻辑能力强，有一定的模仿能力、观察能力和创造能力的人，适合从事理论研究、大学教师、审计、统计等工作。
- ◆ 组织管理能力强的人，适合从事机关公务员、教师、编辑、导演等工作。
- ◆ 记忆能力、模仿能力、操作能力强的人，适合从事建筑、装潢、制造、维修、试验、保管等工作。
- ◆ 思维敏捷、反应迅速、注意力集中的人，适合从事法官、警察、律师、驾驶员等工作。
- ◆ 形象思维能力、表达能力、写作能力、观察能力、社交能力强的人，适合从事教师、记者、翻译、导游、推销员、律师等工作。
- ◆ 具有特殊能力的人要根据其特长选择职业，如舞蹈、杂技、戏曲、美术、音乐等工作。

大学生在选择职业时，不能好高骛远，单从兴趣爱好出发，要实事求是地检测自己的学识水平和职业能力是否能够适合做某项工作。

## 三、大学生应具备的心理素质

心理素质作为评估人才综合素质的重要一环，越发引起用人单位的关注，而大学生群体作为推动社会进步的核心力量，需要具备良好的心理素质。

**（一）正常的智力水平**

正常的智力水平是人们正常学习、生活、工作的最基本的心理条件，也是大学生顺利实现就业最基本的心理保证。

丰富的知识和正常的智力水平有助于心理素质水平的提高。大学生要充分利用在校期间的学习机会，努力学习，并在学好专业技能的同时，加强综合素质的培养。丰富的知识基础，善于创造的思维能力，开阔的眼界，科学的理念，必然可以培育出良好的心理素质，对大学生的择业将产生良好的影响。

**（二）良好的情绪情感**

情绪和情感都是人对客观事物所持的态度体验，只是情绪更倾向于个体基本需求欲望上的态度体验，而情感则更倾向于社会需求欲望上的态度体验。简单地讲，情绪是人的生理反应，主要表现为喜怒哀乐等。情感是人对客观事物是否满足自己的需要而产生的态度体验，主要表现为爱、恨、幸福、厌恶等。大学生培养良好的情绪情感，有利于在择业过程中发挥自己的特长和优势。

大学生正处于青春期，充满了活力与朝气，但情绪不稳定，容易激动。与中学生相比，大学生已经具有一定的调节和克制自己的情绪情感能力，但较之成年人仍显得动荡多变，极不稳定，这种状态对其择业是很不利的。大学生只有在良好的情绪下才能有效地进行思考和行动，充分发挥自己的才智。

**（三）坚强的意志品质**

意志是一个人成才的重要心理条件，也是求职择业时必须具备的心理素质，坚强的意志是通向成功大门的钥匙。在大学生就业的过程中，不论是主观还是客观原因，都会遇到各种各样意想不到的矛盾和困难，如果没有坚强的意志，就会产生心理压力，造成心灰意冷、彷徨苦闷、摇摆不定等情况。

大学生可以通过以下几种途径来培养自己的意志品质。

◆ 学会在活动中清楚地认识到自己的行为目的和社会意义，自觉克服困难，排除干扰，勇往直前。
◆ 学会在活动中适时果断地下决心，提高对事物的判断力和敏感性。
◆ 学会在意志行动中正确支配和控制自己的行为和情绪。
◆ 面对多种动机时，能够分清轻重缓急，分清主要矛盾和次要矛盾，主动排除干扰、确保达到预期目的。
◆ 要在行动中具有不怕困难，不达目的绝不罢休的意志品质。

# 第三节　大学生职场情商的培养

大学生踏入职场的那一刻，就不再是大学生了，而是职场新人。作为一名新人，有很多东西需要学习，而首先要学习的就是如何提高情商。情商是一个人感受、理解、控制、运用和表达自己及他人情感的能力，情商很大程度上影响着一个人的成功。它在职场中起着十分重要的作用，且占据重要的地位。

## 一、职场情商的含义

职场情商，就是一个人掌控自己和他人情绪的能力在职场中的具体表现，侧重于对自己和他人的工作情绪的了解和把握，以及如何处理好职场中的人际关系。

正所谓“智商决定录用，情商决定晋升”，职场情商是一个职业人士不可或缺的素质，是我们在职场获得成功的关键。在职场中，情商高低有时甚至会左右工作成效。因此，打造职场情商是人们在新世纪不可或缺的必修课。

## 二、职场情商的重要性

大家都知道，在职场中有时情商往往比智商还重要。那么，情商到底在职场上有多重要呢？

有项调查结果显示，一个人的智商和一个人的情商对他工作上的贡献比为 1:2，从这个方面看，情商的重要性是智商的两倍，而且职位越高，情商与智商的贡献比例就越大，一般是 1:4～1:6。由此可见，成功人士不一定是高智商，但一定是高情商的。

图 4-1 可在一定程度上展现情商在职场中的重要性。

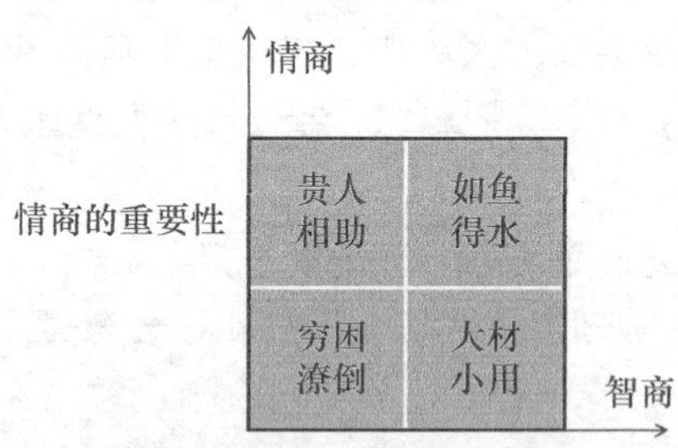


图 4-1 情商在职场中的重要性

## 三、大学生提高职场情商的法则

对于初入职场的大学生来说，由于职场情商的缺乏，在工作中容易犯错误、碰钉子。要想避免这些现象的出现，就需要掌握提高职场情商的一些基本法则，如认识自我、学会控制情绪、不怕吃亏、注重细节、学会多赞美别人、保持低调、学会沟通等，为今后成为一名成功的职业人而积极做好准备。

### （一）正确认识自我

职场情商，既然关系到人际关系，就必然存在一个角色定位的问题，即面对什么人，自己又处于什么样的一个角色，这就是通常所说的认识自我。如果对自我认识不清，那么很有可能对人际关系的处理就不到位，对待领导不像对待领导，对待同事不像对待同事，有时甚至会影响到客户对自己单位的形象认知。

**（二）学会控制情绪**

职场情商中，最重要的就是要学会管理自己的情绪，洞悉人心，并调整自己的心理，张扬好情绪，收敛坏情绪，从而赢得别人的认可和尊重。

每一个心智正常的职场人，肯定都不愿意跟别人发生冲突，更不愿意为别人的情绪买单，所以，职场人都希望自己能跟别人保持良好的人际关系。那些能成大事的人，往往是理智型的，而不是情绪化的。

**（三）不怕吃亏**

很多人都怕吃亏，尤其是大学生。在面对利益冲突时，往往盲目地以自我为中心，去躲避这种伤害。但是不要忘记，在职场上，虽然存在竞争，但它是一个利益共同体。你吃了一点亏，却能赢得别人的尊重，而这些尊重往往是不能以金钱来衡量的。

一定要记住一句话“吃亏是福”，我们不要为了一点点蝇头小利，就让自己未来的发展道路崎岖难行。

阅读材料

### 吃亏，有时真的是福

张杨洋是一家公司的销售总监，他能走到今天这一位置，全靠他不怕吃亏、义无反顾的精神。

张杨洋历经周折，好不容易才进入现在的公司工作，他非常珍惜这个工作机会。他刚进公司半年时间，公司为了扩大规模，决定在甘肃开拓新市场。公司里所有的员工心里都明白，甘肃条件艰苦，如果发展得好，最多也就得到跟现在差不多的待遇；但是如果发展不好，可能几年的努力就全白费了。公司里没有哪一个员工想去。此时张杨洋主动站了出来，表示愿意去甘肃，并向领导保证，他不把甘肃的市场开拓出来就不回来。领导被张杨洋的勇气和自我牺牲精神打动了，直接升任他为部门经理，并给他权力和资金，让他好好把西北部市场做好、做大。

同事们都觉得张杨洋的做法非常不明智，开拓一块新市场，尤其是甘肃市场，快则3年，慢则要5年以上，而要是留在公司总部发展，机会可能更多，何必再出去吃苦、受累呢？但是，张杨洋从不后悔自己的决定，他到了甘肃后，积极开动脑筋，不怕吃苦受累，仅仅用了两年的时间，就把甘肃市场开发出来了。虽然业绩只有公司总部的十分之一不到，但了不起的是，份额却占当地的第一。而张杨洋此时的收入只有总部同等级别经理的一半。就在大家都嘲笑他时，老总却把他召回了总部，并把总部销售总监的位置给了他。

张杨洋虽然表面上吃了亏，但他的前途却因此而广阔了。

本案例中，张杨洋去甘肃开拓新市场，这件事情表面上看，不仅自己的收入无法保证，甚至连晋升机会也比别人少很多。但是他心甘情愿地做，没有退缩，并深信吃亏也是一种磨炼，越是别人不敢干、不愿干，才越能体现出他的坚强意志和才干。

### （四）注重细节

在人际关系的处理上，细节的处理非常微妙，也非常重要，能体现出一个人职场情商的高低。注重细节，则会表现出对他人的一种关心和重视，能增进人和人之间的感情。

阅读材料

#### 细节决定成败

有一家刚起步的“飞轮达”快递公司，它的投递员从城南赶到城北已经是满头大汗、气喘吁吁了。但是，为了保证流感时期客户的安全，公司规定快递员在接见每一个客户时都要戴上口罩，然后，双手捧起快件递到客户手中，说声“让您久等了，请把快件收好”。小小的“飞轮达”快递公司以其守信和特别的细节——口罩，赢得了客户的信任，一时之间，闻名遐迩。

### （五）学会多赞美别人

在与同事相处的时候，多发现别人的优点、长处，多赞美别人，这样会让自己与同事相处融洽，会让自己工作更容易开展。

### （六）保持低调

有些年轻大学生，为了彰显个性和能耐，总喜欢炫耀自己、显摆自己，他们以为这样就能获取别人的尊重。殊不知，这样是最令人反感的，没有人喜欢听一个尚未成功的人的故事。所以大学毕业生一定要小心谨慎，保持低调。这也是大学生体现自己具备良好职场情商的重要手段。

### （七）学会沟通

几乎所有招聘广告中都会强调应聘者应具有善于沟通的能力，这也正说明了沟通是职场中必不可少的一部分。很多老板有时候，宁可招一个专业技能一般但沟通能力较为出色的员工，也不愿招来一个整日独来独往、我行我素的“独行侠”。

能够与客户、同事、领导进行流畅沟通，可以体现一个员工的职场情商，同时，学会沟通也是培养职场情商的重要原则。

阅读材料

#### 不要将自己封闭

小墨今年刚毕业，在一家广告公司上班，他性格内向，平时也不太爱说话。因此短时间里，他和同事也不熟，工作中一旦遇到问题，他都是按照自己的个人看法，主观臆断地处理问题。

有一次，经理交给他一个任务，要他为公司即将上市的新产品做一个宣传海报，小墨将相关产品信息复制进U盘后就赶去制作公司。来到制作公司后，对方的设计人员问小墨想做成哪种形式，何种价位，打算何时投放等一系列问题，小墨听后，整个人都傻了，由于他之前完全没有和上级沟通过，因此全都答不上来。这时，他只好硬着头皮拨通了经理的电话，问清楚海报的制作要求后，经理把他训斥了一顿。小墨心里难受，但也无话可说。

回到公司，同事张晓跟他聊天，说到：其实人际交往和工作一样，你要主动一点，如果你不去沟通，别人就无法理解你的想法。如果你事前把海报的相关要求问清楚了，也不至于让经理后来大发雷霆，而且领导训斥完后，你也要有回应呀，万不可一声不吭，这样会让领导以为你懒得理他。小墨听了张晓的一番话后，顿时觉得自己在职场上要学习的东西太多了。

大学生进入新的工作岗位，通常会对周围的环境产生一些抵触情绪，不愿与他人沟通和交流。但是到了工作岗位，就不再像是校园里面的单打独斗，而是一个团队的协作。既然是团队就会遇到很多人和事，无论是什么事情，只要去沟通，大事也会变成小事。如果不去沟通，那么小事就会变成大事。

**（八）谦虚做事**

在职场上，很多工作需要他人的协助和支持才能完成，或者是由一个团队共同完成。作为团队一员要谦虚做事，多听取大家的建议和意见，这对自己的职业成长是很有帮助的。

**（九）让别人有舒适感**

如果把所有与人际关系中相关的知识凝聚为一句话，那就是：所有人都希望被重视，都渴望被认可。

因此，当别人犯错时，别急着横加指责，更不要私下讨论；当别人遇到难关时，提供力所能及的帮助会让人心存感激，但不能因此走向极端——试图去讨好任何人。试图讨好所有人，不仅会让自己疲劳，更是一件没有尽头的苦差事。

**（十）泰山崩于前而色不变**

我们每天都有可能遭遇各种意料之外的事情，不管是在生活上，还是工作中。有的事情常常出乎控制，此时，我们会着急、焦虑、感到无助，甚至想要放弃。但是，请记住，没有一件事重要到如果搞砸了就会天崩地裂的程度。

当坏事发生时，别忙着“追责”，那只会让自己陷入不良情绪之中，应该先想想如何“善后”，怎样让事情变得没那么糟。当局面转好后，心情也会随之渐渐平静。在职场中，那些不论发生什么情况，总能心平气和，照顾他人情绪，找出解决之道的人，会渐渐赢得别人的尊重和信任。

**（十一）保持和谐**

俗话说：“家和万事兴”。这句话同样可以映射到职场上，一个成功的团队，必然是一个和谐的、团结的团队。

与领导保持和谐，与同事保持和谐，这些都是支持一个人走向成功的必要条件。而如何妥善处理职场中的各种关系，往往取决于职场情商的高低。有时一个小小的转变，说不定就能让你在职场中找到如沐春风的感觉。

阅读材料

### 和谐关系很重要

康元担任销售员已经一年多了，现在不仅业绩有了一些起色，而且还建立了很多关系网，可以说是顺风顺水。就在他打算在公司大显身手的时候，意外情况发生了，以前刚进公司就带他的“师傅”陈明德由于最近业务繁多，有时一个人忙不过来，需要找一个帮手，自然康元就成了他的首选。想到毕竟是曾经帮助过自己的“师傅”，康元也不好意思拒绝，于是就挤出自己的时间来帮助“师傅”维系客户。

在帮忙的最初一个月时间里，康元也没说什么，可是后来，需要帮助“师傅”的时间越来越长，为此耽误了自己客户的业务。不仅如此，“师傅”的客户还心安理得地使唤康元，对康元的要求是越来越多，最关键的是，这些业务量都算在“师傅”的名下，自己是一分没挣着。康元觉得自己是又累又挣不到钱，真是不值当。但是他又不知道该怎么跟“师傅”说，怕说不好会得罪自己的“师傅”。这事一直让康元头疼。

真是不好的事都赶在一起了，家里的妻子因为身体不好住院了，而且还需要一笔手术费，这让本来就没多少业务量的康元真是雪上加霜，他只能向亲戚借钱。手术是顺利过关了，可是“师傅”的事情，让康元辗转反侧。他现在急需用钱，一定要想一个两全其美的办法和“师傅”说明。

第二天一大早，康元到了单位见到师傅后说：“师傅，最近有个问题一直困扰着我。家里妻子的手术费是借的，这您是知道的，现在人家催我还账了，您也是知道的。可是我的业务量本来就不多，拿什么还人家啊。这个问题您看能帮我想想办法吗？”师傅听后无言以对。其实康元的弦外之音，师傅马上就听了出来。但是又一想，康元说的也是实情，自己确实占用了他不少的时间。面对这个问题，师傅只有两个选择，要么帮康元解决这个问题，把自己的客户分出一部分给康元打理；要么从今儿起，就不再这么使唤康元了。

康元趁热打铁，又接着说：“师傅，您看这样行不行，我愿意帮您打点客户，但您能不能把您忙不过来的客户让我也参与一下，就算是您帮我这个徒弟了。”自知理亏的师傅很乐意地答应了康元的提议。毕竟康元也算是自己带过的，算是半个徒弟。就这样，康元在不得罪师傅的前提下，不仅增加了自己的业务量，还很好地保持了和谐的同事关系。

在职场中，新人被老同事不计报酬地使唤来使唤去是常事，作为职场新人如何才能在不得罪对方的前提下，又可以不听对方的使唤？这就是考验职场情商的时候了。本案例中，主人公康元，如果再不采取点措施，很可能会将两个人的关系搞僵，最后甚至可能是针锋相对。而康元将自己的苦恼抛给对方后，对方自知自己的行为虽够不上恶劣，但也不是什么光彩事。于是，只能答应康元的要求，这样才保持了双方和谐的关系。

## 第四节 评估与分析

面对就业市场的激烈竞争，大学毕业生经历的不仅是就业的考验，更多的还要承受各种各样心理的测验。现在，大学生已成为心理弱势群体，心理处于不健康或亚健康状态的学生约占50%。就目前的现状来看，大学生心理问题的主要表现是：自闭、抑郁、焦虑、偏执等。针对某些心理问题，我们可以通过相应的测试来分析和评估，从而对症下药，有效地将不良心理转变成健康心理。

焦虑自评量表（Self-Rating Anxiety Scale，SAS）是由 William W.K.Zung 编制而成的，从量表构造的形式到具体评定的方法，都与抑郁自评量表（SDS）十分相似，它也是一个含有 20 个项目，分为 4 级评分的自评量表，适用于具有焦虑症状的成年人，仅用于疗效评估而非诊断。下面我们通过 SAS 来测试焦虑度，可以供广大学生参考。

评分等级：SAS 采用 4 级评分，主要评定项目为所定义的症状出现的频率度，其标准为："1"表示没有或很少时间有；"2"是小部分时间有；"3"是相当多时间有；"4"是绝大部分或全部时间都有。

计算方法：20 个项目得分相加即得粗分（X），经公式换算，即用粗分乘以 1.25 以后取整部分，就得到标准分（Y）。

SAS 的条文及所希望引出的症状如下。

（1）觉得比平常容易紧张和着急（焦虑）。

（2）无缘无故地感到害怕（害怕）。

（3）容易心里烦乱或觉得惊恐（惊恐）。

（4）觉得自己可能将要发疯（发疯感）。

（5）觉得一切都好，也不会发生什么不幸（不幸预感）。*

（6）手脚发抖打颤（手足颤抖）。

（7）因为头痛、颈痛和背痛而苦恼（躯体疼痛）。

（8）感觉容易衰弱和疲乏（乏力）。

（9）觉得心平气和，并且容易安静坐着（静坐不能）。*

（10）觉得心跳很快（心悸）。

（11）因为一阵阵头晕而苦恼（头昏）。

（12）有晕倒发作或觉得要晕倒似的（晕厥感）。

（13）呼气、吸气都感到不容易（呼吸困难）。*

（14）手脚麻木和刺痛（手足刺痛）。

（15）因为胃痛和消化不良而苦恼（胃痛或消化不良）。

（16）常常要小便（尿意频繁）。

（17）手常常是干燥温暖的（多汗）。*

（18）脸红发热（面部潮红）。

（19）容易入睡并且一夜睡得很好（睡眠障碍）。*

（20）做噩梦（噩梦）。

提醒

在焦虑自评量表的20个项目中，有15个是正向评分题，依次评分为1分、2分、3分、4分；有5个为反向评分题，即第5、第9题、第13题、第17题、第19题，这些题目后面都带有*符号，依次评分为4分、3分、2分、1分。

评定结果分析：按照国内常规结果，SAS 标准分界值为 50 分，其中 50～59 分为轻焦虑；60～69 分为中度焦虑；69 分以上为重度焦虑。

CHAPTER 05

# 第五章　大学生就业途径与求职方式

**学习目标**

熟悉大学生就业的主要途径

掌握大学生求职的不同方式

**案例导入**

曾晓云是某学院工商与企业管理专业的本科生，即将毕业的她早早地将自己毕业后的生活全部计划好了。曾晓云在考研、自主创业和求职就业的 3 个选项中，最终选择了求职就业。为此，她在临近毕业的半年时间内，便开始有意识地了解有关大学生的就业政策，并通过学校毕业生就业指导中心、各类招聘会、网络招聘等途径关注就业信息。

幸运的是，曾晓云通过学校毕业生就业指导中心，获得了一家自己心仪已久的招聘信息。那是一家合资的贸易公司，计划招聘一名行政秘书，晓云挺喜欢这个职位，并很快向该公司发出了自己的求职简历。3 天后，曾晓云就收到了那家公司的面试通知。

收到通知的曾晓云立即上网认真地了解该公司的相关信息，并在面试前早早准备好了相关的自荐材料，如成绩单、荣誉证书等。面试的当天早上，曾晓云做了充分的准备，并提前 20 分钟到达了指定的招聘现场。一进公司，晓云就突然不由自主地紧张起来，当她还没回过神时，一位很有礼貌的招聘工作人员对她笑着说："您是来应聘的吧，这边请"。曾晓云跟随她来到了一间等候室，不一会儿，晓云就被告知轮到她面试了。

曾晓云整理了一下衣服，平复了一下心情，之前的紧张情绪也完全消失了。第一轮是简短的英文面试，由于晓云曾经在校经历过类似的口语测试，因此她对自己还是很有信心的。果然不出所料，在回答完面试官最后一个问题后，面试官让晓云到另一间会议室等候接下来的笔试。

成功通过口语面试后，曾晓云信心倍增。等待开考的 30 分钟很快就过去了，第二轮的笔试正式开始。曾晓云接过试卷，并没有感到紧张或害怕，反而更加沉着冷静。她按照自己的答题节奏，有条不紊地作答，很快晓云就在规定的时间内提前完成了测试。此时，她才看了看旁边的考生，他们都还在埋头苦算。一周后，贸易公司给曾晓云发来了录用通知，还要求她尽快与公司签订协议并接受上岗培训。曾晓云也着手开始办理离校手续，并持毕业生报到证到自己心仪的公司上班去了。

**启示** 大学生就业的途径很多，既可通过市场就业，又可通过公务员考试，还可以通过自主创业等途径完成就业。其中，市场就业是目前高校毕业生的一种主要就业途径，因此，在进入就业市场前，大学生要了解相关的就业政策和用人单位的招聘程序，收集、处理就业信息，做好就业前的准备。

曾晓云的就业经历对即将毕业的大学生来说是可以借鉴的，大学生应未雨绸缪，做好各项就业准备，并遵循一定的就业流程，然后通过多种途径来促成就业。

# 第一节 大学生就业途径

自“分配工作”落下历史的帷幕之后，便开始了“自主择业，双向选择”的就业形式，大学生的就业途径由单一化走向多样化。下面分别介绍现在大学生就业的主要途径。

## 一、即时就业

即时就业是指大学生在毕业之前，通过学校推荐或自行参加招聘会，与用人单位签订《就业协议书》，毕业时即到签约单位就业的方式。即时就业在当前的就业环境下，对于提高大学生的自信心，积累工作经验都是很有帮助的。

目前，大学毕业生实现即时就业的方式也呈现出多元化趋势，主要表现为以下两种。

### （一）自主择业，双向选择

供需见面会（双选会）是毕业生择业的重要方式。每年 3~4 月、11 月各高等院校陆续开始举办用人单位和毕业生供需见面会，毕业生和用人单位经过双向选择相互确定后，签订《就业协议书》；或者毕业生直接进入用人单位实习，待正式毕业后，正式签订劳动合同，成为该用人单位的正式员工。

**提醒** 大学生可以通过人才市场、网上招聘平台找到用人单位，通过发送简历的方式，让用人单位了解自己的具体情况，然后再根据用人单位发出的面试邀请参加对方的面试活动，完成应聘过程。

### （二）参加国家公务员考试，被录用就业

我国对国家机关行政人员实行公务员制度，国家每年都会招考公务员，因此报考国家公务员也成为部分大学生就业的渠道之一。

国家行政机关录用公务员，采取公开考试、严格考察、平等竞争、择优录取的办法。国家公务员录用考试包括笔试和面试两个环节。考试的内容根据公务员应具备的基本能力和不同职位类别分别设置。一般考试内容包括公共科目和专业科目，其中公共科目包含《行政职业能力测验》和《申论》；专业科目依据不同职位类别分别设置。

随着就业形势的严峻，以及公务员工作的相对稳定等特点。当前，参加公务员考试的大学生越来越多，竞争也越来越激烈，甚至出现数千名考生竞争一个岗位的现象。

## 二、延时就业

延时就业是指大学生在毕业时，暂时未找到满意的工作，或由于其他原因暂缓找工作或先回家庭所在地，然后再就业的就业方式。

对最终需要踏上工作道路的大学生来说，可以延时就业，但不能一直延时。对于大学生来说，未及时就业，容易给别人留下“就业期望值过高”或者“自身素质不强”的印象。

有的大学生在择业过程中存在“等”“靠”思想，导致“延时就业”，形成“不就业” 的情况，只好回家依靠父母积蓄，过“啃老族”的生活。

阅读材料

### 考研，还是就业

高佳成的家在四川凉山的一个小镇上，4年前考入成都一所高校学习“计算机科学与技术”专业。4年的大学生活在懵懵懂懂中过去，高佳成发现曾经热门的专业在职场上开始有点“水土不服”。

就业难是现在大学生所面临的严峻问题，因此大四上学期，高佳成就开始找单位实习，为毕业后找工作做准备，结果发现还是晚了。同寝室的好友，从大二开始就在当地的一家科技公司实习，可是几年下来“留下的希望不大”。高佳成自己也投了无数份简历，经历了多次面试，也积攒了不少经验，可工作依然没有着落。现在，但凡好一点的单位，就算招个助理岗位，都要求本科以上学历，想找个专业对口、好一点的单位，没有研究生学历，想都别想。于是，高佳成准备考研，延时就业。

随着高校扩招，每年涌入社会的应届毕业生不断增加，在随之带来的就业压力下，选择考研的人会越来越多。但是成功考研，3 年后的就业形势就真能好点吗？到时候就真能找到好工作吗？从本例中，我们可以看出主人公，高佳成存在逃避就业的思想，其实，她可以退而求其次，先找一个小公司工作一段时间，多积攒点职场工作的经验，说不定以后的发展前景会比在大公司更好。

## 三、自主创业

自主创业是指大学生毕业后不是“寻求”工作，而是选择自己或与他人合作创办公司。自主创业已成为目前大学毕业生一种新的就业途径。它将大学生从一个雇员提升到雇主的位置，同时也对大学毕业生的知识、能力和综合素质等方面提出了更高的要求。

相对来说，要实现自主创业，大学生应首先自我认知并培养科学规划、团队管理、谈判、处理突发事件、学习、社会交往等多种能力。

为支持大学生自主创业，国家各级政府出台了很多优惠政策，涉及融资、开业、税收、创业培训、创业指导等诸多方面。根据国家有关规定，应届大学毕业生创业可享受免费风险评估、免费政策培训、无偿贷款担保及部分税费减免 4 项优惠政策。

## 四、升学深造

升学深造主要包括参加研究生考试、普通高校专升本考试、成人高考、对口升学考试、高等教育自学考试等。大学生通过深造，一方面可以提高自身学历层次；另一方面也能缓解社会就业压力。但是无论是就业还是升学，都要理性选择，不可盲目跟风。每个大学生的学习、身体、经济等方面的条件都是不同的，关键是要结合自己的情况，以及未来职业规划，做出适合自己的选择。不管选择就业还是升学，都必须要摆正位置，调整心态，只有这样才有利于自身的发展。

## 五、国家项目就业

国家项目就业是指大学生通过参加国家、地方就业项目来完成就业的一种方式。如大学生服务西部志愿者、“三支一扶”计划、选聘毕业生到村任职等。这些项目不仅可以解决当前就业的难题，而且还可以让“高知阶层”深入农村，成为发展边远地区、缩小城乡差别和区域差别、促进社会全面协调发展的长远战略。

### （一）大学生服务西部志愿者

从 2003 年开始，按照公开招募、自愿报名、组织选拔、集中派遣的方式，每年招募一定数量的普通高等学校应届毕业生，到西部地区从事 1 ~ 3 年的教育、卫生、农技、扶贫及青年中心建设和管理等方面的志愿服务工作。

志愿者服务期满后，鼓励其扎根基层，或者自主择业和流动就业。参加的志愿者完成工作后有很多政策的优惠。

- 服务期间，中央财政给予必要的生活补贴（含交通补贴和人身意外伤害、住院医疗保险）。
- 服务期间，计算工龄，党团关系转至服务单位。本人要求户口和档案保留在学校的，服务期间，可兼职或专职担任所在乡镇团委副书记、学校及其他服务单位的管理职务，在此期间，档案管理机构对保管其档案免收服务费用；本人要求将户口转回入学前户籍所在地的，公安机关按照规定为其办理落户手续，人事、教育部门所属人才交流机构负责办理相关手续，人事部门所属人才交流服务机构免费提供人事代理服务。服务期满落实工作单位后，公安机关按有关规定办理户口迁移手续。
- 服务期满考核合格，在服务期满后 3 年内报考硕士研究生，可享受初试总分加 10 分的政策；在同等条件下招生单位优先录取。在报考时须出具全国大学生志愿服务西部计划项目管理办公室统一制作颁发的《大学生志愿服务西部计划志愿服务证》、《志愿服务鉴定书》和服务单位证明。
- 志愿者服务期至少满 1 年且考核合格的，可以应届高校毕业生身份报考公务员。报考中央机关和东、中部地区公务员的，同等条件下，优先录取；报考西部地区公务员的，笔试总分加 5 分，同等条件下优先录取。

◆ 服务期为 1 年，服务期满考核合格的，授予中国青年志愿者铜奖奖章；服务期为 2 年，服务期满考核合格的，授予中国青年志愿者银奖奖章，表现优秀的授予中国青年志愿者金奖奖章。表现特别优秀的推荐参加中国青年志愿五四奖章、中国十大杰出青年、中国十大杰出青年志愿者、国际青少年消除贫困奖等评选。

2011 年西部计划设置基础教育、农业科技、医疗卫生、基层青年工作、新疆专项、西藏专项和基层社会管理 7 个专项。其中，基础教育、农业科技、医疗卫生分别为原支教、支农、支医专项的更名，并将团中央、教育部组织实施的“青年志愿者扶贫接力计划研究生支教团”项目纳入基础教育专项实施，保留基层青年工作专项；根据中央关于援疆、援藏工作的要求及新疆、西藏经济社会发展的实际要求，新设服务新疆、服务西藏专项。新设基层社会管理专项，围绕西部基层社会公益、社会保障、社会福利、法律援助、扶贫开发、金融开发等公共服务需求及党政、司法、综治等工作需要开展服务。

◆ 基础教育：在县乡中小学从事教学及教学管理工作。本专项包括研究生支教团。

◆ 农业科技：在县乡农业（林业、牧业、水利）技术单位从事农业科技工作。

◆ 医疗卫生：在乡镇卫生院及部分县级医院、防疫站从事医疗卫生工作。

◆ 基层青年工作：在县级团委从事加强团的基层组织建设、促进青年就业创业、预防青少年违法犯罪、维护青少年合法权益等工作。

◆ 新疆专项：围绕新疆和兵团经济社会发展需要，在基层单位从事基础教育、农业科技、医疗卫生等服务。

◆ 西藏专项：围绕西藏经济社会发展需要，在基层单位从事基础教育、农业科技、医疗卫生等服务。

◆ 基层社会管理：围绕西部基层社会公益、社会保障、社会福利、法律援助、扶贫开发、金融开发等公共服务需求及党政、司法、综治等工作需要开展服务。

2018 年将继续稳步实施基础教育、农业科技、医疗卫生、基层青年工作、基层社会管理、服务新疆、服务西藏 7 个专项。巩固服务新疆、西藏专项成果。深化研究生支教团工作和扩大基础教育专项规模，提升支教扶贫实效。

**（二）“三支一扶”计划**

2006 年，启动高校毕业生“三支一扶”计划，即“支教、支农、支医和扶贫工作”计划。每年选派部分高校毕业生到基层从事支教等服务，服务期一般为两年。近年，报名参加“三支一扶”计划的高校毕业生人数呈逐年上升趋势，部分岗位竞争激烈，如安徽、四川的报名人数增长比例分别为 24%、48%，岗位竞争平均比例已提高至 1:20 左右，其中到中西部地区服务的人数占比达 82%。截至 2017 年，累计选拔“三支一扶”人员已超过 30 万名，有效缓解了基层人才缺乏局面。

该计划的招募原则和程序如下。

（1）汇总计划。每年 4 月底，省级工作协调管理办公室收集、汇总乡镇一级教育、农业、卫生、扶贫等基层岗位需求信息，并上报全国“三支一扶”工作协调管理办公室，同时面向社会公开发布。

（2）组织招募。每年5月底，各地根据下达的招募计划和实际情况，采取考核或考试的方式进行招募。

（3）人选确定。经审核、体检确定人选后，省级工作协调管理办公室要组织“三支一扶”大学生签署《高校毕业生“三支一扶”计划申请书》，并于每年6月底将“三支一扶”大学生名单上报全国“三支一扶”工作协调管理办公室备案。

（4）培训上岗。各地要组织“三支一扶”大学生进行上岗前的集中培训，培训内容主要是党和国家有关基层工作特别是农业、教育、卫生、扶贫方面的方针政策、本地区基层工作的现状、拟服务单位和岗位的基本情况、乡镇共青团有关工作业务等。每年7月底前派遣“三支一扶”大学生到服务单位报到。

同时，针对参加该计划的志愿者可以享受以下优惠政策。

- 各级人事、教育、财政、农业、卫生、扶贫、团委等部门要积极制定优惠政策，鼓励服务期满的“三支一扶”大学生扎根基层。原服务单位有职位空缺需补充人员时，应优先考虑接收服务期满考核合格的“三支一扶”大学生。县、乡各类事业单位，有职位空缺需补充人员时，也应拿出一定职位专门吸纳这部分毕业生。服务期满自主创业的，可享受行政事业性收费减免、小额贷款担保和贴息等有关政策。应届毕业生自愿到国家需要的艰苦地区、艰苦行业基层工作，服务达到国家规定年限，并符合相应条件的，可享受国家助学贷款代偿政策，具体办法另行制定。
- 服务期满考核合格的“三支一扶”大学生，报考党政机关公务员的，可以通过适当增加分数及其他优惠政策，优先录用。到西部地区和艰苦边远地区服务2年以上，服务期满后3年内报考硕士研究生的，初试总分加10分，同等条件下优先录取。对于已被录取为研究生的应届高校毕业生参加“三支一扶”项目的，学校应为其保留学籍。
- 各级人事、教育、农业、卫生、扶贫等部门要制定切实有效措施，采取多种手段，充分挖掘本系统就业岗位，积极吸纳“三支一扶”大学生进入本系统工作。各级人事部门要为“三支一扶”大学生建立专门的人才库，广泛收集各类用人单位的岗位需求信息，动员各类用人单位接收“三支一扶”大学生，有针对性地提供就业指导和推荐，帮助其落实就业单位。
- 服务期满考核合格的“三支一扶”大学生，根据本人意愿可以回到原籍或到其他地区工作，凡落实接收单位的，接收单位所在地区应准予落户。进入国有企事业单位的，由接收单位按照所任职务比照同等条件人员确定其职务工资标准；其服务期限，计算为工龄。在今后晋升中高级职称时，同等条件下优先评定。

**（三）选聘毕业生到村任职**

选聘高校毕业生到村任职工作对象为30岁以下应届和往届毕业的全日制普通高校专科以上学历的毕业生，重点是应届毕业和毕业1~2年的本科生、研究生，原则上为中共党员，非中共党员的优秀团干部、优秀学生干部也可以选聘。

除了国家和地方的政策支持外，各高校和社会各方面，也为参加项目的高校毕业生的工作、生活、学习、就业和创业提供广泛的帮助和支持。通过项目实现就业，不但成为大学生就业的重要途径，而且也是目前青年学生成长、成才的重要渠道之一。

## 六、灵活就业

灵活就业包括自由职业、意向就业、自主创业等，如作家、自由撰稿人、翻译工作者、某些艺术工作者等。与传统的就业模式相比，灵活就业具有灵活性强、自由度大、适用范围广、劳动关系比较松散等特点。

灵活就业在一定程度上不同于正规的全日制工作，当事人与用人单位之间也没有稳定的劳动法律关系，它的工作内容与收入相对不稳定。同时由于这类工作的“非强制性”，也要求当事人有很强的自觉性。

提醒

对于那些倾向于稳定、正式工作的学生而言，在就业压力巨大，短时间内又找不到理想就业单位的情况下，灵活就业无疑是一种很好的过渡性选择。

## 七、出国留学与就业

“出国”包含留学与就业。出国留学，指的是大学毕业生毕业后去其他国家继续学习。要想出国留学，必须参加对应的出国留学考试，如托福、雅思、美国大学入学考试（ACT）等，考试通过后申请就读的大学与专业。出国留学不是一种“时尚”，它不仅对于当事人家庭的经济条件是一个考验，而且是对个人生活、生存能力的一种考验。

出国就业，一般指出国劳务、劳务出口，主要是指劳务出口国（输出国）向劳务进口国（输入国）提供劳动力或者服务。劳务输入国主要以发达国家为多，如美国、德国、法国、瑞士、加拿大等；劳务输出国以发展中国家居多，如巴基斯坦、印度、菲律宾等。

一般情况下，大学生可以从电视、报纸、网络等媒体获得各种招收出国劳务人员的信息。申请出国就业（出国劳务）必须具备如下条件。

- ◆ 符合进口国需要的专业技术技能。
- ◆ 良好的道德修养，遵守进口国的法律和劳动纪律。
- ◆ 健康的身体，能够适应进口国的气候条件和劳动环境。
- ◆ 必要的语言能力，尤其是直接和对方打交道的外语水平。

# 第二节 大学生求职方式

毕业生最常见的求职方式就是自荐。自荐方式包括参加人才招聘会、网上求职、亲自登门自荐等。除此之外，还有实习就业、他人推荐、中介服务等常用方法。

## 一、实习就业

实习是大学生走向工作岗位的重要阶段，也是毕业生求职的有效途径之一。实践、实习阶段的工作，既可以让用人单位了解毕业生，毕业生也可以较详细地了解用人单位的生产、经营、福利待遇等各方面情况。通过一段时间的相互了解，建立联系，为以后的求职择业打下良好的基础。

因此，毕业生在选择实习岗位时，注意要以谋求职业为目标，利用实习加深对所学知识的理解，从而提高技能。即使实习期满后不能被录用，但由于有了这段实习经历，在求职的竞争中也会处于优势地位。

阅读材料

### 善于抓住实习机会

有一位护士专业的毕业生小汪在一家大医院进行护士毕业实习。实习期满后，如果能让院方满意，就可留下当正式护士。

一天，急诊室来了一位生命垂危的病人，急需马上进行手术。当时，所有医生助理全都排满了，只有实习护士小汪一人闲着。此时，她被安排做主刀医生的助手。手术从清晨一直做到黄昏，整整持续了8个小时，眼看进入收尾阶段，正准备缝合患者的伤口。忽然，实习护士小汪严肃地盯着主刀医生说："我们用的是14块纱布，可您只取出来了13块。""我已经全部取出来了，一切顺利，马上缝合！"主刀医生头也不抬头，不屑一顾地回答"不，不行！"实习护士小汪高声抗议道："我记得清清楚楚，术前准备时我认真数了3遍纱布，确实是14块。手术中我们用了全部的纱布，可现在才取出13块纱布，肯定还有一块没取出来！"主刀医生没有理睬她，命令道："听我的，准备缝合！"这名实习护士毫不示弱，大声叫了起来："您是医生，您不能这样做！"直到此时，主刀医生严肃的脸上才浮起了一副欣慰的笑容。他举起右手心握着的第14块纱布，向在场的人宣布："这是我最满意的助手！"于是，这名实习生成了这家大医院的正式护士。

这名实习护士的举动，绝不仅仅是实习期间的认真，还体现了她作为一个医务工作者强烈的职业意识，正是因为她工作上的认真和强烈的职业意识，才帮助她从一名小小的实习人员一跃成为这家大医院的正式护士，由此可见，实习期间的每一个举动都是至关重要的。

## 二、他人推荐

他人推荐也是一种比较常见的求职方式，可以扩大职业选择余地。他人推荐最直接的办法是求助于亲戚、朋友、同学等熟悉的人，如学长、老师、同乡等。

由于与对口用人单位的领导或业务骨干有较为密切的关系，他们的推荐容易引起用人单位领导的重视和信任。那么，应该如何请熟人推荐呢？

**（一）推荐人和自己的关系**

假如，推荐人是自己的大学同学或者是某一位跟家人关系较好的朋友，那么，你可要谨慎行事。虽然有个好朋友或者家人能帮你做个人担保是很好的，但人事经理更在乎的是你的职业技能。

如果你找的推荐人连你在做什么工作都说不出来，这种推荐就会变得非常弱。最好的推荐者应该是了解你目前的职业发展和成就的那个人。

**（二）推荐人目前所在职位**

如果你的梦想工作是销售，而你的推荐人却在公司里的技术部任职。在小公司里，这层关系或许已经足以保证你能参加面试了，但不能总是指望着他。最好的推荐人，应该是对空缺职位需要的人才有足够了解的人。

**（三）正式提出请求**

当已经确认和自己联系的人，是个很不错的推荐人之后，最好以书面的形式正式提出推荐请求。这样，才能让推荐人有足够的时间，充分考虑是否方便在回应你的要求前做些介绍。而且也能给推荐人一个机会，快速地研究一下有关的工作需求和人事经理的相关信息。

**（四）等待回复**

当要求别人推荐自己时，还要问问推荐人是否方便替你做推荐。虽然你也急于想开门见山地得到对方的支持，但一个模棱两可、态度模糊的推荐人，甚至比完全没有推荐人更糟糕。

**（五）提前约见**

即使推荐人已经同意把你介绍给人事经理，你还是应该提前约他见一次面，这样你就可以给他提供一些你自己的相关信息，让推荐人深入了解你。如描述一下你所学专业、本人技能特长等。

通过向推荐人提供他所需的信息后，你不但能提高得到面试机会的可能性，而且他推荐你的时候，也会显得更了解被推荐人。

**（六）表示感谢**

在你还不知道你是否能得到面试机会之前，就要给你的推荐人发一条感谢的信息。你要让他知道不管结果如何，你都非常感谢他付出的时间和精力。

即使这次这个职位并不适合你，你的感谢也会让对方在下次有合适的工作时，第一时间想到你。

## 三、利用网络招聘平台

互联网时代，利用网络招聘平台求职是一种常见的求职方式，大学生不仅可以在网络招聘平台上查看招聘信息，主动联系企业求职，而且可以在招聘平台上注册登记自己的简历信息，留下自己的联系方式，有意向的企业将主动联系求职者。

有的网络招聘平台专门为毕业生开辟就业服务的栏目，可以进行就业推荐、毕业生展示或刊登求职广告，这给毕业生求职又提供了一种选择。毕业生在求职过程中应结合自身的特点，选择更为适用的求职方式，从而达到事半功倍的效果。

## 四、主动打电话

主动寻求一些自己比较心仪的公司，然后主动打电话过去咨询，这也是一种比较主动的求职方式，会让对方觉得你很迫切地在找工作，或许会考虑给你个机会试试看。

如果公司正好急需这个岗位的工作人员，而你的专业又刚好对口，那么你将很容易获得面试机会。

## 五、人才委托

人才委托推荐是现代人事工作的重要内容，是人事代理服务的主要实现形式之一，是一种新型的服务方式，适用于用人单位和各类人才的双向选择，特别有利于提高中、高级人才的择业成功率。

求职应聘者可通过委托的方式向具有资质的人才服务机构提供有效的证件和业绩材料，明确择业方向和职位要求，提出相应薪酬和工作环境。人才服务机构一旦接受委托，就会在约定的期限内，完成向用人单位的推荐，并使求职者得到专门组织的面试机会，这种委托推荐方式能给求职者提供更多的便利。

提醒

猎头服务也是一种求职方式，但猎头服务一般针对高级人才，如工作经验在10年以上的高级技工（工作经验也会视不同行业而有所不同）、年薪在20万元以上的高层管理人员等。对于大学生来说，猎头服务似乎有点遥远。不过，随着近年来的发展，许多招聘网站也纷纷设立高级人才简历库，开始提供猎头服务，大大降低了服务门槛，为更多的中级人才提供求职渠道。

# 第三节　大学生求职陷阱

随着大学毕业生数量的不断攀升，就业压力的不断增大，大学生的就业焦虑也越来越严重，求职心情更是迫切。

许多毕业生为了找到一份满意的工作，广搜信息，遍投简历，只要是符合自己意愿的招聘信息，就积极行动，绝不放过。这也导致许多学生误入求职陷阱，给大学生再次求职蒙上难以抹去的阴影。

## 一、常见的求职陷阱

每到毕业季，大学生就面临着找工作的问题。随着社会资原的整合，大学生在求职过程中也面临着诸多的陷阱。

**（一）虚假广告陷阱**

一些用人单位在招聘会上为了招到条件较好的毕业生，往往会夸大或隐瞒自己的某些情况。比如：在发布招聘信息时，故意扩大用人单位的规模和岗位数量，进行虚假宣传；又或者把招聘职位写得冠冕堂皇，不是“经理”就是“总监”，但实际上却只是“办事员”“业务员”，根本没有广告上写的那么诱人。

阅读材料

### 误信招聘信息

24岁的小刘，去年毕业于某财经大学的经贸管理系，同年7月，他在一家公司应聘“销售经理”成功。第一天上班，公司老板就让他这个“经理”去推销产品，美其名曰“了解市场”。这样的工作状态持续了整整一个月。

有一天，小刘实在是忍不住了，决定找老板问清楚，到底我是经理还是推销员，就在这时，一个平时关系与他不错的员工偷偷告诉他“我在这儿干了快3个月，天天出去推销。”公司最初招聘时就是要招推销员，怕招不来人，故意说成是“销售经理”，小刘这才恍然大悟，发现自己被骗了。

很多招聘单位，因担心招不来业务员、推销员等，往往会把职位“美化”成“销售经理”等，以此来诱惑大学生。这类招聘信息一般很简单，涉及细节方面的东西都未明确，比如没有岗位职责和应聘条件等。因此，求职者应聘时要提前搞清楚职位的具体内容，询问工作细节，认真考虑后再做打算。

**（二）高薪陷阱**

刚参加工作，薪酬不高是正常的。相反，如果出现一个不熟悉的单位提供高薪酬时，毕业生一定要警惕，因为不少不法人员企图利用高薪待遇的幌子，骗取毕业生的押金、培训费、服装费等。

在当前的就业形势下，毕业生千万不要轻信高职诱惑，要清楚自身实力，从基础做起，逐渐展现自己的才华。对于某些应聘单位提出的所谓押金、培训费、服装费要敢于说不。

阅读材料

### 服装费还能退吗？

大学毕业生郑春，在贵阳一家商贸公司面试通过后，被要求交500元服装费，然后才能签订合同，进入培训服务。交费后，小郑同该公司签了劳动合同，上面还特别注明：如因个人原因辞职或自动离职，公司不予退还，服装费由自己承担。

上班都快一周了，但公司却一直未给郑春安排具体的工作，整天就是看资料，这让小郑很无奈，于是就要求辞职并退还服装费。但被对方以签有协议为由，拒绝向涉世不深的小郑退还收取的服装费，一直没有被安排工作的小郑，被迫主动辞职。

凡应聘时，招聘单位提出收取服装费、押金，或以其他方式变相收钱的行为，都是违法的，求职者应向劳动监察部门举报。另外，当毕业生遭遇诈骗后，要及时报案，否则不仅本人的损失难以挽回，而且会让更多人上当。

**（三）传销陷阱**

所谓传销，本是指生产企业不通过店铺销售，而由传销员将本企业产品直接销售给消费者的经营方式。该经营方式受到国家的严令禁止。

但现在的传销者，首选对象往往是急于挣钱的打工者，尤其是刚刚毕业的学生。他们通过各种渠道得到欺诈对象的电话后，便打着同乡、同学、亲戚等幌子，以帮忙找工作为由，以高薪为诱饵，投其所好，骗求职者去进行非法传销活动。求职者一旦进入陷阱，便限制其人身自由，被迫从事传销活动。

此外，传销组织者还会采取扣留身份证、控制通信工具、监视等手段不让受骗者离开，强迫他们联系亲友前来，或者寄钱、寄物从中牟利。

阅读材料

**以招聘之名诱人犯罪**

小霜是某高校的应届毕业生，找了近2个月的工作都没有结果，心理失望至极。一天她忽然接到同乡的电话，说在山东济南有个好工作，做人事专员，不仅工资高，而且各方面待遇都很好。小霜听后立刻心动了，连夜坐大巴车就赶了过去。

到了济南后，那个同乡早早地就等在了车站，接过行李后，把小霜领到了一个很偏僻的宿舍，里面还住着男男女女十多个“同事”。其中几个同事特别热情地向小霜招手，并嘘寒问暖道：“路上辛苦了。一路上怎么样？有没有吃过饭……”。等把小霜的东西安顿好后，对小霜说：“借你的手机玩一下嘛”，就这样，对方拿走了小霜的手机，然后告诉她：“我们是做传销的，不是什么人事专员，产品是3880元一套，现在交钱吧。”小霜身上没有这么多钱，他们就要求小霜以在这边学驾驶为名，从家里骗钱，或者骗同学或朋友过来。

某些大学生因被骗而涉足非法传销，到头来后悔不已。因此，毕业生在求职的过程中如遇到非正规单位对你非常主动，并把加盟后的前景说得天花乱坠，同时提醒你介绍朋友和同学一起加入时，那你一定要小心了，老话说得好“天上是不会掉馅饼的”。

**（四）中介陷阱**

通过人才中介公司寻找就业单位不失为一种有效的求职途径，但是一定要选择政府主办的或社会信誉好的大型人才中介机构。

一些不知名的人才中介，其场地往往设施简陋，无正规的人员机构，很可能是没有资源共享资格的“黑中介”。当求职者缴纳数目不菲的中介费后，中介方就会列出种种理由来推辞，从而骗取求职者的中介费。

**（五）试用期陷阱**

试用期陷阱也是初出校门的大学生可能会遇到的就业陷阱之一，它主要有以下几种形式。

◆ 只试用不录用。即指毕业生熬到试用期满时，用人单位随意找个理由就将其辞退。

◆ 试用期不签订劳动合同，使用合格后才签订劳动合同。法律规定，劳动合同必须是劳动者开始工作时签订，劳动合同可以约定试用期。因此，毕业生被用人单位录用后就应该订立劳动合同，然后再约定试用期。

◆ 随意延长试用期。《中华人民共和国劳动合同法》对试用期限有明确规定，试用期的时间与劳动合同签订的就业服务年限有关，不能随意延长试用期。

◆ 混淆试用期与实习期、见习期的概念。实习期是在校大学生到单位进行实践活动的时间，属于教学过程；见习期是对应届毕业生到用人单位进行业务适应及考核的一种人事制度；试用期是劳动法规定的员工工作的尝试时间。

阅读材料

**盲目签约导致利益受损**

大学毕业生王丽，由于急于找到工作，没来得及仔细推敲合同里的条款就盲目与用人单位签订了一份合同。公司要求王丽先进入实习期，在这3个月的实习期里，她努力地工作，却只能得到1 200元的“实习工资”。

实习期结束后，王丽以为工作的事是板上钉钉了。于是，打算回学校修完剩下的一些课程，9月份再回到公司正式上班。但当她向公司请假时，公司却以合同中“工作前两年不得连续请假一周以上”的条款为由，认定王丽违约，并索要违约金。王丽只好交了3 000元的违约金。

由于就业形势比较严峻，大学生在求职过程中处于弱势地位，因此一些不正规的公司提出了一些不合理条款，如违约金、服务期等。对于毕业生来讲，虽然知道这些附加条款是有失公平的，但也不敢明确表示异议。

在职场上把“试用期”当成“免费用工”已经成了一些无良老板逃避法定义务的惯用伎俩，大学毕业生一定要擦亮自己的双眼，不要让用人单位榨取自己的劳动果实。

**（六）合同陷阱**

合同陷阱即毕业生与用人单位签订的劳动合同可能存在与劳动法相违背的地方，用人单位通过合同陷阱以达到侵害毕业生合法权益的目的。合同陷阱一般有以下几种形式。

◆ 口头合同。用人单位与毕业生就权利、义务达成口头约定，不签订书面正式协议。

阅读材料

**落入口头约定陷阱**

毕业生沈明试用期满后，发现公司并没有按之前的约定给自己转正。考虑到自己工作期间未曾出错，更没有给公司带来任何的损失。他决定向领导一探究竟，哪知道领导竟然说：“我们并未签订任何合同，所有的安排都是为了公司更合理的发展”。沈明一听，整个都蒙了，这不是骗人吗？

毕业生正式被单位录用，正式开始上班后，一定要与用人单位签订《就业协议书》。正式转正后，还应立即与用人单位签订劳动合同，只有这样才能更好地维护我们自身的权益。

◆ 单方合同。用人单位在劳动合同里只约定毕业生的义务和用人单位的权利，而很少甚至没有约定毕业生的权利和用人单位的义务。

◆ 真假两份合同。用人单位与毕业生签订真假合同。假合同按照劳动部门的要求签订，真合同则是从用人单位利益出发签订的合同。

◆ 模糊合同。用人单位与毕业生签订的合同内容含糊不清。合同内容表面上看不出有什么问题，但具体文字却表述不清，甚至可以有多种解释。

**（七）“皮包公司”陷阱**

如果大学毕业生接到一些自己并不熟知或者并未投放简历的公司的面试通知，应该事先向有关部门查询、核实该公司的真实情况，并通过互联网搜索该公司的网站或相关信息，确定其规模与用人需求，然后再去进行面试。

## 凡事要多留一个心眼

某一天，毕业生小程收到一家餐饮公司的电子邮件，被通知去面试。小程觉得很奇怪，自己并未向该公司投递过简历，怎么会收到面试通知呢？他心想不会是骗子吧，为了安全起见，小程决定先上网查一下该公司的相关信息。

不看不知道，一看吓一跳，小程发现这家让他面试的公司居然是一家“皮包公司”。小程通过上网搜索后发现，该公司居然用同一个电话、地址注册了4个公司，涉及餐饮、医疗、保险等不同领域。该公司提出的给求职毕业生的待遇异常优厚，而招聘信息中对于学历的要求竟然是中专以上即可。这种以低学历招聘求职毕业生，却支付高工资的现象，值得怀疑。

毕业生在求职时，一定要留一个心眼。凡事要从实事求是出发，对于一些太离谱，不切实际的现象一定要认真辨别，不要相信低要求、高待遇的招聘信息。对于本案例中所提的公司，以这么低的标准将毕业生招进来为公司干活，其承诺的高工资往往是不会兑现的。

**（八）协议陷阱**

《就业协议书》是明确毕业生、用人单位在毕业生就业择业过程中，权利和义务的书面协议。《就业协议书》一经签订，对双方都具有约束力。

按照有关规定，《就业协议书》不能代替劳动合同或聘用合同，这样就可能在毕业生和用人单位之间产生纠纷。常见的毕业生签订《就业协议书》的过程中，遇到的陷阱有以下几种。

◆ 用人单位不与毕业生签订《就业协议书》。

◆ 用人单位不跟应聘者签订劳动合同。

◆ 用人单位不将承诺写入合同。

◆ 用人单位与毕业生签订“霸王合同”。

### （九）地点陷阱

很多大企业在全国各地有分部，而参加招聘会的往往是总部的人力资源部门。因此，毕业生在应聘时就容易产生错觉，误以为工作地点就在总部所在的大城市。

用人单位在选聘毕业生时故意不予以说明，结果毕业生上岗后被分到其他地方，对此，毕业生在面谈时一定要咨询清楚。

### （十）智力陷阱

“智力陷阱”是指以招聘为名，无偿占有应聘者广告设计、策划方案等创意，甚至知识产权等无形资产的现象。

例如，某些单位按程序对前来应聘的毕业生进行面试，再进行笔试。在面试、笔试时，故意把本单位遇到的问题，以考察的形式要求前来的应聘者作答或设计，待毕业生利用自己的专业优势完成其承担的项目后，再找出各种理由推辞，结果无一人被录用。

此时，用人单位就理所当然地将应聘者的劳动果实据为己有，使毕业生陷入智力陷阱。

阅读材料

**是考核？还是“免费劳动”？**

李希成是一名刚毕业的大学生，在校期间他就很爱设计一些小软件，渐渐地他爱上了游戏设计，并成功设计了一个相当成熟的小游戏，并在同学之间互相流传。毕业以后，他在学校所在的城市找到了一个工资和福利都不错的公司，但这家公司要求李希成在正式上班之前，做一套他们指定的小游戏来作为最后考核。按照用人单位提出的制作要求，小李只用了3天时间就完成开发，他信心满满地把成品发过去了，但2天后，公司却以李希成所做的游戏不能令他们满意为由而拒绝了他。

后来，李希成在另外一家公司工作了一段时间之后，才知道有的软件开发公司，用招聘的方法来骗取那些应聘者的作品。

求职者在应聘一些需要专业技术或是创意领域的岗位时，一定要注意智力陷阱。当遇到用人单位提出的一些类似于提交策划案的考核项目时，应聘者应该在提交劳动成果时准备两份，一份提交，并附上“版权声明”；另一份自己留存，并在留存份上要求招聘单位签字确认，以便将来能够证明劳动成果内容。

## 二、求职中的安全应对策略

求职大潮风起浪涌，既蕴含着无数机遇，又隐藏着险滩暗礁，毕业生要不断增强安全防范意识，才能够做到一帆风顺。

### （一）层层过滤就业信息

学校就业信息网上发布的就业信息，都是经过严格核实的，包括核实用人单位的工商许可证、营业执照等，基本上确保了就业信息的真实性、准确性和安全性。

如果毕业生通过其他渠道获得了就业信息，那么就一定要想方设法，通过各种途径进行核实后再决定是否使用。

**（二）时刻保持警惕性**

在求职过程中，毕业生一定要保持高度的安全警惕性，擦亮眼睛，识别就业陷阱的迷惑。

◆ 前往面试的第一天或职前训练的前几天，要留意该单位是否继续隐瞒工作性质及业务性质。

◆ 面试地点太过偏僻、隐秘或是转换面试地点的状况，或是要求夜间面试者，皆应加倍小心。面谈地点不宜太隐秘，过于隐秘地点最好不要去。

◆ 面试时，如果面试官所提工作内容空泛不具体时，不要被夸大言辞所迷惑。如果面试时，自己感觉有不安全或不正常的状况，要以某种借口迅速离开该单位为宜；及时拒绝不合理的邀约及要求。

◆ 面试过程中，如果遇到用人单位要求交保证金或其他培训费用（如报名费、训练费等）时，一定要慎重，千万不要为了保住工作而盲目交费。

◆ 面试最好有同学陪同前往，并备有适当的防范器物。尤其是女性，要避免夜间到荒僻的地点面试。如果无法结伴而行，至少要将自己的面试时间和地点告知辅导员或同学。

◆ 面试前后随时与学校辅导员、同学、家长保持联系，并告知面试地址及电话号码。

◆ 要求提供亲友名单，身份证号码（复印件）均可能有诈财之患，要注意避免。

**（三）谨慎行事**

在找到合适的工作单位，双方达成就业意向后，毕业生需要签订《就业协议书》。《就业协议书》的签订在形式上宣告了就业工作尘埃落定。

但近来，《就业协议书》引发的纠纷屡有发生。有的毕业生正式到单位报到后，单位却擅自降低劳动报酬，变更原来双方约定的工作岗位；更有甚者以“试用期”（或见习期）为由不签订劳动合同，使得毕业生长期处于“试用期”，做最累的工作拿最低的报酬。所以，在签订《就业协议书》前，一定要反复斟酌，多方面考察。三思而后行，面试后认真核查。

（1）上网或通过其他途径查看，该单位（特别是企业单位、公司）登载的营业项目、刊登的项目、面试现场所见，三者是否相符。

（2）登录有关部门的网站查看，或与亲友交谈，看看该公司是否被列入黑名单。

（3）问问自己，面试的职务内容是否与自己找工作时的初衷相符，并且所获得的待遇是否合乎自己的期待值。

（4）面试当天或初进该单位的数天内，是否被要求付给该单位一笔钱，若有，则要特别注意。

## 第四节 评估与分析

就业是民生之本，大学生就业更是各种类型就业中的重中之重。因为大学生就业不仅牵涉大学生本人的利益和幸福，而且还牵涉大学生群体背后那些更庞大的群体——数以万计的家庭的根本利益。

下面提供了一份关于大学生就业方式、就业观念的调查问卷，填写完后自己分析自己的就业观念，为就业做好准备。

（1）你的性别？

A．男

B．女

（2）如果你是应届毕业生，你会（　　）。

A. 考研

B. 就业

C. 自主创业

D. 留学深造

（3）如果是自主创业，你认为你最需要的是（　　）。

A. 资金

B. 技术

C. 政策扶持

D. 团队

（4）你愿意到中小城市或西部去发展吗？（　　）

愿意

不愿意

（5）在求职中最困扰你的因素是什么？（　　）（请选择3项）

A. 对社会缺乏了解

B. 信息最少

C. 对企业岗位专业知识缺乏了解

D. 能力不足

E. 优势难以发挥

F. 求职方法技巧欠缺

（6）请问你将通过何种方式向用人单位介绍自己的情况？（　　）（请选择1~3项）

A. 通过熟人介绍

B. 亲自前往用人单位介绍自己

C. 由学校推荐介绍

D. 招聘会现场

E. 寄送自荐材料

F. 在就业网站发布就业材料

G. 其他

（7）你认为你能接受的工资是（　　）。

A. 1 000~2 000元

B. 2 001~3000元

C. 3 001~4 000元

D. 4 000元以上

（8）你对政府关于大学生就业方面的政策了解吗？（　　）

A. 非常了解

B. 了解

C. 不太了解

D. 完全不了解

（9）你想选择什么样的单位就业？（　　）（请选择1~3项）

A. 国有企业
B. 民营企业
C. 外资企业
D. 合资企业
E. 政府部门
F. 自主创业
G. 其他

（10）你最需要哪方面的就业辅导或实训来促进就业？（　　）（请选择 1～2 项）
A. 服务外包实训
B. 创业培训
C. 信息化实训
D. 政府机构组织大学生就业能力培训
E. 企业实训

（11）如果你考研，你的原因是（　　）。（请选择 1～2 项）
A. 对求职恐惧
B. 能够有一个好出路
C. 专业就业前景不好
D. 对学术感兴趣
E. 希望在高校工作
F. 其他

（12）你认为解决就业难方法有（　　）。
A. 适当降低择业标准
B. 积极调整心态
C. 在校期间重视自身能力的发展
D. 政府相关政策的支持
E. 其他

（13）请问你对自己从事的工作的期望是什么？（　　）
A. 没有特定的目标
B. 待遇好、稳定
C. 符合自己的兴趣，有发展空间
D. 与专业对口

（14）你认为，目前自己最欠缺的能力是？（　　）（请选择 1～3 项）
A. 相关工作或实习经验
B. 专业知识技能
C. 心理承受能力
D. 基本解决问题的能力
E. 沟通协调能力
F. 对待事物的激情
G. 其他

（15）你认为就业政策对大学生就业是否有帮助？（　　）

A．有

B．没有

C．帮助不大

（16）你目前的状况（　　）。

A．已就业

B．求职中

C．自主创业

D．其他

（17）在求职过程中，你优先考虑的因素是？（　　）（请选择 1～2 项）

A．薪酬与福利

B．地域

C．单位性质

D．个人发展机会

E．专业是否对口

F．其他

CHAPTER 06

# 第六章 大学生求职技巧与职场礼仪

## 学习目标

掌握大学生面试的相关知识
掌握大学生笔试的相关知识
熟悉大学生求职的相关礼仪

## 案例导入

临近毕业的大学生小沈，在各大招聘网站和报纸上搜罗着各种招聘信息。终于，在一家报纸上看到了自己心仪已久的合资公司做的招聘广告，这让小沈的心有些蠢蠢欲动。她知道这是一家赫赫有名的企业，并且自己之前也对该企业做了相关的了解，她自己心里明白要得到它的垂青不是件容易的事。应聘之前，她仍然没有足够的信心，但是，一想到名企的声誉和写字楼的诱惑，她毅然来到那家公司的面试现场。没想到为数不多的两个职位居然迎来了众多的求职者。就在她等待面试时，听见别的求职者在议论："求职成功率不到百分之二。"这不禁让小沈倒吸了口冷气，心里十分忐忑。

小沈时刻关注着人事部办公室那道大门，盯着每个走出来的人。他们一个个看上去都是垂头丧气的，大概是求职失败了。小沈问了几个求职者的情况，他们有的说自己被"无条件拒绝"了，有的说自己还没明白是怎么回事，就被"莫名其妙"地拒绝了。正在小沈惴惴不安时，被告知轮到自己面试了。小沈轻轻地推开大门，然后坐在事先安排好的凳子上，对面是人事部经理和老总。人事部经理详细询问小沈的情况后，得知她不仅兴趣广泛，而且还曾发表过多篇作品，这让他有些惊讶。随着话题的不断深入，人事部经理对她的好感大增，还鼓励小沈谈一谈对公司的印象。现场气氛非常轻松，完成与人事部经理的交谈后，人事部经理扭头问旁边的老总，是否可以当即决定留用小沈，谁知老总一脸严肃地说："不要！"人事部经理礼貌地向小沈摆了摆手，眼里流露出一丝丝的遗憾。

小沈找不到被拒绝的原因，也不想莫名其妙地失去机会。于是，礼貌地询问老总自己被弃用的原因。老总说，"我拒绝别人向来都是没有理由的！"听到这样的回复，小沈义正严词地说："我是慕名来参加贵公司应聘的，不是来参加无聊的游戏的。您的无理由拒绝对求职者是一种伤害，给出您拒绝的理由很难吗？”说完这些，小沈起身准备告辞，却意外地看到老总站起身，脸上还露出了笑容。老总说：“我们需要有骨气、有恒心的青年。在我所拒绝的求职者中，只有你向我示威，也只有你追问被拒理由，这只是我的面试策略，请原谅，你是否愿意加入我们公司？”

**启示** 有些聘任单位为了考验求职者的应变能力，往往会为难求职者，此时，求职者要从容不迫，不卑不亢。越过无理由拒绝这一门槛，就是成功地跨过了人生的一次挑战。主人公小沈用她执着的态度和机敏的应变能力，成功地加入了梦寐以求的公司，开启了人生的新篇章。

面试是求职者求职过程中非常重要的一关，不同的职位，面试题目、形式、考察的内容也不相同。但不管是什么职位，如果在面试时，特别是遇到考官提出刁钻问题时，镇定自若的态度将会为面试加分不少。

# 第一节 大学生面试攻略

面试是求职者求职过程中必经的、非常重要的一关，求职者一定要在面试前做好相关准备，从而在面试时打一场漂亮的战役。

## 一、面试前的准备

面试不同于日常的观察和考察，也不同于一般的口试和面谈。求职者在面试前要做好充分的准备工作，以最好的状态应对面试。

### （一）面试的含义

面试是用人单位在规定的时间和空间内通过与求职者当面交流来考核求职者的一种招聘测试。通过面试，用人单位不仅可以直接了解求职者的面貌和言谈举止，而且可以了解求职者的总体素质和各方面的才能。

扫一扫

面试的含义

对于毕业生来讲，面试是一种综合性极强，集多种知识、能力于一体的多方面考核方式，是对毕业生多年学习、实践成果的一次检验。

面试给用人单位和求职者提供了双向交流的机会，使用人单位和求职者相互了解，从而使双方都能更准确地做出聘用与否、受聘与否的决定。

### （二）深入了解用人单位

古人说：知己知彼，百战不殆。面试和打仗有着同样的道理，因此，在面试前深入了解用人单位的情况非常重要。一般来说，求职者可通过用人单位的官方网站、自媒体平台（如微信）、广告宣传手册和新闻媒体报道等渠道来进行了解。求职者通过这些渠道可对用人单位的以下内容进行仔细了解。

◆ 用人单位的性质、规模、特色、组织机构、金融状况、发展前景、企业信誉等情况。

◆ 用人单位对员工的工作要求、职责及给予员工的报酬、培训等情况。

◆ 用人单位所招聘职位的性质、工作内容、所需知识和技能等。

若求职者对这些情况一无所知或知之甚少，则在面试时容易处于被动境地，也容易给用人单位招聘人员造成“你不关心我单位”的不良印象，从而影响面试成绩。

**（三）充分准备材料**

扫一扫

充分准备材料

求职者参加面试要带好个人简历、自荐信及有关证书等面试需要的材料。如果应聘外资企业，最好将自荐信、个人简历等材料准备为中英文对照格式。即使求职者给用人单位曾经发过求职信和个人简历，在参加面试时也应该再带上一份材料，以备用人单位查看。

另外，求职者应当熟记自己的求职简历内容，用人单位可能会根据求职者的简历内容进行提问，如果求职者的回答与简历有所差距，这必定会让用人单位对求职者的诚信度及过去的经历产生质疑。

**（四）面试训练准备**

扫一扫

面试训练准备

刚毕业的大学生缺乏求职面试经验，因此在面试前有必要进行一些面试技巧训练。面试技巧训练包括学习聆听、敏捷反应、沉着应对、说话具有条理性、得体的举止、面试礼仪等。大学毕业生可以通过学校就业指导课讲座、查阅有关面试的指导书籍或模拟面试等途径进行训练。

**（五）调整面试状态**

扫一扫

面试状态的调整

用人单位对求职者最重要的印象是面试时的状态，求职者面试状态的好与坏，与最终是否被录用有非常密切的关系。

**1 调整心情**

面试时一定要精神饱满，在参加面试前要适当放松，搞好个人卫生，调节生活规律，保证充分的休息时间，以饱满的精神状态面对主考官。

**2 准备面试服装和物品**

面试的前一天，准备好面试的服装、公文包、皮鞋、笔、记事本，以及第二天的早餐等。

**3 独自前往**

在各类面试及咨询中，一定不要让自己的父母或亲戚朋友陪同，要独自前往。这样可以避免用人单位怀疑个人的独立能力和自信心。

**4 遵守约定的时间**

参加面试，求职者最好比约定时间提前到达面试地点（一般提前 10 分钟到达），以稳定自己的情绪和做好面试准备。到达用人单位后礼貌对待前台接待，在规定的地方等候，不可随意走动。如果有意外情况，最好能够在面试前通知用人单位并说明理由，告之自己不能准时到达面试地点。

阅读材料

**机会，不会留给没做准备的人**

即将步入社会的大四学生李露，口才甚佳，并且还在学校多次拿过演讲比赛的冠军。

对于面试时要做自我介绍，她自认为不在话下，所以也就没做准备。毕业后，李露结合自己的兴趣，于当年6月底向自己心仪的一家知名企业投递了求职信。很快，她就接到该企业的面试通知。面试是在一个下午，李露走进办公大厅，看见已经有很多面试者在紧张地走来走去。而她却镇定自若，慢慢走向面试办公室，并在门口的椅子上等候。进入面试室后，考官对她很客气，并让她首先做个3分钟左右的自我介绍。在自我介绍时，李露一改脸上轻松自若的模样，用略带紧张的语气简短地介绍一下自己的姓名、身份，其后还磕磕巴巴地补充一些有关自己的学历、工作经历等情况，大约1分钟就结束了自我介绍，然后望着考官，等待下面的提问。主考官询问李露是否还有需要补充的内容，李露立马说“没有了”。这次的面试只得草草收场。

上面的案例是由于李露没有在面试前做好充分的准备，才导致最终的失败收场。如果面试前她能够充分了解用人单位信息、调整好自己的心态，就可以在面试时，抓住重点，并且通过短短几分钟的自我介绍来“秀”出自己，从而给用人单位留下深刻的印象。

## 二、面试的形式

面试的形式包括问题式、压力式、随意式、情景式。在实际面试过程中，用人单位可使用一种面试形式，也可使用几种形式的组合。下面分别讲解几种面试形式的特点。

- 问题式。这是一种最常规的面试形式，由招聘者按照事先拟订的提纲对求职者进行发问，由求职者予以回答。目的在于观察求职者在特殊环境中的表现，考核知识与业务能力。
- 压力式。由招聘者对求职者施加压力，就某一问题或某一事件对求职者连续发问，追根问底直至无以对答。目的在于观察求职者在压力下的思维敏捷程度及应变能力。

阅读材料

### 勇于面对压力面试

刘先生已工作几年，对于销售颇有心得，不久前他接到一家跨国公司的面试邀请，准备去参加面试。在面试现场，坐着一个年龄30多岁的考官。刘先生凭着几年的社会经验，向考官微微一笑，算打招呼，谁知考官就当没看到，从桌上拿起一张纸，两个拇指拎着，左右晃晃，然后有些傲慢地说：“这是你的简历？”刘先生一愣，礼貌地回答：“是的，您需要我现场介绍一下我自己吗？”考官听后，松开手指，让简历飘落到桌上，然后很凶地盯着刘先生说：“你无法胜任这个工作，你既不是广州人，又不会说广州话，将来怎样开展工作？”有过社会经验的刘先生想：“说不定他是想先给我个下马威，看我扛不扛得住压力”想到这里，他冷静地回答：“广州是个国际大都市，我想不懂方言应该不会对工作造成影响。如果工作确实需要，我会马上学。”

考官又傲慢地拿起他的简历，突然发问：“你是独子？如果现在公司有项紧急任务交给你去做，但你又接到电话说母亲住院了，你准备怎么办？”刘先生沉默了一会，说：“我先找个同事帮忙把工作处理一下，自己马上赶到医院，如果母亲情况不严重，再立刻赶回来处理公司的事。”谁知考官听后却更加严厉地说：“工作是没有办法找人代替的，怎么能抛给别人？”

刘先生忍无可忍，最后说：“如果一定要选择，我也只能先赶去医院，事业重要，母亲更重要！”

考官得意地说：“我对你的表现非常失望。”刘先生不置可否，没有再与考官正面交锋。几天后，刘先生接到了这家公司的入职通知书。理由很简单，因为他“面对强大的压力”，还能“充分保持冷静”。

上面的案例是压力面试的一种通用技法，压力面试在一些销售类职位面试中使用较多。在实际面试过程中，考官可能不仅仅使用一种面试形式，而是将多种面试形式综合使用。其实不管何种形式的面试，求职者只要能真实地面对这些问题，不逃避，也不隐藏，最终会找到适合自己的职位。

- 随意式。招聘者与求职者随意交谈，气氛相比前两种方式更加轻松活跃，招聘者与求职者可以自由发表言论，各抒己见。目的在于观察求职者的综合素质。
- 情景式。由招聘者事先设定一个情景，提出一个问题或一项计划，请求职者进入角色模拟完成该问题或该项计划，目的在于考察求职者分析问题、解决问题的能力。

阅读材料

### 不要误入面试“圈套”

小熊是师范学院汉语言文学专业的本科毕业生。当得知一家大型出版社需要招一名责任编辑后，她立即向该单位发送了求职信息。小熊也如愿参加了企业的面试，并顺利通过。今天，是笔试环节，题目非常简单：一篇早已打印的稿子，谁修改得最令人满意就聘用谁，时间为20分钟。小熊拿过稿子，首先将几个明显的错别字改过来，再通读一遍，略作思考，便大刀阔斧地删改起来。时间一分一秒地过去了，看着被修改得满纸鲜红的稿子，她大大地松了一口气，从头到尾地认真检查一遍后，环顾了一下四周。这时，她突然发现其他的求职者并不像她这般紧张和忙碌，他们桌面上的稿子基本上见不到红颜色，而且大家都似乎在用一种嘲讽的目光看着她面前那篇修改得“满目疮痍”的稿子。小熊心里一惊：难道我做错了？她忙拿起稿子又仔仔细细地看了一遍，终于在稿纸的背面看见一行不起眼的小字：此稿选自老舍先生的《四世同堂》。小熊不禁呆住了，难怪……可这篇文章确实有一些令人不满意的地方。到底是怎么回事呀？正当小熊举棋不定、忐忑不安时，主考官说：“时间到了，请各位停笔。”随后就将稿子都收起来，进了主编办公室。小熊在外默默地等待，正当她胡思乱想时，女秘书出来对他说：“主编请你进来面谈。”主编对小熊微微一笑，说：“你被录用了！”看到小熊有些迷惑，主任解释道：“其实，这次笔试是我让打字员跟大家开了个小玩笑，故意把一些与文稿内容不相关的内容打印在了稿纸的背面。”

在招聘过程中，用人单位往往会采用不同的方式来测试求职者，很明显上述案例就是用人单位故意设置“圈套”，引君入瓮。目的在于考察求职者的自信心和判断能力。求职者要善于识破用人单位的“诡计”，该坚定时一定要相信自己的判断，不要拘泥于有误导倾向的条条框框的限制。如此，才有望“脱颖而出”。

## 三、面试的内容和种类

尽管大学生在面试前做了大量的准备工作，但在真正参加面试之前，还是需要对面试进行一个全面的了解，例如面试有哪些内容、哪些种类？只有这样，我们才能在面试时充满自信，才有可能获取面试成功的机会。

### （一）面试的内容

面试可以测评求职者的各项综合能力和素质，如知识水平、表达能力、应变能力、心理素质等。因此，在人员甄选实践中，考察者可通过面试测评来加深对应试者的考查，从而判断出应试者是否适合他们的需要。面试测评的主要内容有以下几个方面。

**1 仪表风度**

仪表风度指求职者的相貌服饰、谈吐举止、精神状态等。像教师、公关人员、职业经理人等职位，对仪表风度的要求较高。一般仪表端庄、衣着整洁、举止文明的人，做事有规律、注意自我约束且责任心强。衣冠不整的人往往作风不严谨，思维不缜密，没有责任心。

**2 专业知识**

了解求职者掌握专业知识的深度和广度，一般包括所学专业的特点、课程设置、学习成绩、外语水平等，尤其是对空缺岗位所需专业知识的考察定会更加深入。

**3 工作能力**

一般会根据查阅求职者的个人简历或求职登记表，做出相关的提问。查询求职者有关背景及过去工作的情况，通过工作经历与实践经验的了解，还可以考察求职者的责任感、思维力、口头表达能力等。

**4 应变能力**

应变能力考核是考察求职者对主考官所提问题是否准确理解并迅速作答；对于突发问题的反应是否机智敏捷、回答恰当；对于意外事情的处理是否得当等的测评方式。

**5 自我控制能力**

自我控制能力在各行各业中的作用显得尤为重要。一方面，在遇到上级领导的批评指责、承受工作压力或是个人利益受到冲击时，能够克制、容忍、理智地对待，不会因情绪波动而影响工作；另一方面工作要有耐心和韧劲。

**6 工作态度**

工作态度的考察主要是通过对求职者过去学习、工作态度的了解，来判断其在新的工作岗位上，是否能够做到勤勤恳恳、认真负责。

**7 求职动机**

求职动机的考察是为了了解求职者为何希望来本单位工作，在工作中追求什么，判断本单位所能提供的职位或工作条件等能否满足其工作要求和期望。

> 提醒
>
> 面试是一种经过组织者精心策划的招聘活动。面试的内容也会随着招聘单位和招聘岗位的不同而有所差异，有的公司可能强调个人的潜在能力；有的公司则可能强调个人的协调能力或团队合作能力等。求职者一定要根据实际的应聘情况来灵活应对面试过程中可能出现的各种面试内容。

**（二）面试的种类**

随着科技发展，面试也由以前单一的真实面对面方式，发展到视频面试等多种面试形式。下面分别讲解现在流行的多种面试类型。

◆ 单人面试：是指由用人单位对求职者单独进行的面试。

◆ 视频面试：包括在线视频面试和异步视频面试。其中在线视频面试是指通过即时视频聊天软件进行在线同步的视频面试方式；异步视频面试是利用异步视频面试系统，用人单位主考官只需要用短信或者邮件将面试邀请发给求职者，求职者可以通过智能手机、摄像头等设备录制并上传面试视频，然后用人单位主考官通过观看、评价、分享和比较视频，完成求职者的筛选。

◆ 集体面试：是指由很多求职者在一起进行的面试。就招聘者来讲，这样可以在专业、地域及其他各方面都有较大的选择余地。

## 四、面试的技巧

成功的面试是求职者能够得到一份工作的关键。为了能在较短的时间内成功地营销自我，求职者除了要以自己的专业知识、能力和才华打动主考官外，还应在求职面试过程中适当应用一些技巧，这样赢得岗位将会轻而易举。

> 扫一扫
>
> 面试的技巧

**（一）取得面试成功的要则**

想要面试成功，除了做好必要的求职前的准备工作外，还应掌握取得面试成功的相关要则，这样将会取得事半功倍的效果。

◆ 肢体语言的重要性。保持良好的仪态，不要显示出拘谨的样子。

◆ 讲话要坦率自信。重点介绍自己所取得的重大成绩，但也要避免自吹自擂或夸大其词。

- ◆ 坚持真我本色。不要刻意伪装自己，不要做作，因为这样做是很难成功的。
- ◆ 保持积极热情的态度。在主考官介绍公司、求职岗位的情况，将面临的挑战以及存在的问题时，要表现出极大的热情，这是非常重要的。
- ◆ 不要怕停顿。当碰到一个需要经过认真思考才能回答的问题时，不要急着很快给予答复，仔细地想一想自己应该怎么回答。这样的停顿表示你对主考官提出的问题很重视。这也同样可以在某种程度上表明你的自信和成熟。
- ◆ 敢作敢当。敢于承认自己工作经历中负面的东西，不要否认，而是勇于承认不足并想办法将其转变成有利于自己的东西。这样能表明你是如何因为这一不足而促使自己去做出积极的改变或努力去弥补的。
- ◆ 将面试的压力最小化。有些主考官认为，了解求职者如何应付压力，将有助于全面了解一个人，因此他们往往会在面试中故意给求职者制造一些压力。

**（二）语言表达技巧**

面试场上求取者的语言表达艺术，标志着他的综合素养和成熟程度。对求职者来说，掌握语言表达的技巧无疑是很重要的。首先，准确、灵活、恰当的口语表达，是面试成功的关键。其次，语言表达技巧的运用主要体现在以下几个方面。

- ◆ 口齿清晰，语言流利。交谈时要注意发音准确，吐字清晰，还要注意控制说话的语速。为了增添语言的魅力，应注意修辞，忌用口头禅。
- ◆ 语气平和，音量适中。面试时要注意语言、语调、语气的正确运用。打招呼时宜用上语调，加重语气并带拖音，以引起对方的注意；自我介绍时，最好多用平缓的陈述语气，声音过大令人厌烦，声音过小则难以听清。音量的大小要根据面试现场情况而定。
- ◆ 语言要含蓄、机智、幽默。说话时除了表达清晰外，适当穿插一些幽默的语言，可使谈话气氛愉悦，也能展示自己的优越气质和从容风度。尤其是遇到难以回答的问题时，机智幽默的语言会显示自己的聪明智慧，有助于化险为夷，并给主考官留下良好印象。
- ◆ 注意听者的反应。求职面试不同于演讲，交谈中，应随时注意听者的反应。比如，听者心不在焉，表示可能对自己的表达没有兴趣，你得设法转移话题；侧耳倾听，可能说明自己音量过小使对方难于听清；皱眉、摆头可能表示自己言语有不当之处。根据对方的这些反应，要适时地调整自己的语言、语调、音量和陈述内容等。

阅读材料

**机智、幽默让他脱颖而出**

去年夏天，一家地方性质的杂志社要招聘采编人员。在入围面试的20人中，无论从学历，还是所学专业来看，林小青均处于劣势，她唯一的优势就是有从业经验——在大学的3年时间里每一学期的校刊都是她主办的。接到面试通知后，林小青将收集到的厚厚一沓杂志认真翻了一遍，仔细琢磨着杂志社的办刊风格、特色、定位及主要专栏等，做到心中有数。甚至，她还将一些常常在杂志上出现的主编、编辑和记者的名字都记了下来。

参加面试时，林小青惊讶地发现评委中，竟然有3个是他曾经记下的编辑和记者的名字。林小青首先做了常规性的自我介绍后，主考官问："你经常看我们的杂志吗？你对我们的杂志是否了解？”这时，小林便把自己对这本杂志的认识娓娓道来，包括风格、定位、特色等。同时，也将杂志的不足等全部说了出来。最后小林灵机一动，采用诙谐、幽默的语言补充道：“我还了解咱们杂志许多编辑、记者的写作风格。如，某某老师文笔简洁明了；某某老师善于写作；某某老师的思维缜密流畅……虽然我与他们并不相识，但文如其人，我经常读他们的文章，也算与他们相识了。”这时，许多评委露出了会心的微笑。最后，主考官让小林“谈谈你应聘的优势与不足”。小林说：“我的优势是有过办校刊的经验。随意拿起一本杂志总是不自觉地给人家挑错。如，题目显得累赘，哪个词用得不合适，哪个错字没有校对；某些版面设计不合理，甚至有时连杂志里附赠的刊物我都不会放过……”听到这里。评委们不约而同地笑了。最终，林小青被幸运地录用了。

本案例中的主人公在面试前做了充足的准备，同时还拥有相应的办刊经验，除此之外，她的灵活与幽默也是评委们认为她能胜任采编这一行的重要原因之一。于是，她最终取得了成功。

**（三）倾听技巧**

注意倾听是一种重要的交流信息技巧。面试的实质就是主考官与求职者进行信息交流从而获得全面评价的过程，形式上充分体现在“说”和“听”上。正确有效的倾听不仅仅是听清主考官说什么，更重要的是要听懂主考官说什么。只有做到了听懂，才能根据主考官的意思给出满意的答案。那么求职者该怎样倾听，才能做到有效的倾听呢？

**1 耐心倾听**

一些求职者在面试中表现得过于积极，当主考官提到一些自己非常熟悉且简单的话题时，没等主考官说完，求职者就打断主考官的话，断章取义地进行解读。这是非常不礼貌的行为，是对主考官的不尊重。打断主考官的话，就说明你不愿意继续听他说话，对于这种行为，主考官是很难容忍的。

还有一些求职者小心翼翼地通过了专业知识的问答环节，在面试接近尾声时，得到了主考官的正面评价，心理就暗自窃喜，于是开始憧憬未来的打算，一不小心就分了神，主考官再说什么也就没注意到。这被主考官看在眼里，往往会让他觉得很不舒服，也对求职者有了不好的印象，最后的评分会大打折扣。

**2 仔细倾听**

体现求职者专心致志地倾听的最好办法就是积极与主考官配合，对主考官所提出的观点表示赞同或是提出自己的意见，还可以就主考官提出的问题进行提问。从求职者这样的举动中，主考官可以清楚地知道你在仔细听他说的话，没有漏掉任何一句。

**3 用心倾听**

用心倾听是听懂主考官问题的最好方法。在听主考官提问的时候，要始终全神贯注，保持饱满的精神状态，专心致志地注视着对方。同时，将主考官所说的每一句话都仔细在脑海中回放一遍，善于从中发现和提炼出问题的实质。

除了上述 3 种倾听时的态度外，还应注意在倾听过程中的一些细节问题。

- 不仅要倾听主考官所说的事实内容，还要留意他所表现的情绪，并加以捕捉。
- 注意对方尽量避而不谈的某些方面，这些方面可能正是问题的关键所在。
- 在谈话中间，避免直接的质疑和反驳，让对方畅所欲言，即使有问题，留到稍后再来查证。此时重要的是，获知对方的真实想法。

- ◆ 遇到你确实想多知道的一些事情时，不妨重复对方所说的要点，请他做进一步的解释。
- ◆ 关注中心问题，不要思维混乱。
- ◆ 不要过早做出结论和判断。
- ◆ 尽量忽视周围环境中让你不舒服的东西。
- ◆ 注意说话者的非语言信息，如肢体、表情等。
- ◆ 听到困难而复杂的信息时不要害怕。面试录用的原则是优胜劣汰，对你来说复杂困难的信息对别人来讲可能更为复杂困难。面对困难，是考验你的时刻，也是你脱颖而出的时刻，一定要保持镇静和自信，尽自己的努力去想办法。

### （四）问答技巧

问答技巧包括提问技巧和应答技巧两方面。面试中求职者主要是以回答主考官的提问来接受测评的，同时，有时也会主动向主考官提出一些问题，来体现求职者的整体素质。

#### 1 应答的技巧

面试过程中，主考官会向求职者提出各种问题，而求职者的回答将成为主考官考虑是否接受他的重要依据。下面总结了几点应答技巧，帮助求职者从这些技巧中“悟”出面试的规律及回答问题的思维方式，达到“活学活用”的效果。

- ◆ 先说论点后说依据。求职者在回答问题时，要考虑自己所说内容的结构，用尽可能短的时间组织好说话的顺序。一般来说，回答一个问题时，首先提出你对问题的基本观点，然后再逐一用资料来论证、解释。
- ◆ 扬长避短。每个人都有自己的优势与不足，如何在有限的时间内使你的优势充分体现，扬长避短、显示潜力，是一种艺术。当然，扬长避短，既不是瞒天过海，更不是弄虚作假，而是一项灵活性与掩饰性技巧的体现。

- ◆ 举例。在实际面试中，可以适当举些例子，在做到语言美的基础上，运用语言表达的技巧对考官的问题进一步作答，这在整个面试过程中具有决定性的作用。有道是“事实胜于雄辩”，适当举例会使自己的观点得到更加充分的论证。

阅读材料

### 实事求是，万不可弄虚作假

赵华自从进入大学后就完全松懈了，成天忙着社交和网络游戏，成绩已经到了快补考的边缘，不过他一点儿都没有注意。转眼就到了找工作的毕业季了，看着其他同学整天为求职忙碌着，他也不得不紧张起来了。可是赵华连英语四级都没过，要想找到一份好工作是非常困难的，不过他这时候却动起了“歪脑筋”。首先在自己的简历上大吹特吹，说自己成绩优秀，并且在校期间担任过学生会主席，还曾经有过相关的工作经验。然后又伪造了成绩单，还有英语六级证书，赵华在网上投递简历后，不久就接到了面试通知，此时他自信满满，觉得自己求职成功是水到渠成的事，而事实并非如此。

主考官见到赵华之后，直接用英文与他交流，这下，赵华可慌了，虽然能简单地听懂几个单词，但对方说的是什么意思，他完全不理解。不停地请求对方重复，然后道歉。主考官拿着他的简历跟他说："你成绩非常好，英语也过6级了，为什么听不懂刚提的问题，这些信息是真实的吗？"赵华支支吾吾，答不上来。然后主考官并没有当场拆穿他，只是委婉地告诉他，非常感谢他能前来面试，如果公司有意向，会给他发邮件通知。自然，赵华是不可能接到任何回复的。

用人单位最反感的就是大学生弄虚作假，即便能力有限，成绩不突出，只要是实事求是的求职者，经过专业培训，都是可造之材。反之，如果还没有进公司就瞒天过海，耍鬼心眼，怎么可能被用人单位录用呢。

**2 提问的技巧**

面试过程中，除了要回答主考官的问题外，求职者向主考官提问也是必不可少的环节。当然，在提问这一环节上也应注意方式方法，否则很有可能将所有的努力诸之东流。

- 提出的问题要视主考官的身份而定。如果想了解求职单位共有多少人、组织架构、主要业务方面等问题，就不要向一般工作人员提问，而要向单位负责人提问。
- 把握提问的时间。要把不同的问题安排在谈话进程的不同阶段提出，有的问题可在谈话一开始就提出，有的可以在谈话过程中提出，有的则应放在快结束时再提。
- 注意提问的方式、语气。有些问题，可以直截了当地提出来，如求职单位岗位设置。有些问题，则要婉转且含蓄一点，如了解求职单位职工收入情况和自己应聘成功后每月收入多少等问题。此外，在询问时，一定要注意语气，要给人一种诚挚、谦逊的感觉，千万不可用质问的语气，这样会引起反感。
- 不提模棱两可、似是而非的问题。特别是涉及职业、专业有关的问题，一定要确切，不能不懂装懂，提出幼稚可笑的问题。在求职者提问的过程中，主考官可以看出提问者的知识水平、思维方式、个人价值观等。

阅读材料

## 巧妙回答面试提问

某财经大学毕业生张萌萌应聘某一集团公司的财务助理，通过初试后进入复试。复试中，主考官问："请问你是什么学校的毕业生，学什么专业？"张萌萌说："我是财经大学会计学专业的应届毕业生。"随后，主考官又提了一些专业性较强的问题，双方都感到很满意，并约定好时间，签订《就业协议书》。然而，当HR经理看到协议书上是"某财经大学"的公章时，说："我还以为你是某某财经大学呢？怎么变成这所财经大学了呢？"这时，张萌萌冷静地回答到："老师，我并没有骗你，在山东提到财经大学没有人不知道。所以，平时有人问我是什么院校毕业时，我都回答是财经大学毕业，我们学校的会计学专业属于省重点学科，具有很强的实力。通过初试，老师也看到了我的表现，老师您是多年从事人力资源管理的前辈，更知道人才的重要性，不会只重视学校而不重视人才。虽然，我现在只是普通毕业生，但是，通过我的努力，我相信一定会为贵公司的发展做出应有的贡献。恳请老师给我这个机会。"张萌萌的一席话，打动了经理的心，最终顺利签订了《就业协议书》。

面试中，用人单位常常会指出应试者的某种不足。本案例中，张萌萌就院校问题被经理提出了质疑，但她并没有慌张，而是从容并巧妙地回答了经理的问题，同时还宣扬了自己的优势。如果回答得支支吾吾，甚至不知道如何作答，那么此次面试很可能以失败告终。

## 五、面试的难点与应对方法

尽管大学生在面试前做了大量的准备工作，但还是有可能出现一些意想不到的情况，若处理不好会直接影响面试的结果。这里介绍几种常见情况及应对方法，以利于毕业生有针对性地加以准备。

### （一）精神紧张及应对方法

经过调查，几乎 95%以上的毕业生都承认自己在面试时精神紧张，精神紧张已经成为大学毕业生面试时需要战胜的最大敌人。在陌生的环境，被陌生的人提问，事关自己今后一段时间的发展前途，在这种情况下产生紧张的情绪是正常的。

紧张并不就是“坏”的，适度的紧张可以促使毕业生更加集中注意力投入面试，但紧张过度则对面试极为不利，不仅能使求职者注意力不集中，甚至可能使求职者将事先准备的内容忘得干干净净，头脑一片空白。

下面的 3 种方法可以帮助求职者克服过度紧张的情绪。

#### 1 做 30 次深呼吸

做深呼吸（腹部呼吸）是消除紧张情绪很好的一个办法，能让求职者消除紧张，冷静思考问题。方法是：整个身体尽可能放松，把手放在腹部，用鼻孔轻轻吸气到腹部。这时会感觉到腹部慢慢胀起来，然后轻轻通过鼻孔把腹部的气呼出去，呼气的最后稍微用点力，能够感觉到腹部贴着背后的脊骨。每次呼吸要饱满，反复 30 次，同时在心里数着呼吸的次数。通过深呼吸，可以调节求职大学生不知所措、对未来恐慌的精神状态，使其回到放松的状态。

#### 2 自问可以接受面试不成功吗

人的大脑是很复杂的，总喜欢回顾过去或展望将来，并推断可能发生的后果，但实际上发生的事情并不如大脑想象的那么严重。这时，深刻认识自己大脑想象的这个“复杂的事情”，不去反抗与评论它。然后问自己：这次面试最坏的结果就是不被录取，可以接受吗？人们其实都可以接受不成功的面试，只因为不停反复的紧张情绪，忘记了自己要做的事情，只剩下一味地紧张。

求职者应保持积极向上的心态，想象事情正在按照预想的方向发展。虽然想象可能并不是实际存在的，但是通过这种方法，求职者能够得到更舒缓的心情，同时阻止内心消极想法的滋生。这是心理学上一个惯用的手法，不仅是应用于面试，对于后期的工作和生活都有很大的帮助。

#### 3 不要急着回答问题

当主考官问完问题后，大学生可以考虑一下再作回答。在思考的过程中，不仅可以组织问题的回答思路，而且可以稳定自己的情绪。如果对方问到一些难以回答的问题，可用比较委婉的语气避开，这也是一种诚实机智的表现。

**（二）遇到不清楚的问题及应对方法**

如果毕业生在面试时不知如何回答主考官提出的问题，可以婉转地问对方是否指向某一方面，但不可胡乱猜测、信口开河。如果真的一点也不清楚怎么回答，就应实事求是地告诉主考官，这个方面的知识未接触过。

**（三）说错话及应对方法**

人在紧张时很容易说错话。若说错的话无关大局，就不要太在意，继续专心应付下一个提问，若感觉说错的话比较严重，则应该及时道歉，并说出心中原本要表达的意思。

阅读材料

**变困难为优势，灵活应对面试提问**

一家公司准备招聘一名公共关系部部长。面试时限定每人在两分钟内对提问做出回答，其实提问只有一个，考官说："请您把大衣放好，在我面前坐下！"但是考场内除了考官使用的一桌一椅外，什么也没有。

现场面试时有5名考生，其中两名考生不知所措，一人急得掉泪，另外一人脱下大衣，放在考官的桌上，然后说："还有什么问题吗？"这两名考生立即被淘汰了。

剩下的3名考生中，有一名考生环顾室内，先是一愣，然后脱下大衣，往右手上一搭，躬身施礼，轻轻说："这里没有椅子，我可以站在您面前，等待回答下一个问题吗？"考官的评语："有一定应变能力，但创新、开拓不足。能适应严格的管理制度，可用于财会、秘书部门。"另一名考生的回答是："既然没有椅子，就不用坐了，谢谢您的关心，我愿听候下一个问题。"考官评论说："守中略有攻，可以培养使用。"最后的一位考生的表现是把自己候坐的椅子搬进来，放在距考官1米处，然后脱下大衣，折好放在椅背上，自己端坐在椅子上，当"时间到"的铃声响起时，他即站起施礼，再道声"谢谢"，便退出室外，并且把门关上。考官的评语是："巧妙回答试题，性格富于开拓精神。"最终第5位考生以笔试成绩和面试成绩均优秀的综合评分，被录用为公关部长。

**（四）几位主考官同时提问的回答方法**

如果一场面试有几位主考官，当他们同时提问时，一些经验不足的求职者会胡乱地选择其中问题之一或部分加以回答，结果自然不能让所有主考官都满意。在这种情况下，求职者既要逐一回答，又要显得有礼貌。

你可以说："对不起，请让我先回答甲领导的提问，然后再谈乙领导的问题，可以吗？"选择的顺序可以视主考官提问的先后顺序进行。

提醒

总之，面试时不论遇到什么情况，求职者都应沉着冷静，镇定自若地加以处理，千万不能惊慌失措。

## 六、面试后的准备

面试结束后，当不知道结果时，无味地等待有时可能会错失许多机会，此时，可以通过写感谢信、实地考察等方式来争取求职成功。如果没被录用，也不用气馁，收拾好心情，找出失败的原因，为下一次成功做准备。

### 1 写感谢信

为加深招聘人员的印象，增加求职成功的可能性，求职者可以在面试结束几天后，写封简短的感谢信，感谢用人单位提供面试的机会，同时重申一下自己的优点和对应聘职位的兴趣等，这样既显得礼貌，又让用人单位觉得你做事考虑周到、仔细。即使此次求职未成功，由于给用人单位留下了良好的印象，可能会为你推荐其他的用人单位或在将来出现职位空缺时，第一时间想到你。这样就为自己创造了一个潜在的机会。

### 2 变被动为主动

面试结束后，一般用人单位都要求求职者等候通知。此时，求职者往往都觉得只有静静地等待，似乎没有什么事可做。其实，对于求职者来说，直到结果出来之前都不能放弃努力，应时刻保持积极主动的姿态，主动创造机会。比如，用短信方式给对方一个问候或一声祝福，以不断加深用人单位对你的印象；也可以主动和用人单位取得联系，询问自己是否被录用。在询问过程中，一定要注意个人的语气和表达方式，不能显得十分冒昧。

### 3 实地考察，争取试用

利用多种渠道，想办法参观现场，参加岗位实习。在实习中展示自我，不仅能够得到了解用人单位、熟悉工作岗位的有利机会，而且还有利于用人单位对你的进一步了解。以此获得对方的信任，争取试用以至录用。

### 4 做好再冲刺的准备

应聘不可能个个都是成功者，肯定会有失败者。如果自己不小心落入了失败的行列，一定要牢记两句话“胜败乃兵家常事”“失败是成功之母”。千万不要心灰意冷，就业机会不只一次，要及时调整好自己的心态，认真总结、分析失误的原因，继续增加自身知识的积累，不断增强自信心，从而实现下一次的成功。

## 七、面试禁忌

面试是一次表现大学生综合能力的机会，在面试的过程中求职者需要注意的事情很多。有些事情虽无伤大雅，但却可能成为面试成败的关键因素。下面具体讲解面试过程中的禁忌，大学生在面试过程中应尽量避免。

### （一）忌不良用语

面试过程中最多的就是交谈，毕业生在与用人单位交谈时，应注意语言的使用。

#### 1 问待遇

待遇是每个求职者都非常关心的问题，但在实际面试过程中，千万不要急于询问对方“你们的待遇如何？”这会给用人单位留下“工作还没干，就先提条件”的印象。谈论报酬待遇无可厚非，但是要看准时机，一般在双方已有初步意向时，再委婉地提出。

#### 2 报有熟人

在求职面试过程中，有些求职者为了拉近自己与用人单位、主考官的距离，可能会说：“我认识你们单位的某某”“我和某某是同学，关系很不错”等。这种话主考官听了可能会对求职者留下“走关系”的印象，如果主考官与你提及的那个人关系不太好，甚至有矛盾，那么这些话所起的作用就会更糟。

#### 3 不合逻辑

在面试过程中，如果用人单位问：“请你告诉我一次失败的经历。”有些毕业生为了体现自己的优秀，可能会说：“我想不起我曾经失败过。”或者用人单位问：“你有何优缺点？”求职者回答：“我可以胜任一切工作”等，这样的回答都是非常不科学的，不但不能增加用人单位的好感，还可能带给人不可靠、不诚实的印象。

#### 4 关于公司的说法

面试不同于闲聊，说话不能张嘴就来，应对语言和遣词用字有所选择。如在面试过程中，有时用人单位会让毕业生自行提问，一些不太注意的毕业生往往会问：“你们公司怎么样”，这种说法肯定会引起用人单位的反感。其实既然选择到该公司面试，那证明是对这个公司有好感的，这时可以十分礼貌客气地说“贵公司”，为了拉近自己与公司之间的亲近感，还可以说“咱们公司”。

#### 5 本末倒置

在一些面试过程中，有些大学毕业生自恃清高，或为了故意表现自己的专业性，会提出一些让用人单位难堪的问题，如“请问你们单位有多大？竞聘比例有多少？”这样的问题，这是由于毕业生没有将自己的位置摆正，而引发的反问。

或者有时主考官问：“关于工资，你的期望值是多少？”此时的回答可正面，也可稍显礼貌地说：“我相信公司都有一套自己的薪资体系，这个体系已经运行很成熟了，会根据每个职位的重要程度及该职位涉及的个人的工作能力而定。多与少与我自己的努力程度也相关。”切忌反问对方：“你们打算出多少？”这样的反问就很不礼貌，很容易引起主考官的不快。

### （二）忌不良态度

凡参加面试的人，不管能力、水平如何，一定不要忘记自己是在接受用人单位的挑选，所以与主考官谈话的态度应有所注意。下面列出一些面试过程中的不良态度，大学生应聘时应注意避免。

#### 1 盛气凌人

有的参加面试的大学毕业生，由于在学校时可能是学生干部，得到老师的好评、同学的尊重，各方面条件也较优越，因此就有可能恃才傲物，在面试中态度傲慢，说话咄咄逼人。这主要表现在以下几方面。

◆ 当主考官对自己的回答不够满意或进行善意引导时，常强词夺理、拼命狡辩、拒不承认错误。

◆ 想占据面试的主动地位，反问主考官一些与面试内容无关的问题，如用人单位的福利如何？是否包吃住？自己将担任何种职务等？

◆ 某些大学毕业生有一些工作经验，在被问及原单位工作情况时，常贬低原单位领导及工作。过分地贬低原单位领导及工作，会让人感觉喜欢背后议论别人，产生合作精神差、没有感恩心态的印象。

**2 态度冷漠**

有的大学毕业生由于自身性格等原因，在面试过程中常表情冷漠，不能积极与主考官配合，缺乏必要的热情和亲切感。但是实际上所有的用人单位都希望自己的工作人员能够在工作中与人为善、使人感到轻松愉快，这样才能提高工作效率。

**提醒**

面试是考察大学毕业生综合能力的活动。在面试过程中，毕业生态度谦和、诚实大方，不过分拘谨，夸大自己的能力，也不过分妄自菲薄，并且有技巧地将自己的真实情况告之用人单位。不仅可提高自己成功就职的概率，而且可在就职后，与作为同事的“主考官”更好地相处。

## 八、常见面试提问方式

在面试过程中，主考官会通过广泛的话题，从不同方面了解求职者的心理特点、工作动机、能力、素质等。在这一阶段常见的提问方式有如下几种。

### （一）封闭型问题

封闭型问题，要求求职者做出最简洁的回答。求职者只需回答“是”或“否”，一个词或一个简单语句。例如，你取得过学士学位吗？你在大学期间谈过恋爱吗？

### （二）开放型问题

开放型问题，要求求职者不能只用简单的一个词或一句话来回答，而必须另加解释、论述才行。面试中的提问一般都采用“开放型”问题，以启发求职者的思路，激发求职者的潜能与素质，从中真实地考察求职者的素质水平。例如，你辞职的原因是什么？

### （三）假设型问题

假设型问题，以虚拟式的提问方式了解求职者的应变能力、解决问题能力和思维能力等。例如，如果我录用你，你将怎样开展工作？

### （四）压迫型问题

压迫型提问方式常带有某种挑战性，其目的在于创造情景压力，以此考察求职者的应变力与忍耐性。这种提问常常是“找到求职者的痛处或短板”，也可以从求职者的谈话中引出问题。

例如，根据你的简历发现你经历了多次跳槽，你成功入职后如何让我们相信你工作能够保持稳定？

**（五）情景型问题**

情景型问题，通过情景型试题考察求职者的应变能力、情绪稳定性、计划、组织及协调能力等。例如，某大型银行的门口排了很长的队伍，旁边施工队不慎将银行的电线挖断，造成突然断电。如果，你是银行经理，你将如何处理？

> **提醒**
>
> 情景型问题是面试中最常遇见的问题。针对该类型的提问，求职者可以通过4个技巧来轻松化解。第一，以平和的心态对待该问题；第二，心中马上拟定多个方案，权衡利弊；第三，灵活应对；第四，总结经验教训。

**（六）行为型问题**

行为型问题，用于考察求职者行为性技巧和能力形式，如组织协调能力、人际交往能力，特别是解决部门之间矛盾问题的能力，以及与同事建立信任关系等能力。

例如，在工作中如果你的属下违规招聘，与人力资源部门发生了矛盾，此时，你的上级要求由你负责协调这个矛盾，这种情况下你将采取哪些措施？

**（七）智能型问题**

智能型问题，通过对当前社会比较复杂的热门话题的讨论，考察求职者的综合分析能力，也在一定程度上考察求职者对社会的关心程度。这类提问一般不会要求求职者发表专业性的观点，也不是对观点本身的正确与否做出评价，而是看求职者是否能够自圆其说并且合情合理。例如，有的慈善机构一方面鼓励人们捐助，另一方面在慈善资金管理方面出现贪污腐败行为，你如何看待这个问题？

**（八）意愿型问题**

意愿型问题，考察求职者的求职动机与拟任职位的匹配性、求职者的价值取向等。例如，你还有什么问题吗？如果这次应聘你未被录用，你将会有什么打算？

# 第二节　大学生笔试攻略

笔试是某些特殊岗位所必须进行的一项测试，通过笔试，用人单位可以了解求职者多方面的能力。

> 扫一扫
>
> 笔试的准备

## 一、笔试的准备

笔试通常应用于大规模的员工招聘中，可以帮助用人单位在较短的时间内了解求职者的基本情况。了解笔试的相关知识和技巧，可以帮助求职者从容应对笔试，取得好成绩。一般来说，进行笔试的准备时应注意以下几方面。

◆ 平时认真学习。良好的笔试成绩来自于大学期间的努力学习和积累。大学学习的不仅仅是专业课程和基础知识，更多在于平时各方面知识的学习与积累，以及对社会信息的了解。课堂学习只占大学学习的一部分，平时的积累是非常重要的。

◆ 进行必要的复习。复习已学过的知识是准备笔试的重要方式。从考试的准备角度讲，知识可以分为靠记忆掌握的知识和靠不断应用掌握的知识，用人单位比较重视考核求职者对所学知识的应用能力。一般来说，笔试都有大体的范围，求职者可围绕这个范围翻阅有关的图书资料，并注意灵活运用知识解决实际问题。

◆ 保持良好的身心状态。参加笔试需要良好的心理素质。求职者在临考前，一要正确评价自己，树立自信心，调整好心理状态；二要保持充足的睡眠，可以在考试前参加一些文体活动，使高度紧张的大脑得到放松和休息，以充沛的精力参加考试。

提醒

由于笔试内容具有不确定性，因此求职者应深入复习，但是可以在考试前训练自己的答题速度，还可以站在用人单位的角度来思考可能出现的考核内容。如有条件，还可以提前熟悉考场环境，同时检查自己笔试所必须携带的证件，以及考试必备的文具是否准备齐全。

阅读材料

## 胸有成竹，一气呵成

某化妆品公司招聘营销策划人员，营销与策划专业毕业的钱贞贞已经对该岗位向往已久，看到公司对岗位的描述和要求，小钱心里暗暗自喜，自己不仅专业对口而且有一定的大公司实习经验，最重要的是她曾在实习期间成功策划过某一品牌口红的广告。她深信，只要进入面试环节，就一定能得到公司的认可。

小钱精心打扮一番并对面试做了充分准备后，兴致勃勃地来到公司，却被告知公司的招聘，首先是从笔试开始，要想进入面试，笔试必须取得好成绩。为此，小钱研究了该公司的相关产品，如哪些产品占据市场优势，哪些产品应加强广告效果等。临睡前，小钱还听了一些著名的营销案例，第二天早晨，小钱参加笔试时胸有成竹。当看到命题写作是一项如何策划该公司新推出的一款BB霜的策划时，小钱心里长舒了一口气，脑海中立即不断浮现出各种方案和营销技巧，很快她就将自己的策划方案完成了。这一仗小钱打得相当出色，一气呵成，取得了笔试第一名。

俗话说："不打无准备之仗。"这不仅指行军，做其他事也可借鉴。一些大学毕业生总认为笔试是检验专业知识的，只要放松心态就行，不需要做任何准备，甚至有的同学还以为事到临头，再抱佛脚也没用，还不如听之任之。其实，人的记忆是有时间性的，虽然，有的知识强记后短时间内不会忘记，但过后若不加强记忆很快就会忘记。殊不知，临时的强行记忆在短时间内，会特别深刻，因此，在笔试前进行适当的复习和强记，会有锦上添花的功效。

## 二、笔试的种类

笔试是目前用人单位常用的考核方法之一，目的在于考核求职者的专业知识水平、文字组织能力及综合素质等。根据考核的方向和内容不同，笔试可以分为专业考试、心理测试、技能测验和命题写作 4 种类型。

**（一）专业考试**

这种考试主要是为了检验求职者的专业知识水平和相关能力。一般用人单位从毕业生的成绩单就可以大致了解其知识水平，但有一些专业性要求较高的岗位，需要通过笔试的方式对其专业水平进行考核，这种考核方式已被越来越多的用人单位所采用。例如，外贸外资企业招聘职员要考外语水平，金融单位要考金融专业知识，公检法（公安局、检察院、法院）机关录用干部要考法律常识等。

**（二）心理测试**

心理测试一般要求求职者完成事先编制好的标准化问卷。通过心理测试，用人单位可了解求职者的态度、兴趣、动机、智力、个性等心理素质，还可以考察求职者的观察能力、综合分析能力、思维反应能力等。

**（三）技能测验**

技能测验实际是考查求职者的动手能力和实践能力，如考查操作和使用计算机的能力、英语会话和阅读能力，以及财会、法律、驾驶等方面的能力等。

**（四）命题写作**

用人单位通过论文或公文写作考查求职者文字表达能力及分析归纳能力。比如，限时写出一份会议通知、请示报告或某项工作总结；也可能提出一个论点，让求职者予以论证或辨析等。

## 三、笔试的方法和技巧

扫一扫

笔试的方法和技巧

求职大学生在进行笔试时，可采用一些方法和技巧，提高自己回答问题的正确率，并消除紧张情绪。

**（一）增强自信心**

缺乏自信心往往会导致求职者怯场。求职者应客观冷静地对自己进行正确评估，克服自卑心理，增强自信心。其实笔试与高考不同，高考就像“一锤定音”，而参加笔试则会有多次机会。因此，没有必要过分紧张，而是要适当放松心情，调整好精神状态去应试。

阅读材料

### 缺乏信心，只能失败收场

某医学院临床医学系的陈某，在参加儿科医院笔试考试时，因为太过紧张，将题目中的新生儿凝血症错看成了新生儿溶血症，结果所答非所问，导致自己失去了下一轮面试的机会。用人单位的笔试对于大学生来说相当重要，紧张也在所难免，求职者在笔试前，不妨将其看成是一个小测试，放松心态，取得好成绩，说明之前准备得很充分。没考好，权当是一场体验，下次吸取教训重新来过就行了。

### （二）掌握科学的答卷方法

笔试与在校期间进行的考试一样，有一定的方法，掌握科学的答卷方法，可帮助提高笔试成绩，总体说来答卷的方法如下。

- 通览试卷。求职者在拿到试卷后，首先应通览一遍，了解题目的多少和难易程度，以便掌握答题进度，合理安排答题时间；然后按照先易后难的原则安排答题顺序。
- 难题及易错题的处理方法。不要被难题所困而耽误时间，最后要尽可能留出时间对易错的地方进行复查，注意不要漏题。
- 卷面效果。答题时行距和字迹不宜太小，卷面字迹要力求认真清晰。
- 答题态度端正。笔试不同于其他专业考试，有时招聘单位并不仅仅在意求职者考分的高低，其认真的态度、细致的作风、新颖的观点也会大大增加被录用的可能性。

**提醒**

求职笔试不等于其他专业考试，招聘单位往往会从卷面上联想求职者的思想、品质和作风等。求职者卷面整洁、字迹清晰，答题一丝不苟，会使用人单位产生“愉悦感”，从而不知不觉送上“心理印象分”。认真的态度、细致的作风，往往会增加被录用的概率。

## 四、世界 500 强公司经典笔试试题

笔试是一种与面试对应的测试，是用以考核求职者特定知识的掌握情况、专业技术水平和文字运用能力的一种书面考试形式。许多大公司在招聘某些职位时都考虑使用笔试。下面是世界 500 强公司经典笔试试题，题目设置得很巧妙，对于个人的逻辑能力、思维能力都是很大的挑战。

（1）有 10 筐苹果，每个筐里有 10 个，共 100 个。其中 9 筐每个苹果的重量都是 0.5kg，另一筐中每个苹果的重量都是 0.4kg，但是外表完全一样，用眼睛或手无法分辨。试问如何用一台普通的大秤一次把重量轻的一筐苹果找出来？

答案：从第 1 筐中拿出 1 个，第 2 筐中拿出 2 个，第 10 筐拿出 10 个……一起放在大秤上称。如果每个苹果重 0.5kg，就应该是 27.5kg。假设称出是 27.4kg，则说明，从第 1 筐中拿出的苹果是 0.4kg 的，也就是说第 1 筐的苹果是 0.4kg 的。如果称出是 27.3kg，也就是说差 0.2kg，而又只有一筐苹果中的每个都是 0.4kg 的，所以一定是第 2 筐中拿出的两个是 0.4kg，也就是说第 2 筐的苹果是 0.4kg 的。按这样推理下去即可找出重量轻的那筐苹果。

（2）有一堆绳子，这些绳子之间粗细长短各不相同，每一条绳子本身各处的粗细长短也各不相同。但是每条绳子的燃烧时间都是 60 秒，试问如何测量 15 秒的时间？

答案：要实现这一目标，必须采用 3 个步骤：第 1 步，同时点燃任意两根绳子，第 1 根绳子点两头，第 2 根绳子点一头；第 2 步，第 1 根绳子烧完后，点燃第 2 根绳子的另一头，让两头同时燃烧，并开始计时；第 3 步，在第 2 根绳子烧尽时停止计时，即可得到 15 秒的时间。

（3）有一堆垃圾，规定要由张、王、李 3 户人家清理。张户因外出没能参加，留下 9 元钱做代劳费。王户上午起早干了 5 小时，李户下午接着干了 4 小时刚好干完。试问王户和李户应怎样分配这 9 元钱？

答案：不能简单地认为王户应得 5 元，李户应得 4 元。不加分析而想当然办事往往会出现错误。应该知道，王、李两户所做的工作中，除帮张户外，还有他们自己的任务。很明显，每户的工作量为 3 小时。王帮张干了 2 小时，李帮张干了 1 小时，王帮张的工作量是李帮张的 2 倍，得到的报酬当然也应该是李的 2 倍。因此，王户应得 6 元，李户应得 3 元。

（4）一天，有个年轻人来到王老板的店里买了一件礼物，这件礼物成本是 18 元，标价是 21 元，这个年轻人掏出 100 元买这件礼物。王老板当时没有零钱，用那 100 元向街坊换了 100 元的零钱，找给年轻人 79 元。但是街坊后来发现那 100 元是假钞，王老板无奈还给街坊 100 元。试问王老板在这次交易中到底损失了多少钱？

答案：年轻人掏出 100 元假钞买这件礼物，王老板进 0 元。王老板当时没有零钱，用那 100 元假钞向街坊换了 100 元的零钱，王老板进 100 元。街坊后来发现那 100 元是假钞，王老板无奈还了街坊 100 元，王老板出 100 元。找给年轻人 79 元，王老板出 79 元。年轻人到王老板的店里买了一件礼物成本是 18 元，王老板出 18 元。

总计损失：0+100−100−79−18=−97（元），损失 97 元。

（5）有 13 个零件，外表完全一样，质量也相同，但其中有一个是不合格品，重量和其他零件不同，且不知道具体的重量。请你用天平称 3 次，把不合格品找出来。

答案：先在天平的两边各放 4 个零件。

① 如果天平平衡，说明不合格品在另外的 5 个里。拿出 3 个好的放在天平左端，再从不合格品的 5 个中拿出 3 个，放在天平右端（如果不平衡，此时要记住右端是高是低，高说明坏的零件比好的轻，反之相反）。

- 如果天平平衡，则不合格品在剩下的两个中，任意拿 1 个和合格品放在天平两端，即可得出答案。
- 如果天平不平衡，则不合格品在天平右端那 3 个里面，任意拿出 2 个，分别放到天平两端。如果平衡，那么第 3 个即为不合格品。如果不平衡，则可以根据天平两端的高低判断出不合格品。

② 如果天平不平衡，说明不合格品在这 8 个中，此时要记住哪端是轻的，哪端是重的。然后把 5 个合格品放在天平的左端，取 2 个轻端的和 3 个重端的放在右端。

- 如果天平平衡，则拿剩下的 2 个轻端的，放到天平两端，如果平衡，答案很明显。如果不平衡，则说明不合格品在这 2 个里面，而且不合格品是较轻的，因为它们是从轻端取出来的。
- 如果右端低，说明不合格品在重端的 3 个里面，而且合格品零件较重，再称一次就知道答案。如果右端高，说明不合格品在轻的 2 个里面，而且不合格品较轻，再称一次答案很明显。

（6）一死刑犯就要行刑。行刑官对死刑犯说：“你知道我将怎样处决你吗？猜对了，我可以让你死得好受些，给你吃个枪子。要是你猜错了，那就对不起了，请你尝尝绞刑架的滋味。”行刑官想：“反正我说了算，说你对你就对，说你错你就错。”没想到死刑犯的回答，使得行刑官无法执行死刑，这个死刑犯绝处逢生。这个死刑犯是怎样回答的？

答案：死刑犯说："我将要上绞刑架。"这是一个不对不错的答案。如行刑官说错了，那犯人将上绞刑架，那犯人就说对了，行刑官要是说对了，那犯人要吃枪子，那犯人就说错了。

（7）从前，有个很有钱的人家。正当全家为新的小生命即将降临而欢喜之际，丈夫却突然得了不治之症。临终前留下遗嘱："如果生的是男孩，妻子和儿子各分家产的一半。如果是女孩，女孩分得家产的三分之一，其余归妻子。"丈夫死后不久，妻子就临产了。出乎意料的是，妻子生下一男一女双胞胎！这下妻子为难了，这笔财产该怎样分呢？

答案：按法律的规定继承。丈夫的遗嘱是附条件的，但其条件并没有实现，所以不按遗嘱继承，而应当按照法律的规定继承：家产先分给妻子一半（夫妻共同财产），剩余的一半，由妻子和一双子女平均继承。即妻子得家产的三分之二，子女各得家产的六分之一。

（8）有两个封闭式的小火车站，每天从甲站开到乙站的车次总是比从乙站开到甲站的车次多，时间长了，火车会不会都集中到乙站呢？

答案：不会，因为从乙站开出的车的车厢比甲站开出的车的车厢要多！

（9）小明一家过一座桥，过桥的时候是黑夜，所以必须有灯。现在小明过桥要 1 分钟，小明的弟弟要 3 分钟，小明的爸爸要 6 分钟，小明的妈妈要 8 分钟，小明的爷爷要 12 分钟。每次过桥最多可过两人，过去后，对岸要有一人再把灯送过来，而过桥的速度依过桥最慢者而定，而且灯在点燃后 30 分钟就会熄灭。问小明一家如何过桥？

答案：第 1 步，小明与弟弟过桥，小明回来，耗时 4 分钟；第 2 步，小明与爸爸过桥，弟弟回来，耗时 9 分钟；第 3 步，妈妈与爷爷过桥，小明回来，耗时 13 分钟；最后，小明与弟弟过桥，耗时 4 分钟，总共耗时 30 分钟，多么惊险！

（10）3 个年轻人去一家旅店投宿，每人拿出 10 元钱交给老板。老板由于喜得贵子，决定少收 5 元钱，于是让服务员将 5 元钱转交给 3 个年轻人。服务员从中扣下了 2 元钱，将剩余 3 元钱还给 3 个年轻人，每人分得 1 元。现在 3 个年轻人每人相当于拿出 9 元钱，3×9=27，加上服务员扣下的 2 元钱，27+2=29。与 3 人最初拿出的 30 元钱相差 1 元。问这 1 元钱到哪儿去了？

答案：这个问题的逻辑是错误的。准确的描述是，3 个人各出了 10 元钱，后又还回 3 元钱，因此共出钱 27 元。这 27 元中，2 元被服务员扣下，25 元为房费。因此，不存在 27+2=29 的说法。

# 第三节 大学生求职礼仪

穿着打扮和行为举止可反映出一个人的修养和生活风格。在面试中，给主考官留下良好印象的关键，除了穿着打扮和行为举止外，恰到好处的表情和举止，也会有助于求职者过关斩将。

## 一、面试礼仪

面试是主考官与求职者比较正式的接触，求职者应该懂得初次见面礼仪的重要性，它可能直接影响主考官对求职者印象的好坏，进而决定是否录用。

**（一）准时赴约**

守时是职业道德的基本要求，准时赶到指定地点参加面试，这是最基本的礼节。因其关系到用人单位对求职者的第一印象，对于这一点，求职者切不可掉以轻心。参加面试最好提前十分钟到达现场，这样既不失礼貌，又可以稳定情绪，稍做准备，避免手忙脚乱、仓促上阵。

若未去过面试地点，应事先将交通路线中可能出现的不利因素考虑在内，如堵车。早点出发，以保证万无一失。总之，一定要重承诺、守信誉，不能违约，即使临时发生了不可抗拒的意外情况导致不能按时参加面试，也应及时告诉用人单位并表示歉意，这样一般都会得到用人单位的谅解，说不定还能得到补试的机会。

**（二）敲门进入面试室**

扫一扫

敲门进入面试室

面试时，应在面试室外轻轻敲门（面试室的门一般是关着的），得到许可后方可进入面试室。注意敲门不可用力太大，也不可未进门时先将头伸进去张望一下再进门，更不可直接推门而入。进门后，应轻轻地转过身去关上门。

**（三）主动与主考官打招呼**

扫一扫

主动与主考官打招呼

进入办公室后，首先面临的是如何与主考官打招呼的问题，也可以说真正的面试就从此刻开始，从现在起求职者应当立即进入角色。进入面试室后可对主考官微笑点头，也可进行问候（如上午好、下午好、各位领导好等），要有礼貌地告诉主考官自己是谁，做到举止大方、态度热情。需要注意的是，面试时不宜与主考官握手，除非主考官主动伸手与你握手。

**（四）微笑待人**

扫一扫

微笑待人

微笑是世界上最美的语言，它表示欣赏对方的盛情，表示领略、歉意或赞同。面对主考官，求职者的微微一笑可以使他解除戒备心理，使双方的心理距离迅速缩短。所以，面试时面带微笑会提高成功率。

**（五）回答问题时精神集中**

扫一扫

回答问题时精神集中

面试时，回答问题要集中精神，力求给对方以诚恳、沉稳、自信的印象。根据主考官的反应适时调整自己的语言表达方式，并且冷静地保持不卑不亢的态度。

在谈吐方面，谈话的内容和说话的方式同等重要。说话要和蔼可亲，不要随意打断对方的话，必要时，先道歉再插话。与此同时，讲话应当条理清楚，并通过表情、语调、声音等诸方面的配合，传达出真诚、乐观、热情、大方的态度，就会收到良好的效果。

## 二、着装礼仪

常言道："三分容貌，七分打扮。"在求职过程中，恰当的服饰会给人留下良好的第一印象。大学生求职面试，是处于一个庄重的场合，在服饰方面要注意朴素大方、庄重整洁，着重突出职业特点。

在应聘不同岗位时，衣着应与之搭配。根据所应聘的工作性质和类型来确定穿着，是一种较稳妥的做法。不同职业对人的要求是有差异的，而这种差异同样体现在穿着上。尽管没有成文的规定来划分某种职业的穿着标准，但人们心理上存在着各种各样模式化的思维。

例如，应聘车间安装之类的具体操作岗位，穿着应当朴素一点；去广告公司应聘，则不应穿古板落俗的衣服。若从事比较活泼的行业，如营销，则上衣与搭配的裙子或长裤未必要同色，也可以有些图案。总体来说，应试者的衣着服饰要注意以下几个方面。

- ◆ 女性忌讳上衣与裙子太过花哨，颜色不宜太过鲜艳，应避开大红、橙色或粉红、紫色等颜色。
- ◆ 男性穿深色西装，领带、衬衣袖口要注意清洁。
- ◆ 男、女都应尽量减少佩戴首饰。

## 三、仪态礼仪

仪态指人们在交际活动中的举止所表现出的姿态和风度。主考官对求职者的评价，往往开始于对求职者的仪态表现、言行举止的观察和概括。因此，在面试时，文明规范的行为举止是十分重要的。

扫一扫

面试时的姿势

### （一）表情

在面试时，最常用和最富有表现力的表情就是目光和微笑。

- ◆ 目光。在面试中，正确的注视方式应该望着对方额头的上方，只有在双方谈到共同话题时才有自然的视线接触，目光要自然、柔和、亲切、真诚。
- ◆ 微笑。首先微笑必须真诚、自然；其次，微笑要适度、得体。适度是指微笑要有分寸、不出声，含而不露；得体就是要恰到好处，当笑则笑，不当笑就不笑。否则，会适得其反，给对方留下不好的印象。

### （二）手势

在揭示人的内心活动方面，手势极富表现力，如紧张时，双手相交；愤怒时，紧握拳头；疑问时，手摸后脑勺等。求职者在面试时运用手势一定要注意以下几项。

- ◆ 适合。所谓适合主要体现在两个方面，第一，说的意思要与手势所表示的意义符合；第二，手势的量要适中。
- ◆ 简练。每做一个手势，都力求简单、精练、清楚、明了。
- ◆ 自然。手势贵在自然，动作要舒展、大方，令人赏心悦目，切忌呆板、僵硬。
- ◆ 协调。手势要和声音、姿态、表情等密切配合进行，这样的动作才是优美和谐的。

### （三）体姿

体姿是指通过身体的肢体语言来表达情感、传递信息的体态语，主要包括坐姿、站姿和行姿 3 种。

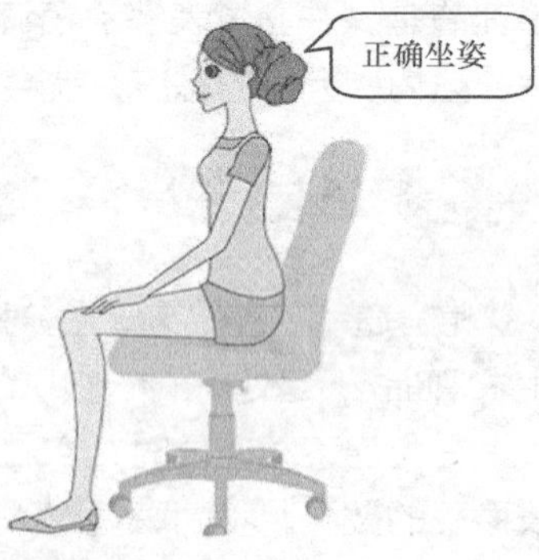


#### 1 坐姿

站有站相，坐有坐姿，求职者进入面试室落座后的姿势也非常重要。正确的坐姿是：

全身放松，两腿自然并拢，手放在膝上，挺直腰板，身体微向前倾，既不可坐得太浅，也不能坐得太深。坐浅了容易使自己紧张，导致注意力不集中，坐深了斜倚在靠背上给人以懒散感。

正确的坐姿让人看见后会感觉到求职者精神振奋，朝气蓬勃。

面试的过程中注意不要有小动作，以防给人不耐烦、不自信的印象，下面列出常见的一些不正确的小动作。

- 下意识地看手表。
- 坐着时双腿叉开，摇晃不停。
- 跷二郎腿，或不住地抖动。
- 讲话时摇头晃脑。
- 用手掩口。
- 用手挠后脑勺、摸头发等。
- 不停地玩弄随身携带的小物件等。

阅读材料

## 习惯性小动作导致错失工作

王珊今年大学毕业，凭借优异的学习成绩，对于即将到来的面试她胸有成竹，面试当天她几乎没怎么准备。到了现场时，已经有几个求职者在等候，他们都经过细心打扮，而且一个个嘴里念念有词，显然是在温习自己的简历或者其他内容。看他们认真的样子，王珊这时才有了竞争的真实感。

轮到她面试时，主考官有两位，表情很严肃，现场气氛有些紧张，这时王珊突然发现自己事先准备的说辞全忘了，脑子里一片空白。其中一个主考官让她做自我介绍，王珊机械性地把自己的简历背了一遍，声音有些发虚，手下意识地去摸头发。她知道自己表现得很差。

另一个主考官问："你应聘这个岗位的优势在哪里？"本来应聘的岗位是文秘，王珊的专业正好对口，而且她还辅修了法律，对于这个岗位来说是再合适不过的了。但是偏偏她一紧张，平时的小动作全出来了，一会儿摸头发、摸耳朵、擦鼻子……然后她发现自己手脚都不知道该往哪儿放了。最后的结果可想而知，王珊因为轻视面试，导致面试时紧张，出现太多小动作，让主考官对其专业度和自信心产生了怀疑，最终导致面试失败。

### 2 站姿

站姿是体态语的有机组成部分，在求职面试中同样能反映求职者的外在形象和礼貌修养。正确的站姿应该是：站立要端正、双目平视前方、嘴唇微闭、面带微笑；双肩放松，使身体有向上的感觉；躯干挺直，身体重心应在两腿的中央，做到挺胸、收腹、立腰。男士站立时，一般应双脚平行，大致与肩同宽，双手半握拳状垂放于大腿两侧；女士则应双腿并拢，脚跟靠近，脚掌分开成"V"形，双手自然垂放或叠放成心形放在腹前。

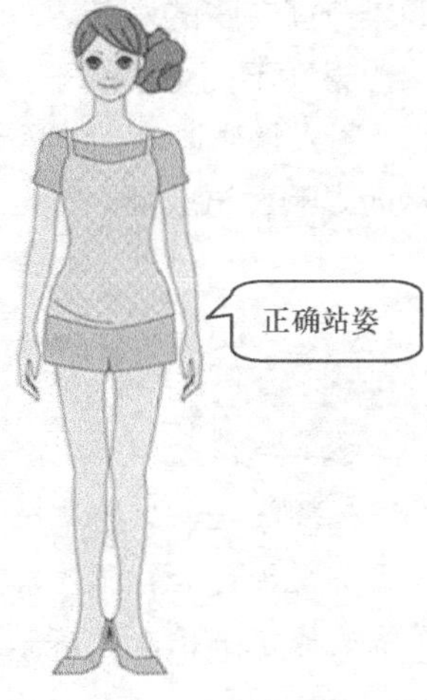


此外，求职者需要注意的是：站立时双手不可叉在腰间，也不可抱在胸前；站立时身体不能东倒西歪，也不能倚门或靠墙；站累时，脚可以向后撤半步，但上肢仍须保持正直，不可把脚向前或向后伸得过多。

### 3 行姿

从步入面试室，到走出面试室，整个过程都在主考官的观察范围之内。每个细节都会反映在自己的评分表上，潇洒和优雅的走路姿势能够体现一个人的风度和魅力，给自己赢得良好的印象分。

正确的行姿应当身体直立、收腹直腰、两眼平视前方，双臂放松在身体两侧自然摆动，脚尖向正前方或微向外伸出，跨步均匀，两脚之间相距约一只脚到一只半脚，步伐稳健，步履自然。女性在穿裙装时步幅应小一些，穿裤装则可稍大一些，以显示出自身的干练；男士则按照平时习惯的步幅即可。

提醒

面试过程中的行姿也是比较重要的，求职者切忌在行走时身体前俯、后仰，或两个脚尖同时向里侧或外侧呈八字形走步，步子太小或太大；双手反背于背后或身体乱晃乱摆。

## 四、仪容礼仪

仪容，主要是指面部，广义上还包括头发、腿部等。一个人的仪容仪表最能反映出他的精神状态，主考官对求职者的第一印象也来源于对求职者外在形象的观察。因此，求职者一定要注意自身仪容的修饰，特别是女性，适当地化淡妆，会让自己与众不同，神采奕奕，还可以表现出自己对这次面试的重视。

**（一）杜绝饰物**

女士尽量不要佩戴耳环、项链、手镯等各类饰品，尤其是金光闪闪的饰物；男士不佩戴饰品。一身珠光宝气可能会给主考官留下热衷打扮、虚荣心强的负面印象。

**（二）化妆与发型**

在面试时，化妆与发型也很重要。在面试前，应整理仪容，头发清洗干净，梳理整齐，不要染奇怪夸张的发色。

男性不要留小胡子，不要留长发。女士不要浓妆艳抹，不要用浓烈的香水，适宜化淡妆即可。若女性求职者参加面试时妆容及服饰太过浓艳，会显得不够庄重，给主考官留下不好印象，从而影响面试成绩。

阅读材料

### 格格不入的仪容导致错失工作

孙薇薇在应聘某公司前台时，因化浓妆，并且穿的上衣未能盖住她腰部的纹身，再加上头发染色和指甲美容，虽然她的专业与简历显示她非常适合这份工作，但最终主考官还是选择了一位能力不如她，但妆容更加得体的同学。小孙过于前卫的妆容让主考官担心她太着迷于工作以外的东西，不能静下心来全身心地投入工作。但在实际生活中，小孙并不是一个浮躁的人，却因为自己的仪容不得体给主考官留下不好的印象，最终错失了这次工作机会。所以，广大的大学毕业生在面试前也要给自己打好预防针，在面试前可以请其他同学来对自己的装扮发表评论，这样才能更加客观，从而避免出现和孙薇薇一样的问题。

**（三）腿部**

求职者参加面试时，不仅要注意衣着得体，而且要注意腿部的细节。女士穿裙装不能光腿，要穿丝袜；袜子有“腿部时装”之称，不能出现残破；袜子要高过裙子的长度。男士穿西装时要穿黑色棉质袜子，长及小腿中部，袜口要有松紧带。

## 五、面试后的礼仪

许多毕业生只注重应聘面试时的礼仪，而忽略了面试结束后的善后工作。其实，这些善后工作同样能加深主考官对求职者的印象，下面就来看看面试后需要注意的礼仪。

**（一）感谢**

当用人单位表示面试结束时，不论结果如何，都要轻声起身表示感谢，并将自己坐的椅子扶正，摆放在进门时候的位置，再次表示感谢后，再轻推门离开。

**（二）不可贸然打听面试结果**

面试结束后，不可贸然地打电话询问相关情况，可以通过感谢信函的方式再次加深用人单位对你的印象。若是一周内没有接到任何回音，此时，可以给用人单位打个电话，询问面试结果。以表示出你对这个工作的兴趣和热情，同时从用人单位的语气中听出自己是否还有被录用的希望。

扫一扫

面试的后续礼仪

# 第四节　评估与分析

毕业生如果想在面试的过程中应对自如，除了做必要的心理准备之外，还应对用人单位可能提出的面试提问有一个初步了解，包括每一个问题背后的意图，以及每一个问题的回答思路。下面列举了一些用人单位面试过程中使用频率最高的问题及回答思路。毕业生可根据个人情况，写出自己的答案。

问题一：“请你自我介绍一下。”

这是面试的必考题目，用人单位通过求职者的回答，对求职者进行初步了解，并初步判断求职者与职业的匹配度。

思路：（1）介绍内容要与个人简历相一致。（2）表述方式应自然且口语化，切忌直接背诵。（3）切中要害，不谈无关、无用的内容。（4）条理要清晰，层次要分明。（5）事先有所准备。

我的回答：

问题二："谈谈你的家庭情况。"

用人单位希望通过求职者的回答，了解其性格、观念、心态、家庭支持等。

思路：（1）简单地罗列家庭成员。（2）宜强调温馨和睦的家庭氛围。（3）宜强调父母对自己教育的重视。（4）宜强调各位家庭成员的良好状况。（5）宜强调家庭成员对自己工作的支持。（6）宜强调自己对家庭的责任感。

我的回答：

问题三："你有什么业余爱好？"

用人单位希望通过求职者的回答，了解其性格、喜好、心态。

思路：（1）不宜说自己没有业余爱好。（2）不宜说庸俗的、令人感觉不好的爱好。（3）不宜说自己的爱好仅限于读书、听音乐、上网。（4）最好有一些户外的业余爱好。

我的回答：

问题四："你最崇拜谁？"

用人单位希望通过求职者的回答，了解其个人追求、性格、对待事情的态度。

思路：（1）不宜说谁都不崇拜。（2）不宜说崇拜自己。（3）不宜说崇拜一个虚幻的人。（4）不宜说崇拜一个明显具有负面形象的人。（5）崇拜的人最好与应聘的工作有关系。（6）最好说出崇拜的人有哪些品质、思想感染自己，使之成为"崇拜之人"。

我的回答：

问题五："你的座右铭是什么？"

用人单位希望通过求职者的回答，了解其个人追求、喜好、性格、对待事情的态度等。

思路：（1）不宜说引起不好联想的座右铭。（2）不宜说太抽象的座右铭。（3）不宜说太长的座右铭。（4）最好说能反映出自己某种优秀品质的座右铭。（5）最好说积极向上的、与工作相关的座右铭。

我的回答：

问题六：“你对加班的看法是什么？”

用人单位通过求职者的回答，考察其是否愿意为公司奉献。

思路：（1）如果是工作需要，义不容辞加班。（2）提高工作效率，减少不必要的加班。（3）加班对于公司而言，实际也是一种成本。

我的回答：

问题七：“在五年的时间内，你的职业规划是什么？”

用人单位通过求职者的回答，考察其个人规划是否与应聘职位相符，以及可能为公司服务的时间。

思路：（1）实事求是，不要违背自己的最终目的，为了就业而就业。（2）切忌说没有规划。（3）有一定规划，可根据公司和应聘的职位发展情况调整。

我的回答：

问题八：“谈谈你的缺点。”

用人单位通过求职者的回答，考察其性格、喜好，以及与工作的关系。

思路：（1）不宜说没有缺点。（2）不宜把明显的优点说成缺点。（3）不宜说影响所应聘工作的缺点。（4）不宜说令人不放心、不舒服的缺点。（5）可以说一些表面上看是缺点，从工作的角度看却是优点的缺点。

我的回答：

问题九：“谈一谈你的一次失败经历。”

用人单位通过求职者的回答，考察其面对挫折的态度。

思路：（1）不宜说没有失败的经历。（2）不宜把明显的成功说成是失败。（3）不宜说出严重影响所应聘工作的失败经历。（4）宜说失败之前曾信心百倍，努力工作。（5）宜说导致失败的原因是客观原因。（6）失败后自己的反思与总结，以及再次面对工作的态度。

我的回答：

问题十："你为什么选择我们公司？"

用人单位通过求职者的回答，考察其求职的动机、愿望，以及对此项工作的态度。

思路：（1）宜从行业、企业和岗位这 3 个方面来回答。（2）宜说公司长期重视的事项或优势（这一点需要对公司本身有所了解）。

我的回答：

问题十一："对这项工作，你有哪些可预见的困难？"

用人单位通过求职者的回答，考察其对应聘职位的认识，以及面对困难的态度。

思路：（1）不宜直接说出具体的困难，否则可能令对方怀疑其能力。（2）尝试迂回战术，说出求职者对困难所持有的态度。

我的回答：

问题十二："您在前一家公司的离职原因是什么？"

用人单位通过求职者的回答，侧面了解其缺点，以及对待工作的态度。

思路：（1）避免把离职原因说得太详细。（2）不能掺杂主观的负面感受，如"太辛苦""人际关系复杂"等。（3）不能涉及个人负面的人格特征，如不诚实、缺乏责任感等。（4）尽量使解释的理由为求职者个人形象添彩。（5）"前一家公司倒闭"是最不会对求职者产生"想法"的离职理由。

我的回答：

CHAPTER 07

# 第七章　大学生职业适应

## 学习目标

熟悉不同角色的认知

了解角色转换中存在的问题

了解影响职业适应的因素

了解大学生职业适应期的特征

掌握大学生职业适应技巧

## 案例导入

李静蕾毕业后，通过亲戚介绍来到一家中型企业工作。刚到那几天，充满着好奇和骄傲。可是没过几天，她开始不喜欢这个企业了，觉得与自己理想中的企业相差太远，而且，好多事情都与自己当初在校时想象的不一样。说管理正规吧，自己看还有很多漏洞；说不正规吧，劳动纪律抓的又很严，这让李静蕾觉得很不舒服。

一天，她与一个同事发牢骚，说："这个企业管理问题很多，工作没意思。"也不知怎么回事，这话竟然传到了领导的耳朵里，还没等李静蕾真正了解和认识这个企业，就已经被辞退。一开始，李静蕾还满不在乎，觉得反正自己也没看好这个企业，走了也无所谓。可是，当她再次在求职大军中奔波了近两个月，也没有找到好于之前的企业时，心中才感到有些后悔，心想如果下次再有类似的企业愿意接纳自己时，一定接受教训，好好干，不再挑三拣四了。

**启示**　从上面的案例来看，有些新人在进入公司后，会被分配到一些自己不擅长的岗位，习惯用学生的眼光看待企业，接受不了企业的规章制度，没有耐心去了解企业和被企业了解，这种行为是万万不可取的。来到一个新的环境，最重要的是迅速适应岗位要求、融入企业。

在竞争如此激烈的今天，在自己还没有任何工作经验的时候，一定要珍惜第一份工作。不管进入的公司如何，一定要耐心了解公司的业务、领导、同事，然后，慢慢适应自己的角色并成功实现学生到职员的角色转换。

# 第一节 角色适应

初入职场，面对与校园生活截然不同的环境和角色定位，有很多东西需要学习和适应。当所在环境无法改变时，就只能调整自己去适应环境。

## 一、角色认知

角色认知，是人们对布置给自己或对其要求的工作职责的了解程度。这种认知将会引导员工努力的方向并改善员工与同事、供应商和其他利益相关者的协作关系。

### （一）社会角色认知

社会角色，简单地说是一个人的身份，是指由人们所处的特定社会地位和身份所决定的规范系列和行为模式，是人们对具有特定地位的人的行为的一种期望。它随着社会实践的发展而不断更新。

社会角色是社会赋予人的社会权利与义务，它反映了每个人在社会中的地位和在人际关系中的位置，代表了每个人的身份。个人在不同时间、不同环境、不同场合处于不同的社会角色，并享有不同的社会权利，履行不同的社会义务，遵循不同的社会规范。

每个人扮演的主要角色，由其承担的主要任务来决定。如大学生的主要任务是学习，其主要角色就是学生，他们对承担的“学生”这一角色十分熟悉，但对社会职业人员的角色要求却相对比较陌生。

### （二）学生角色与职业角色的区别

学生角色与职业角色的区别主要体现在以下 5 个方面。

#### 1 活动方式不同

学生以学习书本知识为主要活动。作为受教育者，其认识社会的途径是间接的，认识的内容主要也是理论性的；同时，由于在校期间，学生更多的是接受来自家庭和社会的供给和资助，学生一直处在一种接受外界给予的方式下，因此缺乏自主能力。

而社会职业角色则不同，它要求运用自己掌握的知识和能力，通过具体的工作向外界提供自己的劳动，同时，在遵纪守法和用人单位规章制度的前提下，职业角色在生活上也有较大的自由度。

#### 2 社会责任不同

学生角色的主要责任是学好科学文化知识，掌握社会生活的基本技能，逐步完善自己，以便将来为社会服务，实现自己的人生价值。

而职业角色的责任则是，以特定的身份去履行自己的职责，依靠自己所掌握的知识或技能去创造社会效益和经济效益。两种不同角色分别承担着两种不同的责任。

- ◆ 学生角色责任的履行，主要关系到学生本人掌握知识的多少和能力培养的程度。
- ◆ 职业角色责任的履行则影响非常大，不仅影响着个人价值的实现，还会影响到企业、行业的声誉。例如，作为一名医生，如果医术精湛、医德高尚，能充分履行自己的职责，不仅能为医生树立风范，而且还会为所在的医院带来声誉；反之，则会损害医疗工作者和医院的形象。

由此可见，从学生到职业的角色转变，角色所担任的社会责任增强，社会对职业人员的责任心有着更高的要求。刚走出校门的大学毕业生还没有认识到自己的角色已经发生了转变，更没有意识到自己所担负的社会责任也增强了，因此出现了不适应的现象。

**3 社会权利不同**

学生角色的权利，主要是依法接受教育，并取得家庭或社会的经济资助。而职业角色的权利，则是在开展工作的过程中依法行使职权，并在履行义务的同时获取报酬和其他相应的社会福利待遇。

**4 社会规范不同**

角色规范，是对角色扮演者的行为规定。对于不同的社会角色，会有不同的行为规范和要求。

- 学生角色是从教育和培养的角度出发规范学生的行为，如通过制订学籍管理条例、学生生活管理条例等规章制度，对学生的学习和生活提出相应的要求，以引导学生健康成长，使其日后成为社会有用的人才。
- 职业角色，是对从业者行为模式的规范，因为职业的不同而千差万别。这些模式既具体又严格，一旦违背就必须承担责任，甚至追究法律责任。

**5 全面独立的要求**

从学生到职业的角色转换，对其独立性要求也相应有了提高。在学生时代，学生在经济上，主要是依靠家庭的资助；生活上依赖家长的关照；学业上习惯了老师的指导，总是处在被人扶助的环境之中。毕业后离开学校，开始自己的职业生涯后，全面独立的要求主要表现在以下几方面。

- 由于有了工作报酬，经济上逐步成为独立者。
- 工作上要求能够独当一面，不再依靠家庭和老师。
- 学习上要会自我安排，在自己日常的工作、生活中通过自身的体验来了解和认知社会。
- 生活上要会自己照顾自己。

这种全面独立的要求，不仅对青年提出了依靠自身力量，加强自我管理的新课题，而且也为青年的发展和自身完善提供了更广阔的空间和自由度。

### （三）从学生角色到职业角色的转换

人的职务或职业生涯会不断变化，角色也会随之发生变化，因此角色转换是对作为个体的人，在社会关系中的动态描述。

大学生告别校园，走上工作岗位，意味着他们已经脱离各方面的监护，开始独立自主地生活，因此大学生能否尽快地从学生角色融入职业的角色，实现角色转换，对于大学生的职业成功意义非凡。

**1 有利于尽快适应职业生活**

在新的工作岗位上，大学生面对崭新的工作条件和生活环境、现实化的专业内容、复杂的人际关系，谁能尽快实现角色转换，谁就能较快地适应社会，并掌握成功的主动权。

大多数大学生希望能较快度过适应期，独立、愉快地开展工作。但相当多的人常常在一两年内都难以适应和胜任工作。为此，有的人变得迷惘消极、自暴自弃，甚至不断地调动工作。此时，就需要大学毕业生正视自己、面对现实、脚踏实地，这也是度过适应期的关键。

**2 有利于在人才竞争中脱颖而出**

竞争性是市场经济的一个基本特征。市场竞争是无情的，适者生存、优胜劣汰是不以人的意志为转移的客观规律。初为职业人时，必然会面临来自各方面的挑战和竞争，只有尽快将所学的理论知识应用于实践中，并不断提高自身素质和能力，快速进入职业角色，然后熟练开展工作，才能在激烈的人才竞争中脱颖而出。

**3 为今后的发展打下良好的基础**

从学生到职业的角色转变，实质上是从理论落实到实践的过程。能否较快且顺利地实现角色的转变，反映出大学生潜在素质和能力水平的高低。以积极的态度顺应职业工作的需要，主动适应岗位的要求，努力完善自己，将为今后的发展打下扎实的基础。

从学生角色到职业角色的转换，本质上就是社会化过程，是新参加工作的毕业生学会如何在组织中行事，逐步了解和认同组织的价值观，具备组织所需的能力及社会知识，从而在组织中担当某种角色，真正成为组织一员的过程。个人的社会化应达到的目标如下。

- 业务熟练，通过学习，熟悉所从事的工作。
- 与组织其他成员成功地建立起和谐关系。
- 全面了解正式或非正式工作关系，以及组织内部权力结构。
- 掌握组织独有的专业术语及缩略语、行话等。
- 了解特定的组织目标和价值观。
- 理解和赞成组织的传统、习惯、仪式等，并熟悉组织重要成员或有影响力成员的个人背景和工作经历。

## 二、角色转换中存在的问题

大学生在走向工作岗位之初，对职业角色难免会有些不适应，此时，大学生应对自己投入的角色有比较清晰的认识，使之具有合理的地位，这样有助于走上岗位时克服可能产生的情绪波动，从而更好地掌握自己。

刚走上工作岗位的大学生，在角色转换时主要存在以下问题。

### （一）依恋心理

一些毕业生在角色转换过程中容易出现依恋学生角色的情况。大学毕业生走上工作岗位后，来到一个全新的环境，人事皆非，很容易出现怀旧心态。

大学生活是寝室—教室—食堂“三点一线”的读书生涯，对学生角色的体验可以说是非常深刻的，大学毕业生常常会自觉或不自觉地将自己置于学生角色来要求自己和对待工作。比如，以学生角色的习惯方式观察和分析事物，以学生角色的社会义务和社会规范来要求自己，很难适应与同事、领导相处等较为复杂的人际关系，难以承受职业责任的压力，不禁会留恋相对单纯的学生时代。

### （二）对职业角色的畏惧

一些大学生毕业刚进入新的工作环境时，往往不知道工作应该从何做起，如何开展，而且在工作中怕承担责任，总是畏手畏脚，缺乏年轻人的朝气和锐气。工作上全靠领导安排，对自

己的工作性质、范围、相互关系等还没有足够的认识。

因此，在履行角色义务、遵守角色规范方面还存在着一定的差距，但此时，别人已不再用学生的眼光来看待你，而是按能独立承担职业义务的标准来要求你。

**（三）眼高手低的高傲心理**

一些大学毕业生常以文凭、学位或结业于名校而傲。自以为自己是个人才，轻视实践，只想从事高层次的工作，看不起基层工作和基层工作人员，甚至认为一个堂堂的大学毕业生干一些不起眼的事是大材小用，表现出不踏实的浮躁作风和不稳定的情绪。

这类大学生往往缺乏敬业精神，不能深入了解本职工作的性质、职责范围和工作技巧，如果他们不能静下心来踏踏实实地工作和学习，那么，不管什么样的公司都不适合他们。这种心理产生的后果就是眼高手低，在实际工作中表现为大事做不了、小事又不愿做，阻碍了自己顺利进入新的角色。

阅读材料

### 名牌大学也得下岗

某省一家明星企业，前不久辞退了一位名牌大学的毕业生。也许有人会觉得奇怪：作为天之骄子的大学生，本应受到企业的青睐，为何工作不到一年就下岗了？

我们不妨来看看他为何下岗。小斌是名牌大学的研究生，自从面试成功进入工作岗位后，就自以为是，经常迟到、离岗，自由散漫，并且在工作上马马虎虎，对于一些基层工作更是不理不睬。在小斌工作期间，因工作失误致使企业多次蒙受损失，但他屡教不改。试想，这样的大学生，在当今激烈的竞争环境之中，又怎能逃脱下岗的命运？

事实上，作为步入工作岗位的大学毕业生，仅有文化知识是远远不够的，重要的是要有不断培养自己脚踏实地、谦虚谨慎、乐于奉献的实干精神，不断提高自己的组织纪律性。若一个大学毕业生不能摆正自己的位置，总是眼高手低，不能用自己所学积极为社会、集体做贡献，而是顶着大学生的“光环”自以为是，不踏实工作，被淘汰是迟早的事。

**（四）失望心理**

一些大学毕业生往往把毕业后的生活想得过于理想化，对职业角色的期望值过高。一旦接触现实，就容易产生一种失落感，从而出现情绪低落的现象。如果不能及时从这种失望中摆脱出来，将会使自己不能尽快融入新的角色。

处理的方法是，大学生可以在学生阶段时多做社会调查，尽可能多地熟悉和了解社会，缩短理想与现实之间的差距，这样毕业后才能更快地投入工作中。

阅读材料

### 心态不正就得下岗

工作快半年的时间了，但蒋春杰似乎还是没有适应职业人这一角色。他常常觉得自己是世界上最糟糕的，也是最值得同情的人。工作到现在，他一直在抱怨自己的工作，不是条件艰苦、待遇低，就是同事之间的关系难以相处等一系列的问题。于是，他完全失去了对工作的激情，而且意志也逐渐消沉，直至到了极点。越是这样想，对未来越是充满了失望。久而久之，他不自觉地将这种负面情绪带到了工作中，结果可想而知。他的工作屡屡出现失误。虽然老板几次严厉批评，但仍是我行我素，最终失去了工作。

失望心理，是大学毕业生步入工作岗位后普遍的心理现象。一旦出现这种心态后，一定要及时调整自己，让自己从这种失望中彻底摆脱出来，重新摆正心态，尽快融入新角色。

**（五）消极退缩的自卑心理**

一些毕业生面对新的工作环境和生疏的人际关系，往往缺乏应有的自信。在工作中放不开手脚，看到别人工作经验丰富，驾轻就熟，相比之下觉得自己这也不行，那也不行，胆小畏缩，甘居人后，从而产生不求有功但求无过的消极心理，这不利于自己聪明才智的正常发挥。

**（六）浮躁心理**

一些毕业生在角色转换的过程中，受到利益的驱使，迟迟不能或不愿进入角色，缺乏踏实的敬业精神。尤其是在当下开放的人事制度下，一些毕业生为追求高薪，频频“跳槽”，或者存在“这山望着那山高”的浮躁心理，结果这样既耽误了自己，又损害了公司的利益。

大学生在角色转换中，心理状态极易出现多变和不稳定现象。因此，遇到问题时应争取得到新公司组织和领导的帮助、同事们的理解与鼓励，同时要善于控制和调整自己的心理状态，以乐观豁达、勤奋好学、踏实肯干的作风赢得大家的肯定，使自己顺利进入新角色。

## 三、实现角色转换

大学毕业生走向社会是一种典型的社会角色的转换，是一生中一个新阶段的开始。大学毕业生顺利实现角色的转换，可以促进大学生尽快适应新的环境，缩短磨合期。

**（一）从学生时代进入工作状态的心理准备**

学生承担的是学习任务，不需要承担任何职业方面的社会责任和义务。在这个社会角色转化的过程中，最重要的是，明确自己不再是一个受人关照的学生，也不再是一个只接受他人帮助和照顾的“孩子”。

在毕业前，大学生应该开始思考和认清自己将来打算扮演的社会角色，预计未来的职业，逐渐形成自己的思想意识和世界观。在行动上，培养独立的意志，慢慢确认自己独立的身份，逐渐学会决定自己应该做什么和怎样去做，学会思考职业前景与所从事职业的关系，为将来的发展做准备。

刚参加工作的大学生，对岗位的工作性质只有一般性的了解。一般情况下，公司或部门负责人会向新参加工作的人员，介绍一些注意事项和与工作岗位相关的安全条例等，有时还会进行针对性的培训，以使新人较快地进入角色，更多地了解他所在部门的工作性质和岗位职责。

尽管如此，初次参加工作也必须做好充分的心理准备，才能在未来的职业发展中，面对各种复杂情况与可能发生的问题，使自己立于主动地位。从学生时代步入职业工作状态，应做好以下几个方面的准备工作。

- ◆ 克服依赖性，增强主动性。
- ◆ 提高职业道德，增强职业责任感和义务感。
- ◆ 敢于面对困难，具有克服困难和正确对待挫折的勇气。

◆ 勇敢面对每一种考验。

◆ 正确对待每一次选择。

◆ 制订现实有效的职业生涯规划。

◆ 克服性格上的不足。

◆ 合理调适情绪。

**（二）自我调整，尽快适应新的工作环境**

大学生上岗初始阶段，一定要充分认清自己的角色性质、位置、职责范围，明确自己的工作内容、工作特点及社会对这一角色的期望等。只有这样才能明确在工作中怎样去做、做些什么、怎样才能做好等。

一般用人单位会通过开展岗前培训的方式来对新员工进行培训。除此以外，大学生还可以通过主动向老员工请教，阅读有关规定和岗位职责规范等方式，尽快熟悉自己的角色。

大学生走上工作岗位后，要积极进行自我调整，尽快适应新的工作环境。在竞争中生存、发展，从而实现自己的人生价值，具体来说，可以从图 7-1 所示的几方面做起。

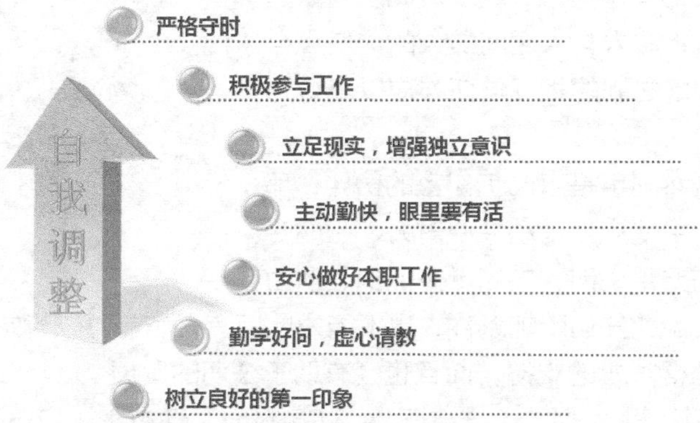


图 7-1　自我调整

**（三）正确处理好与领导和同事的关系**

在职场中人际关系，是一种最基本的关系，可也是一种最复杂的关系。如果能正确处理好自己与领导和同事的关系，就越能使自己得到勇气、温暖，增加自己的智慧和力量。良好的人际关系，不仅可以成就一个人的事业，使其步步高升，而且能使一个人更有信心和力量。

**1 正确处理好与领导的关系**

大学生在校园中习惯了“众生平等”，进入公司后一时很难接受被人领导，无法适应自己的下属角色。在职场生涯中，毕业生要学会尊重与服从领导，并主动与领导沟通，完美执行领导给出的任务。具体表现在以下两方面。

◆ 尊重领导。对领导的尊重，主要体现在态度上，做事周到、细致，展现出一种品质和风格。

◆ 主动沟通。主动询问和汇报工作，是职场成长的行为习惯之一。主动向领导汇报工作，会让领导随时掌控你的工作情况，并会在心中对你的工作积极性和工作能力多打几分印象分。

**2 正确处理好与同事的关系**

人的工作和生活不是孤立的，总是要同其他人打交道与共处，所以在一定程度上说，人际关系可以产生积极效益，也可能在职业工作中造成难以扭转的困境。对于这一点，不少人还没有充分和足够的认识。

在单位里供职，同事往往不是自己所能选择的。唯有主动接受他们，并力争与他们和睦相处，才有助于自己工作的顺利开展。具体来讲，要处理好与同事的关系，应注意以下几点。

- ◆ 平等相待。与同事相处，要亲切友善，不区分亲疏远近。一般情况下，对待同事应当一视同仁、不偏不倚。切勿在同事之中划圈子、搞宗派，这些庸俗的做法，最终只会损害同事之间的关系。
- ◆ 搞好团结。平时与同事打交道时，既要讲究公事公办、开诚布公、敢于开展批评与自我批评，又要注意具体的方式方法，不搞歪门邪道，不借题发挥、挑拨离间、破坏团结。
- ◆ 以诚相待。正常的同事关系，应当是君子之交。此种君子之交的同事关系，要求彼此之间豁达大度、以诚待人。人与人之间最大的信任来自诚实无欺，同事之间的相互信任亦应以真诚为基础。

- ◆ 相互支持。既然同事是自己工作上的伙伴，那么，在工作之中就应当主动关心对方、帮助对方。当同事需要帮助时，应当挺身而出、鼎力相助，而不要添加任何附加条件，也不能为此而有怨言。可以肯定的是，支持同事的工作，不仅会赢得对方的支持，而且也会有助于公司的发展。
- ◆ 保持距离。不论帮助、关心、支持同事，还是对方主动有求于自己，都要注意就事论事、适可而止。处理自己与同事的关系时，一定要把握好分寸，要防止热情过度、强人所难、干涉对方的私生活，避免引起对方的反感。

**（四）“自我充电”，加强综合素质**

随着社会和科技的快速发展，知识更新的周期不断缩短，大学生应为适应不同的职业需求打下坚实的“硬件”基础。大学毕业生到了工作单位后，在工作安排上，不可能每个人都是专业对口，许多企业需要的是“全才”。为了适应不同工作的需求，毕业生需要不断地学习，及时补充业务知识的不足。

一般来说，毕业生刚到用人单位时，都会进行岗前培训，借助该机会，毕业生就应该调整学习态度，尽快熟悉规章制度、用人理念、技术特点等，以便尽快适应新的工作环境，更好地融入团队中。

**（五）合理流动，促进角色转换**

随着社会经济发展，行业的不断变化，职业流动也越来越频繁。当发现自己不适应原有岗位的发展时，可以另辟蹊径，转换职业，找寻新的目标。

不适于某个单位，可能有自身的原因，也可能有单位本身或领导的问题。但从众心理、“这山望着那山高”是不行的，会给社会造成一定的损失，对个人的职业适应和发展也是非常不利的。

阅读材料

### 是该转换角色了吗?

一年又过去了，又是不如意的一年！难道是走错了方向？是不是该考虑换一家公司？一年之计在于春，在这个新旧交替的时候，许多白领又开始了这样的思考。

刚满28岁的黄玲也对是否应该跳槽举棋不定。黄玲读了5年的临床医学，毕业后在县城的一家医院做了两年的内科医生。黄玲当时觉得不仅收入低，而且医院的圈子太封闭，每天就是“医院—食堂—家”三点一线的生活，实在是乏味。想象一下自己一辈子就这样待在医院，好像现在就看到了40岁的自己。难道一辈子就这样？越想越不甘心。于是她下定决心辞了在医院的工作，去面试了一家企业做销售。

现在，黄玲在一家全球500强的企业做药品销售，收入还令人满意，但就是应酬太多、太累，这让原本就不太擅长交际的黄玲觉得有点“不堪重负”。她现在感觉每天的工作压力越来越大，渐渐开始不太喜欢这份工作了，反而更加怀念以前在医院工作的时光。黄玲又萌生了跳槽的念头，希望换一个更适合、喜欢的工作。

在如此严峻的就业形势下，还是有部分大学毕业生会选择跳槽。跳槽没有对错之分，只是注意不能盲目地跳槽，在跳槽前应该认真考虑：该不该跳槽？跳槽后自己能做什么？这样才能让自己在就业工作方面少走弯路，更利于自己的工作发展。

# 第二节 职业适应

众所周知，任何人都不可能适应社会中所有的职业，也不是任何人通过职业培训，就能完全适应新职业的要求，这主要是由人们对职业适应的程度来决定的。有的人可能很快就能适应其所从事的职业，有的人则可能会花一段时间才能适应，而有的人可能就无法适应。

## 一、职业适应的含义与影响因素

大学生职业适应，指大学生从学生角色到职业角色的过渡过程中，主动调节自己的行为以适应环境变化，使自己逐渐达到所从事职业的职业要求，并顺利完成职业活动。

### （一）职业适应的含义

职业适应，又称工作适应，是指人在职业活动中，由于工作而产生各种问题时的一系列心理过程。主要包括个体对工作环境、工作任务，以及对自身行为和新的工作需要的适应。

人们在与职业相适应的过程中，居于主体地位并发挥主导作用。人与职业之间，只能在不断磨合的过程中达到和谐与统一。同时，人的个性特征与职业活动之间又是相辅相成的，离开了人的主观能动性，再好的职业也难以适应。

因此，在实践中培养和强化与职业活动相适应的个性特征，在当前择优上岗的竞争中是十分重要的。

阅读材料

## 如何才能适应新环境?

文秘专业毕业的应届毕业生，小绍经过两个月的努力，好不容易应聘到一家小公司做文秘工作。虽然工作辛苦，待遇也不是很理想，但小绍还是勉强接受了。

由于刚刚毕业，小绍在从学生角色到职业角色的转换上还很慢，在新的工作环境中小绍也还没有适应，导致工作上出现了一些问题。如安排会议时总会丢三落四、与客户的沟通也很不顺利，因而常常受到同事们的冷眼相对。小绍心里很委屈，感觉越来越难以承受工作的压力。时间一长，小绍开始变得非常焦虑、抑郁，甚至有点精神恍惚。小绍真不知道自己该何去何从。

大学生刚步入工作岗位，在角色发生转变的同时，也就意味着要适应工作这一崭新的环境。很多毕业生都会在此刻踌躇，甚至慌张，事实上工作环境并非同学们担心的那样，处处是陷阱、凡事皆棘手。只要做好最基础而又最重要的几个方面，如良好的个人形象、良好的心理素质、和谐的人际关系等，自然能够顺利的适应新环境，成为新工作岗位上的佼佼者。

### （二）影响职业适应的因素

事实上，造成当前大学生就业困惑的原因不是单方面的，既有社会性的原因，又有毕业生自身的问题所在。其中，社会因素需要全社会的共同努力来改善，而自身问题则需要毕业生们自己去发现并解决。有专家调查研究表明，刚参加工作时，有 70%以上的大学毕业生认为自己“完全适应”工作需要，有 20%以上的人认为“基本不适应”或“完全不适应”。

其实，对于毕业生来说首先要明白，自身哪些因素导致了职业适应出现了问题，然后对症下药，予以积极的克服。概括起来，影响大学生职业适应因素的主要内容包括以下几个方面。

#### 1 职业期望

大学毕业生的职业理想，在很大程度上受到利益取向的制约。这种趋势首先和大学生在市场经济条件下的逐步现实化有关，也是社会进步的表现。

大多数的大学生经过十几年的寒窗苦读，急于展示自己的才华，以期望能更好地回报家人和社会，因而他们对未来职业有很高的期望。

#### 2 职业心态

现在，大学毕业生在职业生活中已经摒弃了“铁饭碗”这一旧观念，而转向对实现自身价值的追求。

大多数毕业生希望专业对口，以便在事业上有所作为。在具体的生活中，对职业的考虑是多方面的，这是职业心态务实化的一个表现，即大学生在择业时，既要追求精神上的满足感和事业上的成就感，又希望在物质上有足够的保障。

#### 3 职业待遇

目前，大学生普遍比较看重经济待遇，这已经成为相当一部分大学生职业适应的关键因素。刚刚毕业，在物质上几乎一无所有，一旦进入社会就要面临生存的问题，生存问题解决之后，才谈得上发展。

当今社会是开放的社会、流动的社会，而较高的经济水平既是职业流动的物质保障，又是向高层职业流动的筹码。当然，这也与社会压力有关，这种压力主要来自于社会、家庭对他们较高的期望。

**4 职业风险**

工作安定性反映出当代大学生既渴望参与竞争，又期望“饭碗”稳定这样一种矛盾的心态。刚毕业的大学生敢做、敢闯，对工作充满激情，这是就业、创业所需要的，对于他们的能力和意志都是一个锻炼。但同时也可以看出，他们愿意承担这种风险是有条件的，如果达不到这一条件，那么他们就会对工作的环境和职业的性质等比较在乎。

**5 自我价值**

随着社会对“以人为本”价值观的进一步认同，大学毕业生也越来越注重自我价值的实现和个人前途的发展，出现了价值的多元化，形成了个人价值并非一定要由经济待遇来体现的观念。

对于大学生来说，选择适合的职业是他们跨入社会、走向成功、实现价值的重要一步。

**6 人际关系**

在强调团队协作精神的今天，和谐的人际关系对职业适应举足轻重。有些大学毕业生虽然能力很强，但因为与领导、同事的关系相处不好而陷入困境，使人际关系成为职业适应的绊脚石。

除此之外，性格、就业准备程度也对职业适应产生影响。性格外向的人，适应能力就越快，有助于个人在受挫折时积极调整好心态，从逆境中奋起。就业准备越充分的人，在同等条件下，找到合适工作的机会就越多。

**提醒**

社会原因和大学生个人的原因双方面的因素，引发了毕业生出现各个方面的职业不适应的现象。大学生若想从根本上解决当下的就业困难，顺利完成职业角色的转换，就必须要从自身查找原因，并且积极克服，以提升个人的职业适应力。

## 二、大学生职业适应期的特征

一般来说，职业适应期因个人的主客观条件和职业适应能力的不同，而存在着差异，但总的来说，都会或长或短地经历 4 个不同的阶段。

**1 兴奋好奇期**

从学校走向社会初期是兴奋好奇期。这一时期毕业生大都异常地兴奋和激动，他们对新环境充满了新鲜感和好奇心。他们渴望全面了解职业岗位的性质和特点、物质待遇、发展前景等，希望能在职业岗位上大显身手，实现自己的理想和抱负。

**2 矛盾冲突期**

随着时间的流逝，刚刚步入工作岗位时的激动与兴奋也会渐渐平静下来，好奇心理逐渐消失，随之而来的是矛盾和冲突的产生。矛盾和冲突主要表现在以下几个方面。

◆ 学校和社会的矛盾。在学校，大学生们所接触的人和事都相对简单、单纯，虽然也有矛盾和冲突，但这远远不如职业环境中的矛盾和冲突来得激烈。
◆ 理想与现实的矛盾。青年人富有理想，对未来的工作和生活踌躇满志，充满了美好的向往。但是，当他们真正走上从业岗位，处在复杂的职业环境中时，才深切感受到理想与现实的反差太大，因而出现一系列的负面情绪，如彷徨、苦闷、失望等。
◆ 学业成绩与职业能力的矛盾。有的学生在校时成绩优异，各方面表现都很好，时常受到老师和同学的赞扬。但走向社会后，原有的优越感消失了，一旦受到批评和指责，尤其是在职业能力低下、操作不熟练的情况下，一些人的自尊心、自信心都受到了伤害。
◆ 学生角色和职业角色的矛盾。作为学生，所扮演的角色相对单纯且难度也小，但在职业岗位上所扮演的角色，则要显得复杂和困难得多。

阅读材料

### 学会应对矛盾冲突期

张爱琳是个让父母骄傲的独生女，从外貌到学习都很不错，而且性格直爽，开朗活泼。毕业后，很快就找到了一份不错的工作。

在试用期间，由于张爱琳直爽的性格特点，很爱给主管提意见。不久之后，小张就明显感到得罪了那个同事们称之为“天后”的女主管。整天面对满脸乌云密布的主管，小张都有点害怕了，觉得自己在主管眼中就是一个什么都不会的新人，甚至都没有对的地方。心中虽然也知道自己大事不妙，在试用期出错，等于宣布了职位的死刑。可是小张又舍不得这个不错的企业，于是，她虚心向同事们请教，看还有没有挽回的余地。

小张首先与进公司就一直带自己的师傅进行沟通，并向其虚心讨教，在师傅和同事的指点下，她主动找到主管承认错误，希望她能原谅，给自己一次机会。通过与主管的良好沟通后，“天后”的脸色虽然还没有正式放晴，但是小张已经明显感到，自己在试用期还是有机会转正的。

本案例的主人公张爱琳，刚入职时显然还没有适应职场这一新环境，但当她遇到问题时，并没有退缩，而是立即采取行动进行补救，并最终顺利度过了职业适应的矛盾冲突期。如果张爱琳不主动找主管进行沟通，试用期满后肯定会被辞掉，那么双方将永远失去相互了解和理解的机会，更谈不上以后的工作事宜了。

#### 3 调整平衡期

经过一系列或长或短、或大或小的矛盾与冲突后，大学毕业生开始立足现实，思考所遇到的问题，并探索今后的职业人生之路。

◆ 一些大学生会选择放弃原来的幻想和过高的期望，重新确立比较可行的职业目标。
◆ 一些大学生则开始进行自我调整，如改变处事态度、协调人际环境、学会释放工作压力等。
◆ 一些大学生在全方位调整自己的同时，还着手开始寻找事业发展的新突破口，适时调整职业方向，重新选择新的职业岗位。
◆ 一些大学生经过矛盾冲突后，变得意志消沉，或逃避现实，或怨天尤人，实行一种消极的心理平衡。

**4 稳定发展期**

在这个时期，人们逐步适应了自己所处的职业环境，基本完成了从学生角色向职业角色的转换。而且，职业理想、职业兴趣也已经形成并逐步稳定，对周围的人际关系也开始认同，并且能主动融洽到这种环境中，成为新集体的一员。

## 三、提升大学生职业适应的方法

职业适应能力并非与生俱来，它既需要个人的天赋，更需要经过磨炼和学习获取来的经验。每个人的性格特点都有其独特的优势与缺陷，并非外向型就一定好于内向型。更为关键的是，要在实际岗位上讲求学习和工作方法，不断提升自我，逐步适应新的工作环境。

### （一）调整心态，积极应对

一般刚参加工作的大学毕业生，所从事的岗位都是较为基层的，和自己的理想存在一定的落差。因此，需要做好充分的心理准备，除了要锻炼自己的抗压能力外，还要学会以恰当的心态面对新环境。

人在面对压力时，最好的解决方法就是尽快熟悉业务，在平凡、枯燥的工作中，寻找乐趣。如果职场中人，能在平凡工作岗位上激情不减，表现突出；能在压力下不屈不挠，努力工作，必将披荆斩棘，成绩斐然。

- ◆ 保持好心态。毕业生刚进公司后，习惯用学生的眼光看待企业，对企业现状不满，接受不了企业的“条条款款”，没有耐心去适应企业。其实，每个企业都有优势和劣势，最重要的是学会适应新的环境，在和企业相互深入了解后，找到自己合适的位置。
- ◆ 学习的心态。作为职场新人，面对上司、对待同事都要尽可能的以向他人学习的态度进行沟通和交流。不要急功近利，更不能骄傲自满，多多的观察和学习他人的经验，弥补自己的不足。
- ◆ 乐观向上的心态。没有任何人的职场经历是一帆风顺的，对于刚刚毕业的大学生来说更是如此，只有经历了波折与风浪后，才会在以后的职业生涯中有更加优异的表现和发展。

### （二）加强实践经验

在现实中，把工作经验看得比学历和学校更为重要的招聘单位并不在少数。对招聘单位的工作经验准入门槛“恨之切切”的应届大学生也不在少数。事实上，大学毕业生无论是在学习期间，还是进入职场后，都会有大量的机会进一步加强自己的实践工作经验。

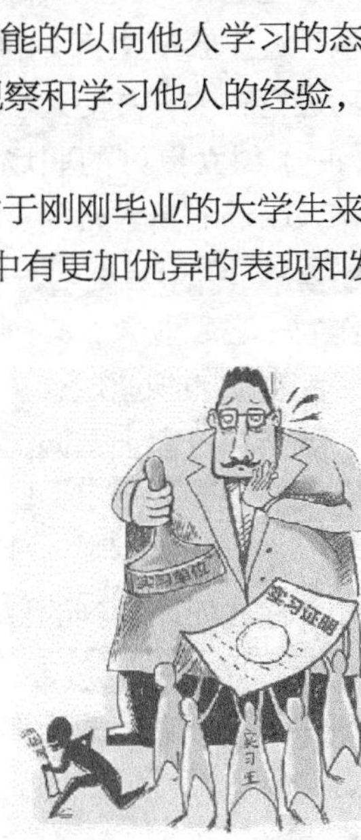


**1 实习期间**

大学期间的实习是一个非常良好的桥梁，能够帮助大学生对社会和职业有一定的了解，同时，也可以在实践中开阔视野，增长见识，为进一步走向社会打下坚实的基础。

因此，大学期间的实习期，毕业生一定要认真对待，不要以为与真正的工作不相关就马虎应付。事实上，很多用人单位在招聘时都会调查求职者在大学期间有过哪些见习和社会实践的经历，并从中学习到什么。

除此之外，大学毕业生还可以通过总结自己的实习经历，认识到自己在哪些实践方面还有欠缺、需要弥补，这无疑能够帮助大学生为真正的职场生活做好充分准备。

**2 平时的工作中**

从平时的工作学习细节出发，也是增加工作经验的良好途径之一。很多大学生在毕业之前基本上都将自己封闭在一个独立于外界的真空室内，这无疑会影响用人单位招聘时对毕业生的评价。因此，大学生应该在踏入社会之前，有意识的对社会环境有主动的了解和认识，越多尝试就会获得越多的经验，也就更利于自身今后的职业发展。

主动接触社会的方法有很多，针对大学生而言，最常见的方法就是，利用课余时间通过应聘和就职一些临时的工作岗位来多多了解社会。在应聘和临时就职的过程中，不仅可以熟悉应聘的场景和要求，锻炼自己的应变能力；而且还能在见习的过程中，向有工作经验的同事学习，锻炼自己的工作能力。

提醒

如何才能让自己尽快、尽好地适应工作，是每个大学毕业生在踏入职场时所必须面对的首要问题。提高职场适应力，能够帮助职场新人在自己的职位上站稳脚跟、快速发展。相反，一旦职业适应出现了问题，那么影响的将不仅仅是工作，可能是自己的人生道路。

## 四、大学生职业适应技巧

从学生时代过渡到索取报酬的工作状态，实际上就开始了一个人的职业生涯。而在人的整个职业生涯中会产生诸多的不理解、不适应等问题，面对这些问题时，应积极采取相应的方法与技巧进行解决，并使大学毕业生顺利适应职场生活。

### （一）树立良好的职场印象

初入职场的新人必须意识到，塑造良好的职业素养是非常重要的。

**1 科学的职业理念**

作为一名职业人，必须在思想上树立比较正确的，且符合市场经济需要的对待职业的基本看法，即科学的职业理念。这点很重要，没有这个思想作指导，我们本来的一些想法就可能是错的，就会在行为上走偏。

**2 专业的工作技能**

知识和文凭不等于技能。学校所学到的知识，在现实工作中能用到的可能只是很小的一部分；如果你在学校学到的只是知识，那么适应工作可能就需要花费比较长的时间。

**3 规范的职业用语**

塑造与人打交道的语言规范。例如，银行员工在工作和公共场合中，必须使用的职业用语如下。

◆ 请！

◆ 您好！
◆ 欢迎（您）光临！
◆ 请稍等！
◆ 对不起！
◆ 请提意见！
◆ 谢谢！
◆ 欢迎再来！
◆ 再见！

**4 良好的职业道德**

职业道德是指从事一定正当职业的人们，在特定的工作和劳动岗位上进行职业活动时，从思想到行为都应当遵循的道德规范。对于具有五千年文明历史的中国来说，爱岗敬业、诚实守信、公平公正、服务群众、奉献社会，一直是我国各行业职业道德的共同规范。

**（二）尽快融入团队**

客观地审时度势，尽快地完成从大学生到职业人的角色转换，顺利度过这个转换的适应期，得心应手地展开工作。

应该拥有宽广的胸怀，容人的雅量，只要不是原则性问题，让他三分又何妨，不要为了一些小事搞得睚眦必报、心生怨恨。职场新人应该把所有的精力都用在工作上，必定会使你的工作更加出色。同时开朗的性格、坦诚的为人，也一定会有助于你在新的工作环境中进行广泛的交流，建立起融洽的同事关系。

**（三）正确看待挫折**

不论从事何种工作，遭受挫折总是在所难免的。面对挫折时，一定不要失去内心的平衡，而是积极想办法进行调整，让自己从挫折中解脱出来。

对待挫折应从以下几个方面入手。

**1 积极进行自我调节，谋求心理平衡**

如将内心愤懑的消极情绪转化为发奋图强、力争上进的积极情绪；或“重振雄风”，加倍努力工作，去实现预定目标；或改变工作方法，另行尝试或进行补偿，以期达到“失之东隅，收之桑榆”的效果。

除此之外，解脱挫折感的方法还有很多种，例如，宣泄法、心理咨询、认识法、理性情绪法等。

**2 正确认识工作上的成败**

一帆风顺固然可喜，但遇到挫折也不要灰心，也许这一次挫折就是下一次成功的开始。只要看准目标，扎扎实实，一步一个脚印地走下去，就会成功。到那时，你再回过头来看自己走过的路，或许你会把挫折或失败当成是人生的一种财富。

**3 勇于面对问题**

遭受挫折并不可怕，怕的是不敢面对现实中的问题。战胜挫折的关键是，把自己定位于解决问题者，而不是让自己成为问题的一分子。有关专家建议在遭受挫折后，反问自己 4 个问题。

（1）问题到底是什么？——寻找问题所在。

（2）出现问题的原因是什么？——反思根源。

（3）可能的解决方案有哪些？——思考对策。

（4）哪些是最佳解决方案？——选择决策。

坚持以上4点，并努力去解决它，就能够战胜挫折，最终迎来曙光。

**（四）理智面对冷遇**

部分大学毕业生走上工作岗位后可能会遭到冷遇。要想从冷遇的困境中挣脱出来，就要学会清醒分析，正确对待。

**1 寻找造成冷遇的原因**

当毕业生在工作中受到冷遇时，首先要从自身找原因。一般来说，主要有以下几方面的原因。

- ◆ 自以为是，好高骛远，小事不愿做，大事又做不好，领导难以安排合适的工作。
- ◆ 对工作挑肥拣瘦，拈轻怕重，这山望着那山高。
- ◆ 过于看重个人得失，不思奉献，“有利可图就干，无利可图就算了”。
- ◆ 没有工作责任心，马虎了事，不能完成领导交代的任务。
- ◆ 没有摆正个人与集体、事业与家庭的关系。

**2 消除或避免冷遇的方法**

大学毕业生只要认真地剖析自己的言行，就一定能找出受冷遇的症结所在。找出冷遇原因后，既不能怨天尤人，更不能悲观失望、自暴自弃，要通过自身的努力，尽快化解矛盾，使冷遇消除。

大学毕业生可以通过以下几个途径消除或避免冷遇。

- ◆ 谦虚好学。所谓活到老，学到老。在知识爆炸、日新月异的时代，大学生掌握的知识只不过是沧海一粟。更何况大学生在校学习的大部分都是理论知识，对于工作岗位来说，大学毕业生只不过是个新手。因此，要虚心向他人学习，绝不能自以为是，瞧不起别人。
- ◆ 脚踏实地。大学生走上新工作岗位后，除了虚心学习外，还要有实干精神。用人单位录用你，是为了解决工作、生产、科研中的实际问题，只要能脚踏实地干出一番成绩来，领导、同事一定会对你刮目相看，冷遇自然会消失得无影无踪。
- ◆ 豁达大度。大学生在新的工作岗位上，遇到挫折和冷遇是在所难免的。有时不一定是自己的原因造成的，但无论如何都应沉着冷静、豁达大度，并多从自身找原因，认真总结经验教训，只有这样才有利于问题的解决；否则，只会将问题复杂化。

**（五）积极消除隔阂**

每个人在日常与人交往的过程中，都有可能与他人产生隔阂。因此，如何消除隔阂，促进人际关系的不断发展，是每个大学毕业生都会遇到的问题。隔阂产生的原因各不相同，消除隔阂方法也有所不同。概括地说，产生隔阂的原因主要有以下几种。

（1）由于交往双方不愿或很少暴露真实的自我，引起双方对彼此交往的诚意产生怀疑而产生隔阂。

（2）交往双方因在某件事上误会，而造成的隔阂。

（3）因一方损害了另一方的利益或是伤害了对方的人格、感情等，从而产生隔阂。当你与他人产生隔阂时，应冷静分析，并找出原因，然后“对症下药”。针对不同隔阂产生的原因，有以下几种消除方法。

- ◆ 因双方缺乏了解而产生的隔阂。应该坦诚相处，以心换心。要相信，若是你向对方暴露自己的内心世界和真实的自我，也不会对你造成任何损害。

◆ 因为双方误会产生的隔阂。应该以你的宽容、大度进行善意的解释，以此来消除误会。由于每个人的性格脾气、文化修养、价值观等存在一定的差异，并且观察问题、认识问题和处理问题的方法也各不相同。因此，在人际交往过程中出现一些误会是在所难免的。对此我们应该给予充分的理解，如果自己误会了别人，就要耐心听取别人的解释，以清除误会，当真相大白之后，双方的误会与隔阂自然会烟消云散。

◆ 因为自己的不慎，损害了对方。应该向对方诚恳的道歉，请求原谅。在与人交往的过程中，如果你伤害或损害了对方的人格和利益，肯定会引起对方的不满，甚至出现矛盾冲突。此时若不及时处理、正确对待，轻者两人将产生隔阂，重则会产生积怨。出现这种情况时，不管责任是否完全在你，也不论你是有意还是无意，你都应该真心实意、诚恳地向受害人道歉，以求谅解。只要表现出足够的诚意和耐心，定会化干戈为玉帛，消除隔阂。

阅读材料

### 误会消除，一身轻

小张上午到公司上班，发现自己要报送的资料不对，以为是同事给修改了，并为此与同事发生了激烈的争吵，后来才发现，是小张没有把新资料复制到计算机上，小张错怪了共事多年的同事。

发生冲突后，两人心里都有些难过，或许是觉得“你怎么可以这样对我？”本来颇有默契的两个人，从发生冲突后，点头之间都会觉得尴尬，瞬间仿佛心灵的距离就拉开了很远。

下班后，小张回家冷静地想了想，不应该一出现问题就选择逃避，逃避不是解决问题的好办法。如果出现问题不主动沟通的话，恐怕会从此结下很深的隔阂，往日的默契转瞬不再，那多遗憾啊。于是，小张决定，明天主动找这位同事谈谈，并就之前的事情向她诚恳的道歉。

第2天一到单位，小张就主动找到了那位同事。看得出来，与小张发生了冲突她也很不愉快，见小张主动相邀，她也呈现了不少善意。小张非常坦诚地表达了自己的观点，并对昨天情绪的失控向她表达最真诚的歉意。她也接受了小张的道歉，并最终消除了彼此的误会。那一刻，小张真有一种如释重负的感觉，自己的心情也愉快了不少。

人的一生中，误会别人和被别人误会，都是经常发生的事情。重要的是，有误会一定要及时沟通和做好解释。不要让误会影响工作和未来的交往。

**（六）虚心接受批评**

刚参加工作的大学毕业生，一般来说，单位的领导是不会轻易对你提出批评意见的，如果批评了你，大多是因为你的错误比较明显。“只要你说得对，我就照你说的办”，应该是对待批评的基本态度。而“笑纳”批评则是对初涉职场的大学生一个更高的要求。

对待批评，如何能够微笑面对，虚心接受，这不仅是态度认真与否，而且应结合正确的方法，才能收到最佳效果。

**1 静静聆听**

尽可能地让批评者把意见表达完，如果听完了还不清楚错误所在，最好再追问一句：“你能说得再具体一点吗？”以便帮助你找出受批评的原因，分析批评是否有道理。

**2 坦然接受**

如果是自己错了，勇敢地说一声：“是我错了，我接受你的意见，今后一定改正。”这是最好的办法。

**3 推迟作答**

如果批评者自恃有理，态度蛮横，那不妨说一声：“你让我再想想，明天再继续谈好吗？”这样可以控制自己的情感，以免引起冲突。

**4 婉言解释**

如果批评者对事情原委了解不够，批评得没有道理或纯属误会，那么你可以作出解释，以便让对方了解事实真相。“你误会了，事情是这样的……”语言要委婉，语气要平和，这对双方都有好处，尤其是对你自己。

总之，对善意的批评，不能反击。如果反击肯定会造成尴尬的局面，伤害感情；也不能找借口推脱责任，或默不作声。无论采取什么方法，都要认真诚恳，心平气和。如果批评者没有道理，你也不应该“耿耿于怀”，更不应“借机报复”，报复只会损人又害己。

**（七）努力钻研业务**

对于涉世尚浅、经验不足的大学毕业生来说，工作中出现某些差错和失误是在所难免的，但这并不意味着就可以理所当然地出现差错或失误。在实际工作中，应该尽可能地避免差错，或将差错减少到最低限度。要想避免工作中出现差错和失误，可以从以下几个方面入手。

（1）在现任岗位上努力钻研业务，履行职责，很好地完成领导下达的任务。大学毕业生应该明白，学历、知识不等于能力，只有把知识应用于实践，才可能转化为能力。同时，只有实现理论知识和业务实践的不断结合，才会尽快提高业务能力。

（2）要加强薄弱环节。每个人都有自己的优点和缺点，而缺点往往是造成工作失误的主要根源。因此，在具体的工作中要注意弥补自己的缺点和不足。

（3）培养良好的职业品德，树立正确的职业理想和职业价值观。在工作中，要有敬业乐业、献身事业的精神；保持一丝不苟、精益求精的工作作风，尊重他人，团结协作。这些品德不仅是做好工作、为自己开拓未来道路的需要，而且是处理好各种人际关系的必要条件。

## 第三节　评估与分析

为了让更多的毕业生在初涉职场时，能够尽快地完成角色转换，并适应新的工作岗位，最终实现对职场常见问题能够应对自如的目的。我们认为，除了掌握不同的职业适应期的应对方法外，毕业生还应该了解一些工作中的细节问题，俗话说“细节决定成败”。

下面列举了一些初涉职场时的一些细节问题供毕业生学习和借鉴，如果在实际的工作岗位上遇到类似问题时，就可以参考解决。

**1 工作中要成熟、稳重**

大学毕业生在工作时应表现得成熟、稳重，不要将喜怒哀乐全部写在脸上。平时工作中也应该尽量避免锋芒太露，多考虑其他同事的感受，处理问题时要适当地灵活，不要太偏执，更不能自以为是。

**2 做好每一件小事**

“小事不愿干，大事又干不好”，是刚参加工作的大学业生最容易犯的毛病，如果不马上纠正，很可能会使你在职场上的道路举步维艰。大学毕业生应该一丝不苟地做好每一件小事，从这些小事中得到磨炼，为以后的大成就打好基础。

**3 展现主动热情的个性**

大学毕业生到新单位后，要积极、主动地对待工作。同事忙不过来时，可主动询问要不要帮忙，这样很容易融入同事圈中，也容易得到领导和同事的好感。

**4 要学会与人沟通**

要想尽快融入组织，就必须学会与人沟通。与身边的同事沟通，可以帮助你尽快熟悉工作流程；与你的上级主管沟通，可以明确你的工作职责，把工作做得更好。此外，作为职场新人，与人力资源部门的人员沟通也是很有必要的，很多公司的人力资源部门在试用期间都会与“新人”进行交流，“新人”应该主动与其沟通，讲述自己在公司的困惑与不解，以便得到他们的帮助。

**5 微笑面对每一个人**

大学毕业生进入职场的第一件事情就是要微笑。微笑不仅能够展示自己的自信，也向领导和同事传递积极的态度，善于微笑的人在职场上获取的机会总是比别人多。因此，要学会微笑，对每一个和你打交道的人都要发自肺腑地微笑，充分地表现你的亲和力。

**6 严格遵守规章制度**

每家公司都有严格的规章制度，大学毕业生必须绝对遵守；比如，不迟到、不早退、不在工作期间打游戏等。上班时要早到晚走，决不轻易为自己的私事请假离岗。同时，还要多翻阅单位的一些内部规章制度，多观察，尽量使自己少犯错。

**7 尊重身边每一个人**

刚参加工作的毕业生，一定要注意自己的行为是否符合职场礼仪，谈吐优雅、举止稳健、态度不卑不亢。多用礼貌用语，多表达对别人的敬意和尊重，上至公司的高管，下至收发室的师傅和清洁阿姨。俗话说：“礼多人不怪。”这是帮助“新人”顺利融入工作团队的一件法宝，而且这样还可以提高自己的个人修养。

**8 不强出头**

工作中表现得积极主动是有必要的，但不要为了出风头，选择一些超出自己能力范围内的工作，那样会把自己置于尴尬境地，无法保证工作的顺利完成。

**9 不斤斤计较**

对于初入职场的大学生来说，最重要的不是一个月拿多少薪水，而是获得工作经验。因此，不要太在意自己的得失，踏踏实实地做事，这会使自己在职场上少走很多弯路。平时要多看、多听、多干，在各种利益冲突中，努力做到超脱一点，肯让、能让、善让。

### ⑩ 独立做好分内工作

大学毕业生正式参加工作以后，很多事情要靠自己独立完成，遇到困难也只能靠自己想办法解决，没人可依赖，没有责任可以推御。因此“新人”要调整好心态，摆脱依赖心理，尽快熟悉自己的工作，并勇于负担起责任，独当一面，赢得公司的信任。

### ⑪ 不要妄加评论单位的制度和规定

大学生们，在大学里养成了言论自由的习惯，通常想说什么就说什么，什么制度不合理，什么规定有问题，说错了老师和学校也不会追究。可是，到了工作单位就不一样了，作为“新人”的你不能对公司里面的制度指指点点，提出各种质疑。

### ⑫ 不要卷入办公室的是非之中

刚到单位的大学毕业生，对单位内部的事情不了解，也没有正确分析和判断的能力。平时在办公室不要议论和公司有关的任何事情，不管是满意也好，不满意也罢，都不要去妄加议论，保持沉默，不要卷入无端的是非争吵之中。

CHAPTER 08

# 第八章 大学生就业权益与保障

## 学习目标

掌握大学生就业权益与义务
掌握大学生就业权益的保障
熟悉常见的就业侵权行为与法律保护
了解求职陷阱的防范方法

## 案例导入

周维是某高校的应届毕业生，学习成绩较好，在校期间曾担任过学院的学生干部，这些优势帮助她在短期内就收到两家用人单位的签约通知。周维在两家用人单位之间再三考虑，最终选择了一家虽然福利待遇不是很好，但拥有较大发展空间的公司。双方经过协商签订了《就业协议书》，就以下 3 个事项进行了约定：（1）服务期限两年，试用期 3 个月；（2）试用期工资 2 000 元/月，试用期满工资 3 000 元/月；（3）违约金 5 000 元。

在签订《就业协议书》时，周维将协议书中要求自己填写的内容全部填写完毕，然后签字，学校盖章，再交给用人单位。几天后，周维拿到用人单位盖好章的协议书后发现工资栏多了一条"此工资为税前工资"，由于协议已经生效，又想到 5 000 元的违约金，周维只能忍气吞声。

周维到用人单位报到后，公司一直没有提签订劳动合同一事。在周维一再要求下公司人事主管说："劳动合同要试用期满以后再签。"但试用期满后公司仍没有与她签订劳动合同，并告之："当初签订的《就业协议书》就是劳动合同，没必要重复签订。"不久，公司即以周维不能适应岗位要求为由将其辞退，并以没有签订劳动合同不存在劳动关系为由拒绝承担任何责任。此时，周维知道自己上了用人单位的当，便向劳动争议仲裁委员会提起仲裁。

**启示** 《就业协议书》是毕业生还未到用人单位工作之前，用人单位与毕业生之间确立意向的协议。当毕业生正式进入用人单位工作之后，《就业协议书》便自动失效，毕业生应与用人单位及时签订劳动合同。

在上面的案例中，周维没有按程序签订《就业协议书》，导致《就业协议书》出现双方约定之外的事务。这一点如果申请仲裁，除非周维有很充分的证据，否则无法确认是用人单位擅自添加条件形成违约。

当周维进入用人单位后，用人单位就劳动合同的签订说法，有 4 点与劳动合同法相违背。（1）《就业协议书》不等于劳动合同；（2）劳动合同必须是劳动者开始工作时即签订，而不是试用期结束，劳动合同中可以约定试用期；（3）即使没有签订劳动合同，但只要双方能提供劳动存在的证据，如工资条、考勤表等，即事实劳动关系成立；（4）用人单位不能单方面以劳动者不能适应岗位要求为由将其辞退。

# 第一节 大学生就业权利与义务

学校不同于社会，大学生从踏出学校大门的那一天起，就跨入了社会的大门。在就业市场中，大学毕业生属于弱势群体，为了很好地保护自己，大学生必须先了解自己应有的就业权利与义务。

## 一、大学生就业的基本权利

大学生作为就业市场的一个重要主体，在就业过程中除了普通劳动者所享有的劳动报酬权、休息休假权等一般权利外，还享有许多其他特殊权利，下面分别进行讲解。

**（一）就业信息知情权**

充分了解就业信息能提高大学毕业生的就业成功率，越了解就业招聘信息，大学毕业生越可能结合自身情况找到适合自身发展的职业和用人单位。就业信息知情权是指大学毕业生拥有及时全面地获取应该公开的各种就业信息的权利。它包括 3 个方面的含义。

- 信息公开。用人信息应向所有毕业生公开，任何团体、组织和个人都不得隐瞒、截留用人信息。
- 信息及时。就业信息有很强的时效性，所以就业信息应及时、有效地向毕业生公布，以免失去利用价值，影响毕业生就业。
- 信息全面。就业信息应当全面、完整，以便大学毕业生对用人单位有全面的了解，从而做出符合自身要求的选择。

**（二）就业指导权**

就业指导工作直接影响大学毕业生的职业生涯规划、就业方向及求职择业等，它是大学毕业生就业成功非常关键的一步。

《中华人民共和国高等教育法》第五十九条规定："高等学校应当为毕业生、结业生提供就业指导和服务。"由此可以看出，接受来自国家、社会和学校的就业指导与服务，是大学毕业生的一项重要权益。由于学校在毕业生就业指导中占据重要位置，所以各高校应成立专门机构，开设专门课程，安排专门人员对毕业生进行全方位的就业指导与服务，其中包括宣传国家关于毕业生就业的方针、政策；对毕业生进行求职技巧指导；引导毕业生根据实际情况择业。毕业生通过接受就业指导，可以对自身准确定位，合理择业。

**（三）被推荐权**

学校在就业指导工作中的一个重要职责就是向用人单位推荐毕业生。实践证明，学校推荐与否会在一定程度上影响用人单位对毕业生的录用或淘汰。毕业生在被学校推荐的过程中享有如实推荐、公正推荐、择优推荐的权利，下面分别进行讲解。

- 如实推荐。如实推荐是指学校在对毕业生进行推荐时，应实事求是，根据毕业生本人的实际情况向用人单位进行介绍，不能故意贬低或随意拔高毕业生的在校表现。
- 公正推荐。公正推荐是指学校对毕业生的推荐应做到公平、公正，应给每一位毕业生就业推荐的机会，不能厚此薄彼。
- 择优推荐。择优推荐是指学校在公正、公开的基础上，还应择优推荐，真正体现优生优分，人尽其才。这样才能调动广大毕业生的就业积极性。

**（四）就业选择自主权**

根据国家有关规定，现代的高校毕业生可以在国家就业方针、政策指导下“双向选择，自主择业”，即毕业生可以按照自己的兴趣、爱好和能力选择自己喜欢和擅长的职业，同时毕业生还有权决定自己何时就业、何地就业等。家长、学校和用人单位，可以为初出校门、缺乏工作经验的毕业生提供建议和引导，但不能强迫或限制他们选择职业。

**（五）平等就业权**

毕业生在就业过程中享有平等的就业权利。所谓平等，即毕业生有公平的机会去竞争工作岗位，要反对就业中的各种歧视行为。目前，社会上存在着一些不良的就业歧视，如性别歧视、学历歧视、地域歧视、身体条件歧视和经验歧视等。

提醒

毕业生应当平等地接受学校推荐，平等地参加用人单位的公开招聘，同时还可要求用人单位在录用毕业生时做到公平、公正。毕业生在就业过程中如遇到不公平待遇，可通过合法途径维护自己的权利。

**（六）违约及补偿权**

用人单位、学校、毕业生三方签订《就业协议书》后，任何一方不得擅自毁约。如任何一方无故要求解约，都必须承担相应的违约责任。总体来说，违约一般有如下两种情况。

- 用人单位违约。用人单位由于单位改制、经营不善等原因，有可能主动向毕业生提出解除协议，而此时毕业生有权要求用人单位严格履行就业协议，否则用人单位将承担违约责任，支付违约金。
- 毕业生违约。在现实就业过程中，毕业生出于谋求更好的就业机会等原因，向用人单位主动提出解除协议的情况较多，这时毕业生应承担违约责任。

阅读材料

### 就业没有“双保险”

小张是某高校的应届毕业生，像所有高校一样，他所在的学校在每年的10月份就开始有不少公司来进行招聘。小张一直想当一名公务员，但由于国家公务员的录取结果要在第二年的5月份才公布，为了上个“双保险”，小张在学校双选会上与一家公司签订了《就业协议书》。第二年5月，国家公务员录取结果公布，小张如愿以偿考上了公务员，于是小张决定与原先签订了《就业协议书》的公司解除协议，该公司要求小王按照《就业协议书》约定缴纳3 000元的违约金。

《中华人民共和国合同法》第一百零七条规定：当事人一方不履行合同义务或者履行合同义务不符合约定的，应当承担继续履行、采取补救措施或者赔偿损失等违约责任。因此，小张应当按照《就业协议书》中的约定承担违约责任。同时，根据法律规定，用人单位需要证明小张的违约行为给单位带来的损失及损失程度，以支持自己对违约金的金额主张。作为当事人的小张也可以据此依法向劳动保障部门提出劳动仲裁，或者直接诉于法律来维护自身的合法权益。其实不管最终裁决如何，对于小张来说，都为自己增加了不少麻烦。

《全国普通高等学校毕业生就业协议书》管理办法中规定，毕业生在协议书上签署个人意见之后，用人单位或学校两方之中只要有一方在协议书上签字，毕业生就不得单方面终止协议。毕业生违约时，必须办理完毕与原签约单位的解约手续，然后将原协议书交还学校招生就业工作处，并领取新的协议书。

## 二、大学生就业的基本义务

权利和义务是相对的，大学毕业生在享有多项就业权利的同时，也应该履行一定的义务。主要包括以下几个方面。

### （一）回报国家，服务社会的义务

国家宪法规定，劳动对于公民来说，既是权利又是义务，是权利和义务的结合与统一。对毕业生而言，毕业生有自主择业的权利，但也有服从国家需要的义务。毕业生应从大局出发，认真执行国家的方针、政策，根据需要为国家服务。

按照“得之于社会、还之于社会、报之于社会”的原则，毕业生应积极地、有责任地依托自己的职业行为，发挥自己的专业优势，以此来回报国家、社会和家庭，承担起自己应尽的义务。

### （二）实事求是介绍自己情况的义务

毕业生在求职择业过程中应如实向用人单位介绍自己的情况，这既是基本的择业道德要求，也是自己应尽的义务。

毕业生在填写就业推荐表、自荐信，与用人单位洽谈介绍自己时，必须实事求是，不得弄虚作假，对于自己的缺点不能回避，有过失也不可隐瞒，应该以诚相见。只有如实介绍自己的情况，才能让人觉得可信、可靠，从而获得用人单位的信任。

如果毕业生提供虚假信息，不仅会耽误用人单位录取优秀人才的机会，也会失去用人单位的信任，甚至会出现被退回或发生争议的风险。

**（三）配合学校完成毕业交接的义务**

高校毕业生在离校前，学校要根据《普通高等学校学生管理规定》《高等学校学生行为准则》等规定的要求，结合毕业生在校期间各方面的基本情况，实事求是地对毕业生做出鉴定。毕业生应该认真总结，并积极配合学校做好此项工作，切实履行好此项义务。

另外，由于部分毕业生在校期间接触到学校许多科技成果，甚至还直接参与成果的研究与开发，因此，毕业生有保护学校知识产权的义务，不能以此作为与用人单位签约的筹码，否则，将会因侵犯学校的知识产权而承担相应的法律责任。

**（四）严格遵守和履行就业协议的义务**

毕业生与用人单位，通过双向选择签订协议后，就应严格遵守和履行就业协议，保证工作顺利进行。表里如一、言行一致是做人的基本准则，讲信誉是毕业生应尽的义务。

协议一经签订就不能随便违约，一旦违约，不仅影响学校正常的就业秩序，而且会损害用人单位、学校以及其他同学等各方面的利益。因此，毕业生应该慎重签约，严格履约。

**（五）按规定期限到工作单位报到的义务**

毕业生办理完离校手续后，应按规定期限到用人单位报到。不去就业单位报到的毕业生，学校不再负责其就业问题。

**（六）依照职责完成工作任务的义务**

毕业生是受过高等教育的人才，用人单位都会寄予厚望，并赋予重要职责。因此，毕业生有义务遵守劳动纪律，积极努力地将自己的知识和才能充分发挥出来，切实履行工作职责，认真完成所承担的工作任务，为单位的发展做出自己应有的贡献。

**（七）保守商业机密的义务**

一些用人单位，在录用毕业生之前，为了全方位了解毕业生的情况，会安排毕业生到单位实习。在实习期间，毕业生要严格遵守单位的规章制度，尤其是一些商业机密，更要严加保守，防止侵权行为的发生。

# 第二节　大学生就业权益的保障

大学毕业生是一个特殊的社会团体，在就业过程中受到相应的法律保障。法律保障主要有两个方面：一是《就业协议书》，二是劳动合同。

## 一、《就业协议书》的作用

《就业协议书》是为了明确毕业生、用人单位、学校三方，在毕业生就业工作中的权利和义务，经协商签订的协议。在相当长的一段时间里，毕业生就业需要按《就业协议书》来办理。

- 学校是凭《就业协议书》来派遣毕业生的。学校依据《就业协议书》的内容开出《毕业生就业报到证》和《户口迁移证》，同时转移学生档案。一般学校会要求学生在规定的日期（如每年 6 月底）上交《就业协议书》，学校再以《就业协议书》为依据进行派遣。如果超过这一时限，学校会把学生的关系和档案一并派回原籍。

◆ 毕业生一旦办理了《就业协议书》，则说明该公司或人事局决定接收你的档案，准备正式录用你，从这一刻起，你就可以开始算工龄了。

## 二、《就业协议书》的法律性质

《就业协议书》具有合同的某些法律属性，但它与劳动合同又有明显的不同。

### （一）合同的属性

《中华人民共和国合同法》第二条规定："合同是平等主体的自然人、法人、其他组织之间设立、变更、终止民事权利义务关系的协议。"其第三条规定："合同当事人的法律地位平等，一方不得将自己的意志强加给另一方。"

通过对比可发现《就业协议书》具有合同的属性，主要表现在三个方面：一是签订《就业协议书》的主体是毕业生（自然人）和用人单位（法人、其他组织），他们在签订就业协议时的法律地位是平等的；二是《就业协议书》是双方意见的协商，任何一方都不能将自己的意志强加给另一方；三是《就业协议书》所涉及的权利义务均属于我国民事法律管辖的范围。

### （二）不能取代劳动合同

虽然说《就业协议书》具有劳动合同的部分特征，但它不能等同于劳动合同，更不能取代劳动合同。《就业协议书》只是一份简单的文本文件，很多劳动合同应有的内容并没有包含在内，如工作岗位、工作条件、薪酬待遇等，因此，仅凭《就业协议书》，毕业生就业后的劳动权利无法得到保障。

提醒

《就业协议书》是毕业生与用人单位确立劳动关系的前提，劳动合同是劳动者与用人单位确立劳动关系、明确双方权利和义务的重要法律依据。对于大学毕业生来说，两者相依相存，并不矛盾，它们合在一起构成了一道强大的大学生就业保护网。

阅读材料

### 认识"Offer"

毕业生在应聘工作中，经常会听到一个词"Offer"，即"录用通知"。Offer说明了毕业生的上班时间、薪水和福利等情况，是公司向候选人发出的一种工作邀请。Offer一般在劳动者通过用人单位面试、用人单位决定录用后发出，劳动者需在上面签字。劳动者一旦签字即表明接受了对方的录用意向，愿意到单位工作。这种形式在外企中比较常见。

Offer是毕业生和用人单位达成的一个录用意向，并不涉及学校。所以，对于毕业生而言，除了与用人单位签署Offer外，还应和他们签订《就业协议书》，这样才能保证自己的合法权益。

在北京和上海等对户口要求较严的城市，如果毕业生与用人单位之间只签署Offer，不签订《就业协议书》，则会导致用人单位无法帮你落户或接收档案。当发生这种情况时，毕业生可在毕业前找一家单位挂靠户口和档案（如人才市场），或者将户口和档案转回原籍。

## 三、劳动合同概述

劳动合同是用人单位与劳动者之间明确权利与义务的协议，所有劳动合同都必须依据《中华人民共和国劳动合同法》制定，而不能依据用人单位的单方面意愿来制定。

### （一）现行的《劳动合同法》来由

现行的《中华人民共和国劳动合同法》（简称《劳动合同法》）于 2007 年 6 月 29 日，由第十届全国人民代表大会常务委员会第二十八次会议修订通过，自 2008 年 1 月 1 日起施行。2012 年 12 月 28 日，第十一届全国人民代表大会常务委员会第三十次会议通过了《劳动合同法》的修订决定，2013 年 7 月 1 日起施行修订后的《劳动合同法》。

为了更好地保护自身的合法权益，大学毕业生可在“中国人大网”学习现在施行的劳动合同法的全部内容。

### （二）有效劳动合同应具备的要素

劳动合同既具有合同的一般特征和相应的法律约束力，同时作为一种特殊的合同类型，又具有自己的特色，其特点主要包括以下几点。

主体资格合法：劳动者的主体资格合法，指劳动者必须是年满 16 周岁、具备劳动权利能力和劳动行为能力的公民。未满 16 周岁的未成年人不能作为主体与用人单位签订劳动合同。用人单位的主体资格合法，指用人单位须经主管部门批准依法从事生产经营和其他相应的业务，享有法律赋予的用人资格或能力。

合同内容合法：主要指劳动合同的内容不得违反法律、行政法规的强制性规定。如《劳动法》第二十一条明确规定：劳动合同可以约定试用期。试用期最长不得超过 6 个月。在这里“最长不得超过 6 个月”，就是法律关于劳动合同试用期的强制性规定。假若某劳动者与用人单位签订的劳动合同约定的试用期为 10 个月，由于违背了上述“最长不得超过 6 个月”的强制性法律规定，因此是无效的。

当事人意思表示真实：根据《劳动法》第十八条第（二）款的规定，采取欺诈、威胁等手段订立的劳动合同，因为违背了当事人的真实意愿，所以是无效的。另外，如果有证据证明当事人对合同内容有重大误解，这样的劳动合同也应无效。

合同订立的形式合法：《劳动法》第十九条明确规定，劳动合同应当以书面形式订立。对于以口头、录音、录像等形式订立的劳动合同，均无效。

### （三）劳动合同的基本内容

根据《劳动合同法》的规定，劳动合同的内容主要由法定条款和约定条款两类构成。

扫一扫

劳动合同模板

#### 1 法定条款

法定条款，即法律规定劳动合同必须具备的条款，只有具备了这些条款的劳动合同才能依法成立。一般法定条款包含 7 个方面的内容。

（1）合同期限。除依法允许订立不定期合同的情况以外，合同都应当规定有效期限。其中应包括合同的生效日期和终止日期，或者决定合同有效期限的工作（工程）项目。如某毕业生 2017 年 3 月 1 日被录用开始工作，工作时间为 6 个月，那么合同的期限规定为：本劳动合同从 2017 年 3 月 1 日生效，到 2017 年 9 月 1 日结束。

（2）工作内容。即关于劳动者的劳动岗位、劳动任务条款。

（3）劳动保护和劳动条件。即关于用人单位，应当为劳动者提供劳动安全、卫生条件和生产资料条件的条款。如建筑工人应该发放安全帽。

（4）劳动报酬。即关于劳动报酬的形式、构成、标准等条款。

（5）劳动纪律。即关于劳动者应当遵守劳动纪律的条款。如上班时间不得私自外出，如何请假等。

（6）合同终止条件。即关于劳动合同在法定终止条件之外的哪些情况下可以或应当终止的条款。如合同到期终止，或就业单位出现破产、停业等情况终止合同等。

（7）违约责任。即关于违反劳动合同的劳动者和用人单位，各自应如何承担责任的条款。

提醒

由于某些劳动合同自身的特殊性，立法特别要求，除一般法定必备条款外，还必须规定一定的特有条款。如外商投资企业劳动合同和私营企业劳动合同中，应包括工时和休假条款。

**2 约定条款**

约定条款，即劳动关系当事人或其代表约定劳动合同必须具备的条款。它是法定条款的必要补充，其具备与否，对劳动合同可否依法成立，在一定程度上有决定性意义。

我国《劳动合同法》规定，劳动合同除法定必备条款外，当事人还可以协商约定其他内容。通常有：试用期条款、保密条款和禁止同业竞争条款等，但是，补充条款的约定不能与国家的法律法规相抵触，不能危害国家、组织或个人的利益。

## 四、劳动合同的签订

劳动合同的签订，是指劳动者和用人单位经过相互选择和平等协商后，就劳动合同条款达成协议，从而确定劳动关系和明确双方相互的权利、义务的法律行为。

### （一）劳动合同的订立原则

扫一扫

劳动合同的签订原则

《劳动合同法》规定，订立劳动合同要遵循合法、平等、自愿、协商一致的原则，不得违反法律和行政法规的规定。

**1 合法**

无论是合同的当事人、内容和形式，还是订立合同的程序，都必须符合有关法律、法规和政策的要求。尤其需要强调的是，凡属于劳动合同有关的强行性法律规范和强制性劳动标准，都必须严格遵守。

因而，在订立合同过程中只能有限制地体现契约自由的精神。

**2 平等**

所谓平等，是指订立合同的双方当事人法律地位平等。因此，毕业生应该依据《劳动合同法》的相关规定，理直气壮地要求与用人单位签订劳动合同。在签订合同前，要仔细阅读合同条款，对于模棱两可的条款要坚持改写清楚，对于不合法的内容更要据理力争，以维护自己的合法权益。

阅读材料

### 劳动关系能不能解除？

汤敏刚刚应聘到一家科技公司上班，当初公司正式录用汤敏时，与她签订了为期两年的劳动合同，并在合同中规定，试用期为两个月。可是，从上班的第一周开始，公司就找各种理由要求汤敏等员工经常加班，而且劳动强度非常大。为此，汤敏上班半个月后，就不想继续再干了，谁知，汤敏的辞职请求却被公司拒绝了。汤敏现在很迷茫，不知道公司这种强迫自己继续工作的行为是不是可以作为她解除劳动关系的理由，如果劳动关系解除了，自己需不需要承担相应的法律责任。

根据《劳动合同法》第三十七条规定："劳动者提前 30 日以书面形式通知用人单位，可以解除劳动合同。劳动者在试用期内提前 3 日通知用人单位，可以解除劳动合同。"虽然本案例的主人公汤敏与公司签订了劳动合同，但在试用期内发现用人单位工作不利于自己发展的，可以果断行使解除劳动合同的权利，并且，处于试用期的劳动者不必向用人单位说明任何原因和理由，只要提前 3 天通知用人单位即可。

**3 自愿**

所谓自愿，是指合同的订立，应完全出于双方当事人的意愿，任何一方都不得强迫对方接受其意志；除合同管理机关依法监督外，任何第三方都不得干涉合同的订立。

**4 协商一致**

在订立合同过程中，合同订立与否以及合同的具体内容，都只能在双方当事人经过平等协商方式，取得一致意见的基础上来确定。因而，只有协商一致，合同才能成立。

阅读材料

### 合法保护自己的权益

李静雯成功应聘进了一家商贸公司做文职工作，当她和公司签订劳动合同时，为了保护自己的权益免受损害。李静雯带上了做律师的妈妈帮自己把关，当在合同中遇到不合理的条款时，她们就主动和公司进行交涉，最终意见取得一致后才签订了合同。比静雯先来公司的同事都有些后悔，当初就该像她这样找个人来把关，也不至于白白地损失自己的利益。

### （二）与毕业生关系密切的劳动合同签订事项

《劳动合同法》的颁布给毕业生带来"利好"消息，但由于《劳动合同法》的内容多而全，下面仅列出几项与实际工作息息相关的注意事项。

**1 必须签订劳动合同**

《劳动合同法》第十条规定："建立劳动关系，应当订立书面劳动合同。"实际上，大多数用人单位对于劳动合同有一个错误的认识，即签订劳动合同就会将自己套牢，而没有劳动合同就与职工没有劳动关系，可以规避法律的很多规定。

其实不然，新《劳动合同法》关于劳动合同的签订有如下规定。

（1）用人单位自用工之日起超过一个月但不满一年未与劳动者订立书面劳动合同的，应当向劳动者每月支付 2 倍工资。

（2）用人单位自用工之日起超过一年未与劳动者订立书面劳动合同的，视为用人单位与劳动者已订立无固定期限劳动合同。一旦订立无固定期限的劳动合同，如果没有发生法律规定的可以解除劳动合同的情形，用人单位无法辞退劳动者，否则，要支付 2 倍的经济补偿金。

由此可见，用人单位不与劳动者签订书面劳动合同，将面临更大的法律风险。

阅读材料

## 事实劳动关系的成立

我国劳动和社会保障部在2005年颁布的《关于确立劳动关系有关事项的通知》中指出，即使用人单位未与劳动者签订劳动合同，如劳动者有可参照的凭证仍可将其认定为事实劳动关系，这些凭证主要有以下内容。

（1）工资支付凭证或记录（职工工资发放花名册）、缴纳各项社会保险费的记录。

（2）用人单位向劳动者发放的“工作证”“服务证”等能够证明身份的证件。

（3）劳动者填写的用人单位招工招聘“登记表”“报名表”等招用记录。

（4）考勤记录。

（5）其他劳动者的证言等。

《关于确立劳动关系有关事项的通知》还规定，若用人单位终止事实劳动关系也需要向劳动者支付经济补偿金。

### 2 个人隐私保护

为了保护劳动者的隐私，《劳动合同法》第八条规定：“用人单位招用劳动者时，应当如实告知劳动者工作内容、工作条件、工作地点、职业危害、安全生产状况、劳动报酬，以及劳动者要求了解的其他情况；用人单位有权了解劳动者与劳动合同直接相关的基本情况，劳动者应当如实说明。”这句话背后的含义是指不属于“与劳动合同直接相关的基本情况”，用人单位无权过问，劳动者也有权拒绝回答。

另外，《就业服务与就业管理规定》也规定，用人单位在招用人员时，除国家规定的不适合妇女从事的工种或者岗位外，不得以性别为由拒绝录用妇女或者提高对妇女的录用标准。用人单位录用女职工，不得在劳动合同中规定限制女职工结婚、生育的内容。

### 3 不得要求提供担保或收取财物

某些不正规的用人单位在招聘或录用过程中，为了谋取钱财，利用招聘向求职者收取招聘费、培训费、押金或服装费，要求必须扣押证件等行为，在《劳动合同法》中都是被禁止的。

同时，《劳动合同法》第八十四条还规定："用人单位违反本规定，扣押劳动者居民身份证等证件的，由劳动行政部门责令限期退还劳动者本人，并依照有关法律规定给予处罚。用人单位违反规定，以担保或者其他名义向劳动者收取财物的，由劳动行政部门责令限期退还劳动者本人，并以每人 500 元人民币以上、2 000 元人民币以下的标准处以罚款；给劳动者造成损害的，应当承担赔偿责任。"

### 4 同工同酬

《劳动合同法》第六十三条规定："被派遣劳动者享有与用工单位的劳动者同工同酬的权利。用工单位应当按照同工同酬原则，对被派遣劳动者与本单位同类岗位的劳动者实行相同的劳动报酬分配办法。用工单位无同类岗位劳动者的，参照用工单位所在地相同或者相近岗位劳动者的劳动报酬确定。"同工同酬是指技术和劳动熟练程度相同的劳动者在从事同种工作时，不分性别、年龄、身份、民族、区域等差别，只要提供相同的劳动量，就应获得相同的劳动报酬。同工同酬最重要的贡献之一，就是规定了同一工种不再有合同工与正式工的差别，在同一企业工作的只要是相同工种，就应得到相同报酬。

在实际施行过程中，同工同酬作为一项分配原则也有其相对性：即使相同岗位的劳动者之间也有资历、能力、经验等方面的差异，因此劳动报酬只要大体相同就不违反同工同酬原则。

### 5 关于试用期

试用期是指用人单位和劳动者为相互了解和选择，在劳动合同中约定的不超过 6 个月的考察期。

《劳动合同法》第二十一条规定：劳动合同期限 3 个月以上不满 1 年的，试用期不得超过 1 个月；劳动合同期限 1 年以上不满 3 年的，试用期不得超过 2 个月；3 年以上固定期限和无固定期限的劳动合同，试用期不得超过 6 个月。劳动合同中约定试用期不是必备条款，而是协商条款，是否约定由劳动者和用人单位协商确定。但是，如果双方约定试用期，就必须遵守有关规定。在劳动合同中约定试用期要遵守以下 6 点规定。

- 劳动合同中的试用期应由用人单位和劳动者双方平等协商约定，不得由用人单位一方强行规定。
- 试用期最长不得超过 6 个月。
- 以完成一定工作任务为期限的劳动合同或者劳动合同期限不满 3 个月的，不得约定试用期。试用期包含在劳动合同期限内。劳动合同仅约定试用期的，试用期不成立，该期限为劳动合同期限。
- 同一用人单位与同一劳动者只能约定一次试用期。试用期适用于初次就业、改变岗位或工种的劳动者，工作岗位没有发生变化的劳动者只有一次试用期。
- 试用期不得延长。用人单位在试用期内发现劳动者不符合录用条件，可以解除劳动合同，而不能延长试用期继续进行考察；同样，劳动者在试用期内对用人单位不满意或认为自己不适合该工作，可以解除劳动合同。

◆ 试用期的工资不得低于本单位相同岗位最低档工资或者劳动合同约定工资的 80%，且不得低于用人单位所在地的最低工资标准。

### 6 关于违约金

《劳动合同法》对违约金条款给予严格的限制，明确规定只有以下两种情形可以在劳动合同中约定违约金。

◆ 在培训服务期中约定违约金。用人单位为劳动者提供专项培训，对其进行专业技术培训的，可以与该劳动者订立协议，约定服务期。

如果劳动者违反服务期约定，应当按照约定向用人单位支付违约金，但违约金数额不得超过用人单位提供的培训费用。

◆ 在竞业限制中约定违约金。用人单位与劳动者可以在劳动合同中约定保守用人单位的商业秘密和与知识产权相关的保密事项，对负有保守商业秘密和知识产权义务的高级管理人员、高级技术人员和其他负有保密义务的人员，可以约定竞业限制，如劳动者违反竞业限制的约定，应当支付违约金。

除以上两种情况外，用人单位要求劳动者支付违约金都是不合法行为。

**提醒**

竞业限制的约定不得违反法律、法规的规定。在解除或者终止劳动合同后，受竞业限制的人员到与本单位生产或者经营同类产品、从事同类业务的有竞争关系的其他用人单位就业，或者自己开业生产经营同类产品、从事同类业务的竞业限制期限，不得超过两年。

### 7 关于辞退

《劳动合同法》中关于用人单位辞退劳动者的情形分为 3 种类型：即时通知解除、预告通知解除和经济性裁员。为了更好地保护劳动者的合法权益，《劳动合同法》对每一类辞退员工的情形都有条件限制，如即时通知解除劳动合同的，用人单位需要承担举证责任，即劳动者在试用期内不符合录用条件，或严重违纪、营私舞弊给单位造成重大损失，或劳动合同无效，或员工兼职给单位工作造成严重影响，或被追究刑事责任等；预告通知解除劳动合同的，需要符合法定情形，并且履行法定程序；经济性裁员也要符合裁员的条件并履行法定程序等。下面分别介绍用人单位解除劳动合同的具体内容。

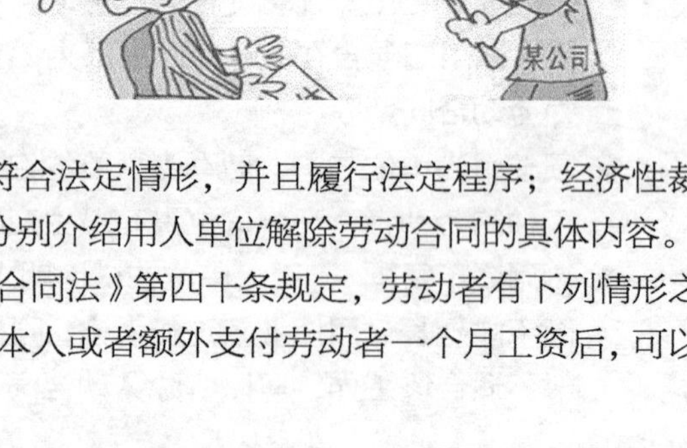


（1）用人单位可解除劳动合同的情况。《劳动合同法》第四十条规定，劳动者有下列情形之一的，用人单位提前 30 日以书面形式通知劳动者本人或者额外支付劳动者一个月工资后，可以解除劳动合同。

◆ 劳动者患病或者非因工负伤，在医疗期满后不能从事原工作，也无法从事由用人单位另行安排工作的；

◆ 劳动者不能胜任工作，经过培训或者调整工作岗位，仍不能胜任工作的；

◆ 劳动合同订立时所依据的客观情况发生重大变化，致使劳动合同无法履行，经用人单位与劳动者协商，未能就变更劳动合同内容达成协议的。

（2）用人单位不可解除劳动合同的情况。《劳动合同法》第四十二条规定，劳动者有下列情形之一的，用人单位不得依照第四十条的规定解除劳动合同。

◆ 从事接触职业病危害作业的劳动者未进行离岗前职业健康检查，或者疑似职业病病人在诊断或者医学观察期间的；

◆ 在本单位患职业病或者因工负伤并被确认丧失或者部分丧失劳动能力的；

◆ 患病或者非因工负伤，在规定的医疗期内的；

◆ 女职工在孕期、产期、哺乳期的；

◆ 在本单位连续工作满 15 年，且距法定退休年龄不足 5 年的；

◆ 法律、行政法规规定的其他情形。

（3）用人单位应支付经济补偿的情况。《劳动合同法》规定，有下列情形之一的，用人单位应当向劳动者支付经济补偿：

◆ 劳动者依照本法第三十八条规定解除劳动合同的；

◆ 用人单位依照本法第三十六条规定向劳动者提出解除劳动合同并与劳动者协商一致解除劳动合同的；

◆ 用人单位依照本法第四十条规定解除劳动合同的；

◆ 用人单位依照本法第四十一条第一项规定解除劳动合同的；

◆ 除用人单位维持或者提高劳动合同约定条件续订劳动合同，劳动者不同意续订的情形外，用人单位依照本法第四十四条第一项规定终止固定期限劳动合同的；

◆ 用人单位依照本法第四十四条第四项、第五项规定终止劳动合同的；

◆ 法律、行政法规规定的其他情形。

总体来说，除了劳动者个人原因主动辞职，或个人不满足岗位需求、违法乱纪外，因用人单位的情况，如经营不善倒闭、用人单位不按劳动法办事等原因解除劳动合同的，用人单位都应支付经济补偿。经济补偿的金额按劳动者在本单位工作的年限而定，主要有 3 种情况：（1）每满 1 年支付 1 个月工资的标准；（2）6 个月以上不满 1 年的，按 1 年计算；（3）不满 6 个月的，支付半个月工资的经济补偿。支付经济补偿的年限最高不超过 12 年。

阅读材料

## 非全日制用工的法律规定

某些毕业生在就业时由于各种原因，考虑先兼职，以非全日制的形式到一个用人单位上班。在这种情况下也应了解非全日制用工的相关法律规定，以保护自己的合法权益。

（1）非全日制劳动者在同一用人单位一般平均每日工作时间不超过4小时。每周工作时间累计不得超过24小时。

（2）非全日制用工双方当事人不得约定试用期。

（3）非全日制用工小时计酬标准不得低于用人单位所在地人民政府规定的最低小时工资标准。

（4）非全日制用工劳动报酬结算支付周期最长不得超过15日。

（5）用人单位必须为劳动者缴纳工伤保险，否则发生工伤事故要承担相关责任。

# 第三节 违约责任与劳动争议

在大学毕业生就业过程中会涉及两份与就业相关的协议、合同，即《就业协议书》和劳动合同。下面分别讲解《就业协议书》和劳动合同产生违约情况的责任划分，以及争议解决办法。

## 一、《就业协议书》争议解决办法

目前，关于大学毕业生《就业协议书》争议问题时有发生，一般情况下是大学毕业生最初草草与一家单位签订了《就业协议书》，但后来发现了更适合自己的岗位，想解除与原单位的就业协议，从而引起纠纷。

国家还没有明确的关于解决《就业协议书》争议的法律规定。但在实践中解决《就业协议书》争议的主要办法有以下 3 种。

- ◆ 毕业生与用人单位协商解决。这种办法适用于因毕业生引起的就业协议争议，毕业生可出面向用人单位赔礼道歉，并说明情况，赢得用人单位的理解，必要时需支付违约金，经双方协商达成新的意向。
- ◆ 学校或当地省级毕业生就业主管部门与用人单位协调解决。这种办法大多适用于因用人单位引起的就业协议争议，由学校或行政部门介入，针对纠纷予以调解，使双方达成和解。
- ◆ 通过法律途径。对协商调解不成的，可向人民法院起诉，由人民法院依法裁决。

提醒

如毕业生单方面希望解除就业协议，除了可与用人单位协商解决之外，也可根据违约金的金额，分析利弊，找出最有利于自己的方式。另外，毕业生也可考虑到原单位的其他岗位就业，在工作的过程中可能会发现工作的乐趣，如果仍然不合适，再向用人单位提出辞职。

## 二、劳动合同争议解决办法

劳动合同争议是指用人单位与劳动者之间由于劳动合同发生的争议，一般包括如下 4 类。

- ◆ 因企业开除、除名、辞退职工和职工辞职、自动离职发生的争议。
- ◆ 因执行国家有关工资、保险、福利、培训、劳动保护的规定发生的争议。
- ◆ 因履行劳动合同发生的争议。
- ◆ 法律、法规规定应当依照“企业劳动争议处理条例”处理的其他劳动争议。劳动合同争议发生后，当事人可向相关部门申请调解；调解不成的，当事人可向当地的劳动争议仲裁委员会申请仲裁。由此可见，劳动合同争议发生时，可根据不同情况采取不同的解决方法。劳动合同争议的解决办法主要有以下 3 种。

**（一）协商和调解**

劳动争议发生后，首先双方本着互谅互让的积极态度，自行协商解决，也可以请第三方（即双方信任的个人或组织）帮助协商，达成和解协议。如果双方不愿协商、协商不成或者达成和解协议后不履行的，可向本单位劳动争议调解委员会、地方劳动争议调解组织申请调解。

为确保调解协议的顺利履行，可以从调解协议生效之日起 15 日内，共同向劳动人事争议仲裁委员会提出审查确认，经审查确认后制定出具有法律效力的仲裁调解书。

使用协商和调解方式解决劳动合同争议，具有简单方便、灵活快捷等优势，能够及时有效地维护当事人的合法权益，是解决劳动合同争议的最佳方式。

**（二）仲裁**

劳动争议发生后，当事人的任何一方都可在争议发生之日起 60 日内向劳动争议仲裁委员会申请仲裁，并提出书面申请。劳动争议仲裁委员应当自接到仲裁申请之日起 7 日内做出是否受理的决定。劳动争议仲裁委员会决定受理的，应当自收到仲裁申请之日起 60 日内做出仲裁裁决。

劳动争议仲裁委员会可依法进行调解，经调解达成协议的，制定仲裁调解书。仲裁调解书具有法律效力，当事人必须自觉履行，如一方当事人不履行，另一方可向人民法院申请强制执行。

**（三）诉讼**

诉讼是解决劳动争议的最后一道程序。如当事人对劳动争议仲裁委员会做出的仲裁裁决不服，可自收到仲裁裁决书之日起 15 日内向人民法院提起诉讼。逾期不起诉的，仲裁裁决将产生法律效力。

人民法院审理劳动争议案件有相应条件，具体有以下 5 点。

- 起诉人必须是劳动争议的当事人。当事人因故不能亲自起诉的，可以直接委托代理人起诉，其他未经委托无权起诉。
- 起诉事项必须是不服劳动争议仲裁委员会仲裁结果而向法院起诉，未经仲裁程序的劳动争议不得直接向法院起诉。
- 必须有明确的被告、诉讼请求和事实根据。当事人不得将仲裁委员会作为被告向法院起诉。
- 起诉的时间必须在劳动法律规定的时效内，即在当事人收到仲裁裁决书之日起 15 日内向人民法院提起诉讼，否则不予受理。
- 起诉必须向有管辖权的法院提出，一般应向仲裁委员会所在地人民法院起诉。人民法院处理劳动争议案件和处理一般民事纠纷一样，主要程序有一审程序、二审程序、审判监督程序等。

## 第四节 个人权益的自我保护

在第五章中，介绍了各种侵权行为，如高薪陷阱、合同陷阱、中介陷阱以及虚假广告陷阱等。大学生在遇到各种侵权行为时，除了要采取安全的应对策略外，还要掌握相应的自我保护措施，从而保护自身的合法权益不被侵害。

扫一扫

个人权益的自我保护

## 一、预防侵害自身合法权益行为的发生

大学生在就业求职过程中，应本着诚实、信用、平等的原则，以自身的实力参与竞争。同时，要有风险意识，对于一些用人单位使用虚假广告、高薪待遇等欺骗手段招聘的做法，要有提防戒备心理，预防侵害自身合法权益行为的发生。

## 二、自觉遵守就业规范

在就业过程中，毕业生应自觉遵循就业规范和相应的规则。据相关规定，当毕业生有下列情形之一时，学校不再负责提供就业服务。

- 不顾用人单位需要，坚持个人无理要求，经多方教育仍拒不改正。
- 已签订《就业协议书》，但无正当理由超过 3 个月不去就业单位报到。
- 去就业单位报到后，因不服从安排或提出无理要求被用人单位退回。

## 三、自觉遵守就业规范

了解目前国家关于毕业生就业的相关方针、政策和规范以及它们之间的关系，熟悉毕业生在就业过程中的权利和义务，是毕业生自我保护的前提。只有这样，毕业生才能发现自己在就业过程中可能遭遇的不正当行为，从而依据法规办事，维护自己的合法权益。

## 四、维护自身合法权益

在就业过程中，大学毕业生不可避免会遇到一些不公平现象，侵害自身的正当权益。此时，大学生要敢于拿起法律武器据理力争，使自己处在与用人单位平等的地位，自己的合法权益才能得到保障。在实际维护自身合法权益的过程中，大学毕业生除了个人的力量之外，还可以依靠学校、向国家行政机关投诉、借助新闻媒体和寻求法律援助等方式来维护自己的合法权益。

阅读材料

### 新型求职陷阱列举

招而不聘

小张即将大学毕业，最近他奔波在各个招聘会上，递出了很多份简历，也陆续参加了一些面试，可还是没有找到合适的工作。小张说："很多参加招聘会的公司只是借机宣传自己，并不招人。我参加了很多场招聘会，经常能在招聘的公司中看到一些熟悉的面孔，每场招聘会都有很多人投递简历，公司不会一直招不到人。"

虚设岗位

小李大学读的专业是会计，毕业前她如愿应聘到某房地产公司任会计，经过面试后她被录用了。但当她毕业后去报到时，却被告知："按照公司规定，所有员工必须在一线锻炼一段时间，熟悉整个公司的运作流程后方可回到本职岗位。"于是小李被分派做业务员，这不是小李的强项，但想到"先苦后甜"，她一直忍受着，但是两个月后，公司还是无法确定何时让她回到会计工作岗位上，一段时间之后，她只好提出辞职。这时公司却以违反合约为由，要求她支付违约金。

## 第五节　评估与分析

（1）阅读下面的案例，分析当事人是否该缴纳违约金。

高校毕业生王梅，在毕业前夕与某公司签订了《就业协议书》，并且毕业后按照协议约定到该公司上班。现已按规定签订劳动合同，合同期限为 5 年，劳动合同中没有规定违约金。但是《就业协议书》中要求服务未满 5 年辞职时需缴纳违约金 5 万元。后来王梅在这家公司工作的过程中，发现自己并不适合这份工作，于是提交了辞职书，但该公司要求她支付 5 万元的违约金。分析：这时生效的是就业协议书，还是劳动合同？王梅是否需要缴纳 5 万元的违约金？

提示：

《就业协议书》仅在应届毕业生求职阶段有法律效力，其有效期为毕业生取得毕业证以前。如果用人单位与应届毕业生签订了正式的劳动合同，则《就业协议书》的效力自动解除。

（2）阅读下面的案例，分析当事人是否可以在不缴纳违约金的情况下辞职。

喻玲玲是某高等职业技术学院的毕业生，毕业后到某公司工作，与该公司正式签订了为期两年的劳动合同。在劳动合同终止前 1 个月，喻玲玲提出不再与公司续约一事，当时人事部表示同意并要求其 1 个月后办手续。1 个月以后，当喻玲玲到人事部办理离职手续时，人事部负责人却提出："要辞职必须按规定交齐后 3 年的服务未到期的违约金 2 000 元。"原来公司制定的《员工手册》第 18 条规定：凡到公司工作的人员至少应服务 5 年。所以公司认为：喻玲玲与公司签订的 2 年劳动合同虽然已经到期，但至少还应与公司续签 3 年的劳动合同才符合公司条款，如果喻玲玲不再为公司服务，则应赔偿违约金 2 000 元。喻玲玲不知道该不该赔偿这 2 000 元。

提示：

① 公司内部手册的制订不能单纯参考公司单方面的意见，还必须考虑所有员工的意愿。

② 公司规章制度的制订必须与国家法律、法规的规定相符合，对劳动合同没有约定且国家法律、法规没有规定的，才能做出补充规定。

③ 劳动合同期满时，劳动合同终止，一方不得强迫另一方延长劳动合同期。

（3）阅读下面的案例，分析当事人该如何保护自己的就业权益。

2016 年，南充市某大学十多名毕业生，集体到深圳的一家民营企业做电子产品组装工作。当时该企业给学生的口头承诺是：月薪 5 000 元，外加年终分红；工作满 1 年的，分房；工作满 3 年的，直接配车；这些学生都觉得真是天上掉馅饼了，这么好的机会怎能错过呢？于是，没有多想就去了深圳。

到了该企业之后，急于求成的学生们草率地签订了劳动合同。1 个月之后，所有人都大呼上当了。他们的月薪确实是定在了 5 000 元，但是在工作中他们经常会违反合同上的“霸王条款”。例如，迟到一次罚款 500 元；工作时间上厕所超过 2 分钟，罚款 200 元等。结果，1 个月高强度工作下来，扣掉各种罚款，实际发到大家手里只有 1 000 元不到。学生们集体反抗，说要辞职不干了，该企业拿出劳动合同，要求每个学生交 10 000 元的违约金。学生说，你们在学校谈的时候可不是这么说的，该企业则表示，请拿出证据来，众学生木然。

提示：

① 学生们在签订劳动合同时，一定要认真看清合同里面的条条款款，这样才能有效地保护自身的利益。

② 求职者一旦发觉上当受骗后，要及时向用人单位所在地的劳动保障监察大队或公安派出所报案，寻求法律保护。

CHAPTER 09

# 第九章 大学生自主创业

## 学习目标

了解大学生创业的现状
了解大学生创业的政策和特点
掌握大学生创业所需具备的条件
熟悉大学生创业的具体步骤
熟悉大学生创业计划书的编写
掌握大学生创业的方法与技巧
了解大学生创业的风险与防范措施

## 案例导入

农民出身的赵俊楠，通过自己的刻苦学习考上了西安的一所重点大学。但是，当学校的录取通知书送到家里时，父母既欢喜又忧愁。因为，母亲身体不好，家里已经债务缠身了，现在又要支付儿子上学所需的费用，真是有点无能为力了。最后，全家人东拼西凑好不容易才弄到 3 000 多元钱，可距离凑齐学费还是差一大截。

开学的日子到了，赵俊楠攥着 3 000 元现金，在长长的报名队列里，一次一次退到最后面，他真不知道如何开口跟老师说学费的事情。最终，赵俊楠还是鼓起勇气找到辅导员，将家里的情况向老师如实说明，终于争取到了缓交学费的机会。安定下来后，性格外向、活泼开朗的赵俊楠的心中顿时萌发出一种坚定的信念：越是困难，我越要咬紧牙关，想办法去改变命运。

开学后的一天下午，寝室门被一位师兄推开，并开始推销起了产品。正在这时，几位室友也回到了寝室。结果，这位师兄没费多少唇舌就将自己的充电宝成功推销给了自己的室友。这件事情给赵俊楠很大的感触，他隐约觉得自己改变命运的机会来了。

于是，他开始从同学那里四处打听各种小商品批发市场。足足花了一周的时间，他趁课余时间逛遍了自己所知道的西安市的所有小商品批发市场，仔细对比了各种充电宝的性能和价格后，他以 50 元的批发价购买了 5 部师兄推销的那种款式的充电宝，一倒手净赚了 150 元。虽然不多，但这是他掘得的第一桶金。之后，赵俊楠又开始销售同学们追捧的各种小神器，时间长了，通过赵俊楠的努力不仅解决了自己生活和学费的问题，而且还使自己成了校园里小有名气的“生意精”。

**启示** 从上面的案例来看，大学生自主创业之所以能够成功，是因为创业者首先对自己的需求有一个清楚的认识，然后通过身边人的启发，看准了潜在的消费市场和推销的产品，最终凭借自己不错的口才成功把产品推销了出去。

事实上，创业是一项极具挑战性的社会活动，具有一定的风险。创业成功与否，除了创业者自身的条件，还受很多外在条件的影响，如目前大学生创业的现状与政策、创业的方法与技巧等。

# 第一节 大学生创业的现状

我国大学生创业教育起步较晚，始于 1997 年的“清华大学创业计划大赛”，此后各地的创业计划大赛一直此起彼伏。2002 年，教育部确定了清华大学等 9 所大学为我国创业教育试点院校，并给予政策和经费的支持。

扫一扫

创新创业指导实战指南

## 一、大学生创业现状分析

我国大学生创业的情况并不理想，主要表现在以下 5 个方面。

### （一）创业人数

与庞大的高等教育接受者基数相比，自主创业者的比例还比较小，但每年还是呈现上升趋势。一项权威调查表明：大学毕业生中有 3%的人群，选择在毕业半年后自主创业，按教育部公布的 2018 年全国应届大学生人数为 820 万来计算，2018 届大学生中约 25 万的大学生将选择创业。

### （二）创业项目

大学生毕业自主创业后，选择“电子商务专员”的项目居多，这可能与近年来电子商务的发展有关。从行业来看，主要集中在餐饮、百货零售、教育培训等行业。根据相关调查表明，中国青年创业者（年龄介于 18~22 岁）在中高技术上并没有优势，从调查数据来看，只有不到 2%的青年创业者能达到基于中高技术的创业层面。

### （三）创业地点

多数大学生选择在家乡创业，其原因可能是创业所需的资源更多的来源于家庭，包括资金、人际关系、良好的创业环境等。此外，这也很可能与家乡所在省份的创业成本投入较少有关。

### （四）创业心理品质

随着社会和经济的发展，人与人、人与外界的联系越来越频繁，人际关系也日趋复杂。大学生创业活动也是一个复杂、多样的活动，需要创业者具备良好的心理品质，包括独立性、坚韧性、适应性，以及积极乐观的人生态度、较强的人际交往能力等。

### （五）创业思想

高校对大学生创业教育的思想认识不足，意识淡薄，与此同时，创业教育的学科基础薄弱，体系尚未构成。各高校尽管也提倡“创业教育”，但大多还停留在“口号”宣传上，缺乏创业教育的浓厚氛围和环境，所以难以形成科学的、系统的体系。

## 二、推动大学生创业的策略

我国大学生创业才刚刚起步，塑造良好的创业环境对推进大学生创业具有重要作用。

**（一）政府支持**

政府颁布配套的法规政策，使大学生创业行为受到法律保护，遇到问题有法可依。如保护大学生创业中的自主知识产权等。同时，出台鼓励民间资本参与、扶持大学生创业活动的优惠政策。

如上海市政府最新出台的有关大学生创业政策优惠有：高校毕业生（含大学专科、大学本科、研究生）从事个体经营的，自批准经营日起，1 年内免缴个体户登记注册费、个体户管理费、经济合同示范文本工本费等。此外，如果成立非正规企业，只需到所在区县街道进行登记，即可免税 3 年。

**（二）创办独立的服务机构**

高校中指导大学生创业的部门逐渐独立出来，很多学校还成立了创新创业学院，全程指导学生进行职业生涯规划与设计、培养学生创业意识、协助学生创业，为大学生创业发展提供完善的服务。

**（三）营造创业氛围**

充分利用校内外各种资源，营造毕业生自主创业的良好氛围，激发出广大毕业生的创业热情。

通过网络、课堂等各个环节的直接咨询与交流，帮助广大学生树立正确的创业观，鼓励学生敢于创新、勇于创业。同时也可邀请创业成功的校友返校，与毕业生交流创业体会，分享经验得失，鼓励同学积极创业。

# 第二节　大学生创业的政策与特点

在我国，随着改革开放的不断深入，大学生就业实行“双向选择，自主择业”。因此，大学生自主创业，逐渐发展成为解决就业困难和大学生实现自我价值的重要途径。尤其是近年来，党和国家特别重视大学生的就业问题，相继出台了许多政策，鼓励和支持大学生自主创业。

## 一、大学生创业的帮扶政策

为支持大学生创业，国家每年都会出台许多相关的政策方针，涉及税收、创业培训、创业指导等诸多方面，大力推进创新创业，以创业带动就业。对打算创业的大学生来说，了解最新的创业政策和方针，才能更好地走好创业的第一步。

**（一）国家创业帮扶政策与措施**

为促进高校毕业生以创业带动就业，更大程度实现知识的产业化，国家相关部门出台了一系列的帮扶政策与措施。

## ❶ 教育部出台的创业帮扶通知

2018 年，教育部关于高校毕业生创业重点提出了“深化高校创新创业教育改革”“落实创新创业优惠政策”和“提升创新创业服务保障能力”3 点措施。具体内容如下。

（1）深化高校创新创业教育改革。各地各高校要把创新创业教育改革作为高等教育综合改革的重要突破口，在培养方案、课程体系、教学方法和管理制度等方面将改革持续向纵深推进，促进专业教育与创新创业教育有机融合，将创新创业教育贯穿人才培养全过程。强化创新创业实践，办好各级各类创新创业竞赛，着力培养学生的创新精神和创造能力。

（2）落实创新创业优惠政策。省级教育部门要配合有关部门进一步完善落实工商登记、税费减免、创业贷款等优惠政策，为毕业生创新创业开辟“绿色通道”。高校要细化完善教学和学籍管理制度，进一步落实创新创业学分积累与转换、弹性学制管理、保留学籍休学创业、支持创新创业学生复学后转入相关专业学习等政策。

（3）提升创新创业服务保障能力。各地各高校要加快发展众创空间，依托创业园、创业孵化基地等为毕业生创新创业提供场地支持。多渠道筹措资金，综合运用政府支持、学校自筹以及信贷、创投、社会公益、无偿许可专利等方式扶持大学生自主创业。建立健全国家、省级、高校大学生创业服务平台，聘请行业专家、创业校友等担任导师，通过举办讲座、论坛、沙龙等活动，为大学生创业提供信息咨询、管理运营、项目对接、知识产权保护等方面的指导服务。

## ❷ 人力资源社会保障部出台的创业帮扶通知

《人力资源社会保障部关于做好 2018 年全国高校毕业生就业创业工作的通知》中对大学生创业主要做出了以下几方面的指示。

（1）着力抓好就业创业政策落实。各地要坚定不移把政策落实作为今年高校毕业生就业创业工作的主线。加强统筹实施，将高校毕业生就业创业政策与经济政策、引才引智政策有机结合，在推动产业转型升级、区域协调发展、实施乡村振兴战略、支持小微企业创新发展中，多渠道开发适合毕业生的就业岗位。巩固基层就业主阵地，深入实施高校毕业生基层成长计划，统筹推进“三支一扶”计划等服务项目，加强政策引导和服务保障，鼓励毕业生到城乡基层、中西部地区、艰苦边远地区就业创业。加大宣传解读，开展“筑梦未来与你同行”高校毕业生就业创业政策宣传推介活动，用好报刊网端等媒介，将各项政策打捆打包、广而告之，引导帮助更多毕业生熟悉政策、运用政策。优化经办流程，拓展

政策申请渠道，推进政策受理、审核、发放全程网上办理，提供一站式服务、“最多跑一次”等便利。健全落实推进机制，把督促检查贯穿政策落实全程，大兴调查研究之风，及时推动解决政策实施中遇到的困难和问题，使政策更好助推毕业生就业创业。

（2）着力推动创业带动就业。各地要抓住打造“双创”升级版的有利契机，集中优质资源支持高校毕业生创业创新。强化能力素质培养，将创业培训向校园延伸，依托各类培训机构、企业培训中心等平台，创新开发一批质量高、特色鲜明、针对性强的培训实训课程，更好满足毕业生创业不同阶段、不同领域、不同业态的需求。加大政策资金支持，落实好创业担保贷款、一次性创业补贴、场租补贴等扶持政策，支持有条件的地方设立高校毕业生就业创业基金，积极引入各类社会资本，多渠道助力毕业生创业创新。优化创业指导服务，推动公共就业创业服务机构、创业孵化基地向毕业生开放，充实完善涵盖不同行业领域、资源经验丰富的专家指导团队，为毕业生创业提供咨询辅导、项目孵化、场地支持、成果转化等全要素服务，帮助解决工商税务登记、知识产权、财务管理等实际问题。搭建交流对接平台，组织“中国创翼”创业创新大赛、创业项目展示推介、选树创业典型等活动，结合实际打造更多富有地方特色的创业品牌活动，为创业毕业生提供项目与资金、技术、市场对接渠道。

**（二）地方具体优惠举措列举**

按照相关文件指示，各地方根据实际情况制定出具体的大学生创新创业优惠政策，下面列举部分地方政府最新的大学生优惠举措，帮助大学生了解地方政府对大学生创业的支持包括哪些方面，以及具体涉及的支持范围和力度。

**❶ 北京**

2015 年，北京市教育委员会联合北京市财政局公布《北京高校大学生就业创业项目管理办法》，该办法自当年 9 月 1 日起正式实施。北京地区高校就业创业有关的 3 个项目，按照每个创新创意实践团队支持额度不超过 5 万元、每个创业企业(团队)支持额度不超过 20 万元的标准补助。

“北京地区高等学校大学生就业创业项目”是市教委通过与地方政府、高等学校的合作，为大学生就业创业提供场地、经费、服务等多方面支持，包括“北京地区高校大学生创业园建设项目”“北京高校示范性创业中心建设项目”“支持北京高校大学生创新、创意、创业实践项目”。其中，“北京地区高校大学生创业园建设项目”是指推进建设“一街三园”的北京高校大学生创业园孵化体系；“北京高校示范性创业中心建设项目”是指支持 40 余所高校开展示范性创业中心建设；“支持北京高校大学生创新、创意、创业实践项目”是指支持 100 个左右大学生创业团队、400 个左右包括“创客”在内的大学生创新创意、创业实践团队。

另外，自 2018 年起，继续扩大求职创业补贴发放范围。补贴的发放对象范围为北京地区各普通高等学校、各研究生培养单位的毕业年度内（即取得毕业证书年度的 1 月 1 日至 12 月 31 日）有求职或创业意愿的高校毕业生，补贴标准为 1 000 元/人。

提醒

更多关于北京市高校大学生创业园、创业扶持政策及政策解读、就业创业指导等信息可在北京高校毕业生就业信息网查看。

### 2 上海

上海市政府有关大学生创业的扶持政策如下。

- 上海市大学生科技创业基金以投资资助形式，资助符合申请条件的大学生作为主要发起人创办企业。基金资助项目周期一般为两年，单个项目的资助金额一般在 30 万元以内。
- 上海市大学生科技创业基金会和上海市杨浦区中小企业信用担保中心共同发起上海市大学生创业企业信用担保基金。单笔担保贷款范围是 50 万元以内，期限为一年以内的流动资金贷款。
- 科技型中小企业技术创新基金是政府专项基金，在初创期小企业创新项目内设立大学生创业项目给予引导和支持。创新基金以无偿资助方式支持立项项目，资助额度为每个项目 20 万～40 万元。
- 本市各级劳动保障部门挖掘部分闲置房产，开发建设适合非正规就业劳动组织和小企业的开业园区。创业者不仅可以较低租金进驻开业园区，而且可根据所吸纳本市失业、协保、农村富余劳动力的情况享受年度人均房租最高不超过 2 000 元、补贴期限最长不超过 3 年的开业园区房租补贴。

### 3 广东

广东省 2015 年发布的《广东省人民政府关于进一步促进创业带动就业的意见》中关于大学生创业的部分优惠政策如下。

- 一次性创业资助。普通高等学校、职业学校、技工院校学生（在校及毕业 5 年内）和出国（境）留学回国人员（领取毕业证 5 年内）、复员转业退役军人以及登记失业人员、就业困难人员成功创业（在本省领取工商营业执照或其他法定注册登记手续）的，正常经营 6 个月以上，可凭创业者身份证明及工商营业执照（或其他法定注册登记手续）、税务登记证、社会保险登记证，申请 5 000 元的创业资助。符合条件人员只能享受一次创业资助。
- 租金补贴。对入驻各级政府和有关部门主办的创业孵化基地（创业园区）初创企业，按照第一年不低于 80%、第二年不低于 50%、第三年不低于 20%的比例减免租金。普通高等学校、职业学校、技工院校学生（在校及毕业 5 年内）和出国（境）留学回国人员（领取毕业证 5 年内）、复员转业退役军人及登记失业人员、就业困难人员租用经营场地创业（含社会资本投资的孵化基地），可凭创业者身份证明、工商营业执照（或其他法定注册登记手续）、税务登记证、社会保险登记证和经营场地租赁合同申请租金补贴，珠三角地区每年最高 6 000 元、其他地区每年最高 4 000 元，最长 3 年。
- 小额担保贷款贴息。对自主创业（国家限制行业除外）自筹资金不足的，可申请小额担保贷款，其中个人最高 20 万元、合伙经营或创办小企业的，可按每人不超过 20 万元、贷款总额不超过 200 万元的额度实行“捆绑性”贷款；符合贷款条件的劳动密集型和科技型小微企业，贷款额度不超过 300 万元。在规定的贷款额度内，按照贷款基准利率最高上浮 3 个百分点据实给予贴息；劳动密集型和科技型小微贷款，按贷款基准利率的 50%给予贴息。
- 创业带动就业补贴。初创企业吸纳就业并按规定缴纳社会保险费的，可凭创业者身份证、工商营业执照（或其他法定注册登记手续）、税务登记证和最近 3 个月的社保缴费凭证，按其吸纳就业（签订 1 年以上期限劳动合同）人数申请创业带动就业补贴。招用 3 人（含 3 人）以下的按每人 2 000 元给予补贴；招用 3 人以上的每增加 1 人给予 3 000 元补贴，总额最高不超过 3 万元。

◆ 优秀项目资助。各地可结合当地产业发展规划，每年在新能源、新材料、生物医药、电子信息、节能环保等战略性新兴产业，以及文化产业、现代服务业、电子商务、互联网、物联网、现代农业、家庭服务业等领域中，遴选一批优秀创业项目并给予重点扶持。省从各地推荐的优秀创业项目中评选一批省级优秀项目，每个项目给予 5 万 ~ 20 万元资助。省对获得省级以上创业大赛（包括其他省市省级比赛）前 3 名并在广东登记注册的创业项目，每个项目给予 5 万 ~ 20 万元资助。

### 4 湖北

2018 年，湖北省继续实施大学生创业扶持。申报的项目要符合以下条件：2017 年 11 月 1 日前进行工商注册（或工商变更）登记，有固定的营业场所和较为健全的财务规章制度，吸纳 3 人（含 3 人）以上就业，签订劳动合同。申报的项目要符合国家产业政策、技术要求，市场前景良好，具有带动就业能力。项目扶持方式包括资金扶持、导师辅导、跟踪服务。每个通过评审的项目将得到 2 万 ~ 20 万元的资金扶持，重点项目会配备一名创业导师，实行“一对一”的创业指导，大学生创业项目将得到创业培训、创业孵化、项目融资和政策咨询交流等服务。

### 5 南京

南京市将持续推进“创业南京”英才计划。设立市级企业青年工程师科研基金，重点支持企业青年工程师瞄准行业和市场需求开展技术研发。设立博士和博士后科技创新创业基金，支持企业创建国家、省级博站和市级“准博站”。实施青年大学生“宁聚计划”，每年吸纳 20 万人以上大学生在宁就业创业，实行一条龙服务，积极落实就业创业扶持政策。调整优化落户政策，研究生以上学历及 40 岁以下的本科学历人才，凭毕业证书办理落户手续；技术、技能型人才，凭高级工及以上职业资格证书办理落户手续。建立多主体供给、多渠道保障、租购并举的人才安居政策体系，采用租赁补贴、购房补贴及购买共有产权房，承租人才公寓、公共租赁房等安居方式，为青年大学生、科技研发等各类人才提供安居保障。支持“双一流”高校、推进“两落地、一融合”成效显著的高校院所，加快建设人才公寓。

### 6 成都

成都市在 2015 年由市科技局、市农委联合发布了《成都市关于激励农业科技人员及大学生创新创业的政策措施》。该措施规定，对毕业 5 年内，创业从事准公益性规模种养生产、农产品加工营销、休闲观光农业、农业社会化服务的大学生，由市现代农业准公益性农业项目资金给予最高 50 万元贷款支持。此外，对于纳入农业职业经理人培养，符合条件的，将享受农业职业经理人社保补贴、创业补贴、农业保险费补助等扶持政策。

与此同时，在全市规划的现代农业综合示范基地（精品园区、示范带）建设大学生农业创业示范园区，对到园区创业的大学生，由市现代农业综合示范基地（精品园区、示范带）建设资金，按照其土地和农业设施租金，给予第 1 年 80%、第 2 年 50%、第 3 年 30%的补助。

另外，为促进农业科技人员及大学生创造运用知识产权和创建技术标准。市级应用技术研究与开发研发资金对新入选的国家、省、市知识产权示范企业，分别给予 30 万元、20 万元、10 万元支持；对牵头制定并获批国际、国家、行业标准的涉农企业及科研院所，分别给予 60 万元、40 万元、20 万元奖励；对牵头制定并经认定为产业技术联盟标准的涉农企业及科研院所给予 20 万元奖励。

## 二、大学生创业现状的特点

在政策利好的驱动下，越来越多的大学毕业生将目光投向了自主创业。然而，由于现行大学创业教育的缺失和制度的束缚，导致大学生创业困顿不前。

### （一）大学生创业的特点

在西方发达国家，大学生创业非常普遍。我国大学生创业的时间并不长，目前大学生创业出现了以下特点。

#### 1 创业领域

当前大学生创业的领域主要集中在服务业，因为门槛较低，特别是商贸、物流这类服务业。其次，一些大学生创业领域与所学专业相关。这表明，大学生所学的专业知识与创业方向有着直接关系。

#### 2 创业心态

大学毕业生对待创业的心态越来越理性。大学生对未来充满了希望，个个朝气蓬勃，在面临创业时，很多人也能考虑得比较全面，抱着务实的心态实施创业。

#### 3 对创业的理解

大学生对创业的理解比较片面，有人认为传统的小买卖、小店铺、摆摊就是创业，其实，“用智力换资本”才是大学生创业的优选之路。

#### 4 创业不能付诸行动

想创业的大学生很多，但真正行动的却很少。在大学生群体中，超过半数想过创业或表达过创业的意愿，但最终真正创业的人却极少。这一现象的出现，说明了 3 个问题。

- 大学毕业生已经意识到毕业生量的急剧增长与国家就业岗位缓慢增长的尖锐矛盾，就业不再是件容易的事，于是想创业。
- 现实生活中出现了一些创业成功的传奇人物，如比尔·盖茨，加上媒体的炒作，为大学生创业增加了光明的预期，于是萌发了创业的想法。可是一觉醒来后，又认为创业离自己比较遥远。
- 国家出台了很多鼓励大学生创业的优惠政策，无疑使大学生感受到了政府的关心和社会的支持，有了这样的宽松环境，更多的大学生跃跃欲试。

#### 5 创业成功率低

由于大学生涉世不深，缺乏各种经验，资本积累薄弱等原因，很容易导致大学生创业夭折。统计数据显示，中国整体的创业成功率基本达到 30%，而在创业大军中，大学生创业成功率仅为 3%左右，只占到了成功创业企业的一成。

对于创业中的失败和挫折，许多大学生感到迷茫，不知道前进的方向，感到十分痛苦。因为他们在创业前看到的都是创业成功的例子，心态也是理想主义的，一旦失败往往很难再重新开始。

### 6 创业的科技转化率低

虽然我国大学生创业所涉足的领域比较广，创业的形式也呈多样化发展，但相对于我国庞大的大学生群体，真正在高科技领域创业的却很少，科技转化率普遍偏低。

随着素质教育的不断深入，我们有理由相信，在不久的将来，大学生的科技创业会更加普遍。

## （二）大学生创业存在的问题

我国大学生创业经历了短短十多年的发展，虽然取得了一定的成效，但还是存在许多的问题。

### 1 服务体系不够完善

目前，政府对创业的扶持政策主要聚焦在税费减免和融资服务等方面，对学生在创业过程中遇到的问题的解决途径关注较少。

### 2 融资环境不利

创业是一项对资金需求较大的活动，而大学生普遍没有稳定的收入来源，因此，创业资金不足成为大学生创业需要面临的首要问题。

据调查显示，很多创业大学生的创业资金都来源于家庭支持或者是私人借贷，这种资金来源渠道获得的资金数额较小，并且持续性差，对于家庭条件一般的创业者来说，很容易造成沉重的心理压力，影响创业活动的决策。

### 3 缺乏经验和技能

由于大学生长期生活学习在校园，对社会缺乏较深的了解和认识，特别是在市场运作、企业运营等领域缺乏相关知识和经验。

目前，我国高校针对创业和企业管理相关的系统理论和实践课程较少，实际可用的创业技能更少。其次，由于大学生缺乏社会经验，对创办企业的各种办事流程不熟悉，社会交往、沟通能力也不够，对遇到的问题缺乏预见性，不会主动发现和解决问题。

### 4 心理素质不高

现阶段有很大一部分大学生，为了逃避就业压力而选择创业；另外一部分创业者则仅仅是受到朋友影响或是一时心血来潮，盲目跟风，真正有创业理想和创业准备的人并不多。

刚走上社会的大学生依赖性强，抗挫折能力弱，而市场竞争是残酷的，大学生在创业过程中肯定会遇到各种挫折和打击。在创业初期，生意惨淡，连续一两个星期无人光顾的情况时有发生。在这种情形下，很少有创业大学生能够坚持下来，不少创业大学生很容易就此悲观消沉，最后选择退出创业，导致创业失败。

### 5 管理能力不足

创业是一件很艰难的事情，需要创业者有较全面的综合素质，其中最重要的一点就是经营管理能力。

在创业初期，创业者个人的经营管理能力非常重要，凡事都要自己亲自动手。在企业初具规模后，创业者是否具有管理和领导团队的能力，是否懂得选择并留住适合的人才，这种管理能力往往比自身的经营能力更为重要，而这往往是大多数没有经验的大学生所欠缺的。

# 第三节 大学生创业的准备

创业是一项复杂的活动，不仅要求创业者具备广泛的知识、丰富的经验，更要求创业者本身必须具备一些特点和品质，有创业潜质的大学生更要明确在创业过程中个人素质、能力对创业成败的重要影响。要想成为一个成功的创业者，在创业准备期，就必须对照这些品质不断地完善自己、锻炼自己。

## 一、创业必备的基本素质

创业是极具挑战性的社会活动，是对创业者自身的智慧、能力、气魄、胆识的全方位考验。一个人要想获得创业的成功，必须具备基本的创业素质，如创业意识、创业心理品质、创业能力、创业精神以及竞争意识等，如图 9-1 所示。

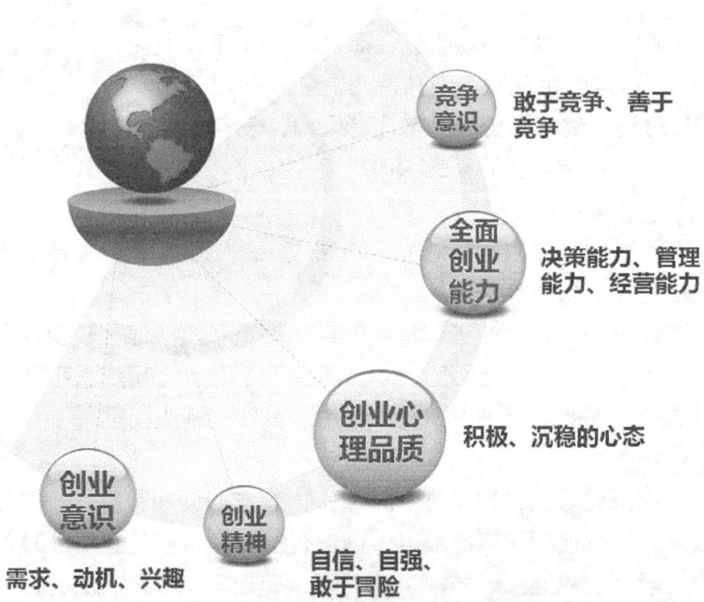


图 9-1 创业者基本素质及其所包括的内容

### （一）强烈的创业意识

创业意识，是指创业者在创业过程中起着动力作用的个性倾向，包括需要、动机、兴趣、思想以及世界观等心理成分。创业意识支配着创业者的态度和行为，规定着态度和行为的方向、力度，具有强大的选择性和能动性，是创业素质的重要组成部分。

要想取得创业的成功，创业者必须具备自我实现、追求成功的强烈的创业意识。强烈的创业意识，可以帮助创业者克服创业道路上的各种艰难险阻，将创业目标作为自己的人生奋斗目标。

创业者树立了正确的创业意识之后，还要认识到创业是一种精神，更是一种素质，最后创业者需要明确创业目标，努力使自己具备发现机遇、凝聚梦想、不懈追求、学习新知、进取提升、敢于担当、直面挑战、居安思危、自省自警的意识。

**（二）顽强的创业精神**

创业精神是激发大学生创业冲动的源泉，是支撑大学生创业活动的灵魂。拥有顽强的创业精神，可以使大学生在创业过程中信念坚定、目标明确、意志顽强，一步一步走向成功。当代大学生最需要具备的创业精神如下。

**1 开拓创新的精神**

我们处在一个变化的环境里，只有创新才能打破常规，才能突破自己的传统思维。大学生要努力使自己具有开拓意识和创新精神，具备开拓事业的理想和前进的动力，通过创业找到实现人生理想的道路。

阅读材料

### 创业成功需要大胆的创新

大学毕业的沈佳一因为没有靓丽的外表，多次被用人单位拒之门外。为自食其力，更为自己争一口气，佳一放弃了外出找工作的想法，决定自己给自己打工。刚毕业又没有任何的积蓄，该如何开始自己的创业梦呢？沈佳一想到了自己家乡的豆腐脑，她盘算着，不如挑着自己家的豆腐脑到大街小巷去叫卖，过一段时间，生意好的话，说不定就可以自己开店了。

说干就干，佳一放下架子，开始每天穿街走巷叫卖，一天下来也能赚到近50元。一个月之后，佳一就获利约1 500元。但是，佳一制作豆腐脑的方法都是父母教的民间传统做法，没有什么特色。经过反复的尝试后，没过多久，佳一自己研发了几种不同的口感，并在叫卖时，让顾客免费品尝新口味。经过3个月的不断努力和改良，佳一做的豆腐脑不仅口感格外好，而且很受小朋友的喜爱。时间久了，一些老顾客每每听到佳一的叫卖声，都会不约而同地前来购买。

就这样辛苦了半年，佳一的豆腐脑生意有了转机。一家酒楼的老板看中了佳一的豆腐脑。老板最后与佳一达成合作意向：由佳一提供技术并负责制作各种不同口味的豆腐脑，酒楼则提供场地及开发资金。最后，扣除成本，老板佳一各得纯利的50%，每个月底结算一次。这次合作，可谓皆大欢喜。

本案例告诉我们需要在创业的道路上大胆创新。佳一通过在民间传统制作的豆腐脑基础上加入自己创新的口感，使得豆腐脑口感格外好，从而赢得了顾客。

**2 敢于冒险的精神**

成功者必须具有冒险精神。对于大学生创业者而言，冒险精神更加重要，因为在大学生创业的过程中，只有具备了冒险精神和承担风险的意识，才能对创业活动把握得更客观、更具有前瞻性，其智慧和胆识才能得到充分发挥。

**3 自信、自强、自主、自立的创业精神**

自信心能赋予人主动积极的人生态度和进取精神，不依赖、不等待。而自强就是在自信的基础上，敢于实践，不断增长自己各方面的能力，勇于使自己成为生活与事业的强者。

自主就是具有独立的人格，具有独立性思维能力，不受传统和世俗偏见的束缚，选择自己的道路，善于设计和规划自己的未来，并采取相应的行动。自立就是凭自己的智慧和才能，凭借自己的努力和奋斗，建立起自己生活和事业的基础。

**（三）好的创业心理品质**

心理品质是指创业者的心理条件，包括自我意识、性格、气质、情感等心理构成的要素。作为创业者，应该具有非常强的心理调控能力，能够持续保持一种积极、沉稳的心态。

创业的成功在很大程度上取决于创业者的创业心理品质。正因为创业之路不是一帆风顺的，因此，如果不具备良好的心理素质、坚韧的意志，一遇挫折就垂头丧气、一蹶不振，那么，在创业的道路上是走不远的。只有具备处变不惊的良好心理素质和愈挫愈勇的顽强意志，才能在创业的道路上自强不息、顽强拼搏，创造出属于自己的一番事业。

**（四）全面的创业能力**

创业能力是一种特殊的能力，它由决策能力、经营管理能力、专业技术能力与交往协调能力等组成。作为一个想创业并打算创业的大学生，必须培养和提高自身的综合能力。特别是要注意锻炼自己的用人能力、沟通交流能力和组织策划、管理、自我控制等能力。

**1 决策能力**

决策能力，是创业者根据主客观条件，因地制宜，正确地确定创业的方向、目标、战略以及具体选择实施方案的能力。

创业者的决策能力通常包括：分析能力、判断能力和创新能力，大学生创业是一个充满创新的事业，创业者必须具备创新能力，不墨守成规，能根据客观情况的变化，及时提出新方案，不断地开拓新局面，创出新路子。可以说，决策能力是创业者不断前进的关键。

**2 经营管理能力**

经营管理能力是指对人员、资金的管理能力。它涉及人员的选择、使用、组合和优化，也涉及资金筹集、分配、使用等。经营管理能力是一种较高层次的综合能力，是一种运筹性能力。

经营管理能力的形成要从学会经营、学会管理、学会理财等几个方面去努力。

**3 专业技术能力**

专业技术能力，是创业者掌握和运用专业知识进行专业生产的能力。许多专业知识和专业技巧要在实践中摸索，逐步提高发展、完善。

创业者要重视创业过程中的知识积累和专业技术方面的经验以及职业技能的训练，对于理论知识和实践中的经验，两者要结合起来运用，并在加深对理论知识理解的基础上不断提高和拓宽。对于陌生的知识和他人经验更要探索，在探索的过程中形成自己的特色，并为我所用。只有这样，专业技术能力才会不断提高。

**4 交往协调能力**

交往协调能力，是指能够妥善地处理与公众（政府部门、新闻媒体、客户等）之间的关系，以及能够协调下属各部门成员之间关系的能力。

阅读材料

## 高素质的创业能力是获得创业成功的基础

在成都某大学商学院，有一个由10名大学生组成的创业团队，领头人是2014级的学生，名叫赵源杰。他带着这10个人的团队成立了一家公司，在公司创办之初，他们把公司定位为会计培训服务企业。公司对成员的要求非常严格，要求所有老师必须获得相应的证书和教师上岗证明。

在创业初期，由于缺乏经验，他们只做一些会计从业和初、中级的职称培训。由于缺乏师资力量，他们就请在校的老师和朋友帮忙，还聘用一些在大企业工作的财务经理来指导授课。解决了这些问题之后，会计培训班顺利开班，并且开始盈利。

到了创业后期，因为团队成员专业知识扎实，他们又开办了一些高级职称和注册会计师的培训班，因为考证通过率较高，所以报名的人数就越来越多。2016年，当他们即将毕业时，团队成员都在为继续留守还是就业而踌躇，最终有6个成员选择了留下。现如今，这个团队的事业越做越大，也成了当地最大的会计培训公司。

### （五）积极的竞争意识

竞争是市场经济最重要的特征之一，是企业赖以生存和发展的基础。人生充满竞争，竞争本身就是提高，竞争的最终目的就是取得最后的胜利。

随着我国社会主义市场经济从低级向高级发展，竞争会越来越激烈，从小规模的分散竞争，发展到大集团集中的竞争；从国内竞争发展到国际竞争；从单纯的产品竞争，发展到综合实力的竞争。因此，创业者只有敢于竞争，善于竞争，才能取得成功。

## 二、创业的知识储备

与简单的自己去给别人打工不同，创业是自己要领导一些人为自己打工。这就要求创业者自己要懂得企业管理方方面面的知识。这也对高校有创业想法的大学生提出了更高的专业知识要求，即便不能做到面面俱到，也要做到“博览群书”。

在平时的学习过程中，既要学好自己的专业知识，同时还要利用业余时间多了解一些企业管理方面的知识，多参加一些有关创业方面的培训班学习，多阅读一些成功企业的管理模式。

大学期间，有创业意识的大学生们要提前储备的创业知识包括：管理知识、营销知识和财务知识等。

### （一）管理知识

一个管理有序的企业应该是先保证企业“做正确的事”，然后才是努力地“把事做正确”。创业初期可能要靠创业者的眼光与勇气来排除万难，积极投身于创业领域，而一旦企业步入正轨后，就需要管理者具有一定的管理能力，而这种管理能力往往来源于创业者的知识储备。

作为在校大学生，除了学好本专业知识外，还应该多学习一下“管理学”这门课程，即使以后不创业，管理也是与我们日常生活息息相关的。我们不妨在进入大学后，积极竞选班委会，参加各类学生会和社团组织，有机会可以到辅导员办公室从事学生助理工作，这些都可以让自己得到锻炼，学习各个组织、不同层面上的管理知识。

阅读材料

### 错误经营理念导致创业失败

肖峰作为砚世贸易有限公司的总经理，一直将公司的利益放在首位。在公司成立之初，他就对合伙人许下了以下承诺。

（1）半年之内把公司的品牌推销出去。

（2）1年后公司保本不亏。

（3）2年后公司实现盈利20万元。

（4）3年后公司员工扩展到50人，每月盈利10万元。

（5）5年后在公司所在地开设5个分公司。

为了实现这些承诺，肖峰将自己全部的精力都投入到公司的运营中，积极开展市场调查，努力宣传公司的产品和业务。一开始经营效果很明显，公司的盈利也逐渐递增，但随着公司的不断发展，肖峰在管理方面的能力缺陷逐渐显露出来。他开始不听他人的劝告，一味地只注意业绩，却忽略了产品的质量和后续服务，甚至，有时他还会以非常强硬的态度给合伙人下达命令，要求他们一定要达到自己的目标。

后来，一位客户去工商所投诉他们的产品质量有问题，经过产品检验和公司整顿，肖峰的公司被迫停工了半年，一起合作的同伴也因为与他的经营理念不同而纷纷离开了他。

#### （二）营销知识

营销知识是今后创业过程中经常要用到的知识之一，这需要大学生们在创业前就要认真去学习和运用。在校大学生在日常的学习过程中不会过多地接触营销知识，但是我们可以通过以下方式进行学习。

- 多去图书馆阅读有关营销案例知识的有关书籍，这些成功企业的营销案例具有很强的实用性。
- 由于大学的教室是开放式的，不存在班级与班级的壁垒，因此，大学生们可以选择性地去听一些管理专业的营销课程。
- 多参加校内外的促销活动。虽然促销只是营销的一个方面，但是促销活动可以让自己明白谁是自己的顾客，顾客需要什么，怎样满足顾客的要求，这些其实就是在培养自己以顾客为中心的营销意识。
- 利用寒暑假到一些企业从事兼职营销工作，参与企业市场调研、产品渠道开发、公关促销等一系列活动，通过这些工作，让自己在创业前不断积累营销知识。

#### （三）财务知识

创业需要创业者具备一定的财务管理知识，如启动资金需求的预算。作为一个正规的企业必须要让“财务报表说话”，不少准备创业的在校大学生比较缺乏财务管理知识，最终导致启动资金预算不准确，成本核算不全面，企业账目混乱。

因此，预先了解和学习一些基本的财务知识是非常有必要的。建议大学生多参加一些相关财务管理知识培训，如财政系统提供的会计从业职业资格培训。这些都是现在高校学生培训中比较热门的财务知识培训，同时也是今后从事财务管理岗位的职业资格的准入证书。

提醒

大学生在了解财务方面的知识时，除了参与财政系统提供的相关财务管理知识培训班外，还可以在一些社会培训机构中，参加手工做账方面的培训，同样也可以增加创业者的财务知识。

## 三、创业的能力培养

能力是指人们顺利完成某件事情所具有的资源整合体。大学生如果想在创业方面取得一定的成功，至少要具备五大能力：学习能力、领导能力、协作能力、社交能力以及规划能力。

### （一）学习能力

学习型人才是当今社会需要的主流群体。在这样一个日新月异的时代，创业时，要想把工作做好，就必须有好学与善学的精神。学习不是读死书，而是跟上时代的潮流，跟上经济发展的变化。既要见贤思齐，又要注重吸取经验教训。

大学生在校期间，要勤思考、勤动手，要时刻关注国家关于创业扶持的政策，特别是关注学校就业指导部门，对大学生创业方面给予的政策解读，以便为日后的创业积累政策参考依据。

### （二）领导能力

创业者作为事业起步的“领头羊”，必须具备一定的领导才能和人格魅力。出色的企业创业团队的产生，是因为有一位优秀的领导者。创业者本身就具有一种感召力和吸引力，通过这些力量的融合，能够使自己的队伍努力为企业奋斗与付出。

领导力的培养主要与行业知识、人际关系、技能、信誉以及进取精神等多个方面相关。在校大学生不能单一地看学习成绩，还应该注重综合素质能力的培养。一个优秀的大学毕业生在学习与社会实践两个方面都应表现得很出色。除了平时学好专业知识外，还应该多参加学校组织的社会实践活动，如学生会组织、大型比赛活动、班委会组织等，这些都可以锻炼自己的领导能力。

### （三）协作能力

俗话说“一个好汉三个帮”，创业是一件富有挑战性和压力性的工作，仅仅靠一个人单枪匹马是很难的，需要有一个出色的团队来支撑。

因此，大学生创业可以试图联络周边与自己有共同理想和追求的同学，形成合力，共同面对挑战。如果说成功等于知识加人脉，那么人脉可能会占 80%。人脉关系的好与坏关系到团队能否顺利组建和是否团结一致。“团结就是力量”，团结协作能力是每个创业者应该具备的能力。

阅读材料

### 团队合作，“1+1>2”

在四川某学院举办的双选会上，一家由5名还没毕业的应届大学生成立的公司也参与了此次招聘活动。这支创业团队的创始人之一陈亮，早在2016年3月，就已经在一家网络公司做页面设计工作，但这与他个人的专业知识并不相关。于是，他产生了创业的念头。

后来，陈亮与同寝室的4个同学很快达成了共识，一起创业。创业前期，为了找到更多的客户，他们5个创始人分别拿着自己的作品，一家一家地拜访公司，期间遭到多次拒绝和白眼，但是他们都没有灰心，心始终向着一个方向努力。最远的一次，他们5个人还坐了长达6个小时的汽车赶到外地与别人洽谈。那一次，也是他们成功的开始。刚开始，公司的领导还不太相信陈亮他们的能力，后来经过深入了解后，对方才相信了这些在校大学生，把一个大项目的设计交给了他们。历经3个月的时间，陈亮所在团队成功完成了创业来的第一个项目，并取得了接近20万元的收入。

对于在校大学生而言，以团队合作的形式创业是创业成功的一种好方法。把每一名团队成员的小优势组合在一起可能就是大优势，实现“1+1>2”的效果。

**（四）社交能力**

社会交往能力是指能觉察他人情绪意向，有效地理解他人和善于同他人交际的能力，包括与周围环境建立广泛联系和对外界信息的吸收、转化能力，以及正确处理上下左右关系的能力。

对大学生创业者来说，利用人脉来扩大社交圈，通过朋友掌握更多信息、寻求更大发展，将成为成功创业的捷径。尤其是随着互联网、微信时代的到来，创业者的社交能力变得越来越重要。

阅读材料

### 健谈得来的创业机会

江小清是重庆某商学院的大三学生，性格开朗，很喜欢结交朋友。一次他被朋友邀请参加商博会，由于在商博会上，江小清发表了一番通过电子商务模式实现行业展会的网上展览的言论，得到了一位投资商的青睐。在与投资商的交谈中，江小清更是充分发挥了自己善于言谈的能力，将行业前景、市场规模、产品特点等都进行了详细分析，给投资商留下了很好的印象。

不久，江小清就接到通知，该投资商愿意将他们工厂的产品通过电子商务的模式进行销售，并注资100万元全权授予江小清代办。就这样，因为江小清强大的社交能力，一个创业的机会摆在了他的面前。

**（五）规划能力**

没有任何创业经验的大学生，首先应该学会按照自己的创业规划撰写创业计划书，然后再根据实际情况审视创业计划的可行性。

## 四、创业的资金筹备

想创业，资金是保障。那么，大学生自主创业的资金如何获得呢？创业资金的获得一般可以通过政府扶持、自筹资金和金融借贷 3 种途径。

**（一）政府扶持**

新办的城镇劳动就业服务企业（国家限制的行业除外），当年安置待业人员（已办理失业登记的高校毕业生）超过企业从业人员总数 60%的，经主管税务机关批准后，可免纳所得税 3 年。劳动就业服务企业免税期满后，当年新安置待业人员（已办理失业登记的高校毕业生）占企业原从业人员总数 30%以上的，经主管税务机关批准后，可减半缴纳所得税 2 年。

**（二）自筹资金**

创业之初应做好企业的启动资金预测和准备工作。一般情况下，大学生在创业之初，没有足够的资金，此时可以选择寻求家长、亲戚、朋友和同学的帮忙。把自己的创业想法告诉周围的人，试图得到他们的理解和支持。作为刚刚走出校门的应届大学毕业生，也可以先找一份工作进行创业前的原始资本的积累，学习企业的经营管理经验，缓冲一段时期，待资金充足后，再选择自主创业。

**（三）金融借贷**

创业过程中，遇到资金紧张问题时难免会和金融机构打交道，这是企业发展过程中常有的事。金融机构其实是十分乐意将自己的钱，贷给有良好信誉和有能力偿还的企业。如果要想获得金融机构的贷款，需要我们准备完备的《投资创业计划书》，要让金融机构看到企业的发展前景和盈利点。

作为大学生，要想从金融机构进行借贷，需要做好以下 3 方面的准备工作。

- ◆ 要有项目可行性方案和《投资创业计划书》。
- ◆ 要有贷款担保人或抵押物。
- ◆ 要有良好信誉记录和偿还能力。

当前，国家还专门针对应届大中专毕业生提供了一系列的配套小额贷款政策，创业者应准确理解并加以充分利用。

提醒

国家出台了许多优惠政策来支持大学生创业，大学生创业贷款就是其中的一项政策。它是银行等资金发放机构对各高校学生（大专生、本科生、研究生、博士生等）发放的无抵押、无担保的大学生信用贷款。

扫一扫

大学生创业贷款

# 第四节 大学生创业指导

大学生自主创业是一个动态发展的运作过程，其最终的结果就是把创业者的理想变成现实的事业。创业的实施是整个创业活动的中心环节，其他创业活动都是围绕创业实施展开的，它的得失决定着创业的成败。

## 一、大学生创业步骤

创业步骤是创业过程的大致概括，而创业计划则是创业者计划创立的业务的书面概要。对于实践经验尚不丰富的大学生创业者而言，可以通过以下 6 步来实现自己的创业之路。

### （一）选择创业项目

在创业之前，大学生创业者首要的准备工作就是，选择一个既能使自己发挥所长，又具有远大发展前途的创业项目。创业项目可以是有形的，也可以是无形的；可以是生产某种产品，也可以是提供某种服务。

只有选择好了创业项目，其他工作才能依次进行。项目选择对于创业活动来说意义重大，是创业能否成功的关键，也是大学生创业的内在动力。

### （二）慎选公司名称

最佳的公司名称，是要能够充分反映产品或服务与众不同的特色及单一性。基本上，公司名称与产品之间的关系是成正比的，具有创意的公司名称不仅有助于建立品牌的形象，同时也能促进顾客的购买欲。

在选择公司名称时应该具有前瞻性，所选的公司名称要尽可能地将自己的产品或服务推荐给消费者。最后，在注册公司名称前要核实，确定所选的名称还未被登记或已在公司商标法的保护中。

### （三）组建团队

企业的创办者不可能万事皆通，他可能是管理方面的专家，但对技术却一窍不通。因此，建立一个由各方面的专家组成的团队是十分必要的。

一个平衡且有能力的团队，应当包括：有管理和技术经验的经理，以及财务、销售、产品设计等其他领域的专家。为了建立一个精诚合作、具有献身精神的团队，企业创办者必须使其团队成员有相同的奋斗目标。

**（四）制订创业计划书**

一份创业计划书，既是开办一个新公司的发展计划，也是风险资本猎头评估一个新公司的主要依据。由于创业计划书要求创业者描述公司的创业机会，阐述创立公司、把握这一机会的进程，然后说明所需的资源，揭示风险和预期回报，最终提出行动建议，因此，它是对创业者创业可行性的一次全面考验。

**（五）募集资金**

资金是大学生创业过程中不可缺少的资源，一定要先将资金募集充足。换而言之，大学生必须明白公司在创立的早期很可能无法赚到钱甚至会亏损，因而要有所警觉，以渡过难关。大学生在筹集创业资金时，应该是以能支付企业创业第一年内所有的运营开销为最低目标。

大学生募集创业资金的渠道很多，如亲戚、朋友、银行，甚至是房屋或车辆抵押。但是必须谨记在心的是，一个成功的创业者总是知道如何善用各种渠道去募集充足的资金，来作为创业的坚强后盾，千万不可只从单一渠道获取资金，以免资金周转出现困难时找不到救急的办法。

**（六）公司登记及相关法规**

在开始营业之前，大学生创业者必须了解所有与商业法规相关的规定、执照或许可证申请的细节与表格。需要注意的是，由于区域不同对营利单位的规定可能有所差异，因此要明白自己工作室或办公室所在县市区域，哪些是该特别注意的法律规范条文。

通常，大学生创业者可以在各地的中小企业协会或商会取得相关信息，同时，还要留意营业执照相关申请规定及办法。

> **提醒**
>
> 创建一个小企业，它的开办与经营需要得到社会各个职能部门的认可与批准，需要办理各种手续，如验资、营业执照、银行开户、税务登记等。只有把这些手续全部办完，才能成为一个合法的企业。

## 二、大学生创业计划书

对于初创的企业来说，创业计划书尤为重要。创业计划书是创业者计划创立的业务的书面摘要，它以描述与拟创办企业相关的内、外环境条件和要素特点为业务的发展指南，是衡量业务进展情况的标准。通常，创业计划书是市场营销、财务、生产、人力资源等职能计划的综合。

**（一）创业计划书的作用**

创业计划书是商业模式的书面体现，拥有一份好的创业计划书，就好像有了一份业务发展的指示图，它会时刻提醒创业者应该注意什么问题，应该规避什么风险，并最大限度地帮助创业者获得来自外界的帮助。

**1 指导创业者的创业行动**

编写创业计划书的过程，是一个调研与思考的过程，创业者可以在这个过程中清楚地看到自己所有的资源、已知的市场情况和初步的竞争策略等内容，使创业者进一步明确自己的创业思路和经营理念。

**2 帮助创业者凝聚人心**

一份完美的创业计划书可以增强创业者的自信。创业计划书通过描绘新创企业的发展前景和成长潜力，使管理层和员工对企业及个人的未来都充满了信心，并明确要从事的项目和活动，使大家有一个准确的角色定位。因此，创业计划书对于创业者吸引所需要的人力资源，凝聚人心，具有重要意义。

**3 帮助创业者获得融资**

创业计划书作为一份全方位的项目计划，在对即将开展的创业项目进行可行性分析的同时，也是在向风险投资商、银行和客户等宣传拟建的企业及其经营方式，包括企业的产品、营销、制度、管理等各个方面。在一定程度上，创业计划书也是拟建企业对外进行宣传和包装的文件。

### （二）创业计划书的编写原则

创业计划书必须充分展现创业者对于企业内、外环境的熟悉以及实现创业计划的信心。同时，还要体现重要的经营功能，以及对环境变化的假设与预测的一致性，要做到这些，创业者在编写创业计划书时应遵循以下原则。

**1 坚持以市场为导向**

任何一个企业的利润都来自于市场对产品与服务的需求，因此，创业计划书必须坚持以市场为导向的原则来编写，通过市场调查，充分展示创业者对于市场现状的掌握和未来发展预测的能力。

**2 真实明确**

创业计划书内的数字不能凭空想象，必须通过调查得来，尽量做到客观、真实。创业者一般容易关注投资回报而低估经营成本和风险，创业者要尽量列出可供参考的数据与文献资料，明确指出企业的市场机会与竞争威胁，并要以具体的资料和数据来作证。

此外，创业计划书还要明确说明各种分析所采用的假设条件、财务预测方法、市场需求分析所依据的调查方法与事实依据等信息。

**3 展现优势与投资利益**

创业计划书不仅要将经营、管理方面的资料完全展示出来，而且要充分展现创业者所具备的竞争优势。除此之外，还有重要的一点，那就是要明确指出投资者的利益所在以及显示出创业者创造利润的强烈愿望。

**4 展现经营能力**

创业计划书的“管理团队”部分，要充分展现创业团队的经营能力与丰富的经验背景，并显示创业团队对于该产业、市场、产品以及未来运营策略的信心和对创业成功的把握。

**5 内部逻辑一致**

创业计划书通篇都要做到前后基本假设或预测相互呼应，保持前后逻辑一致。比如，人员的配备要依据经营规模的变化而变化。

**6 完整性**

创业计划书一般包括：封面、计划摘要、企业介绍、行业分析、产品介绍、组织结构、营销策略等多个内容，但其内容、用词要以简单明了为原则，文字流畅、表达准确，排版规范，对于非相关资料尽量不罗列出来。

**（三）创业计划书的主要内容**

一份完整的创业计划书，应该由封面、计划摘要、企业介绍、市场预测及分析、营销策略等主要部分构成。

**1 封面**

封面的设计要有审美观和艺术感。一个好的封面会使阅读者产生好感，形成良好的第一印象。

**2 计划摘要**

计划摘要涵盖了计划的要点，是浓缩了的创业计划书的精华。在编写计划摘要时，以一目了然为原则，以便阅读者能在最短的时间内评审计划并作出判断。计划摘要必须要认真书写，保证内容全面，以吸引投资者关注，它一般应包括以下内容。

- ◆ 公司介绍。
- ◆ 管理者及其组织介绍。
- ◆ 主要产品和业务范围。
- ◆ 市场概貌。
- ◆ 营销策略。
- ◆ 销售计划。
- ◆ 生产管理计划。
- ◆ 财务计划。
- ◆ 资金需求状况。

> 提醒
>
> 摘要要尽量简明、生动，特别要说明所创办的企业与同行业其他企业的不同之处，以及创业企业能够在市场中获取成功的主要因素。

**3 产品（服务）介绍**

在进行投资项目评估时，投资人最关心的问题之一就是，风险企业的产品、技术或服务是否具有独特性，是否能尽快占领市场。因此，产品介绍是创业计划书中必不可少的部分。通常，产品介绍应包括以下内容。

- ◆ 产品的概念、性能及特性。
- ◆ 产品的研究和开发过程。
- ◆ 产品的市场竞争力。
- ◆ 产品的市场前景预测。
- ◆ 发展新产品的计划和成本分析。
- ◆ 产品的品牌和专利。在产品（服务）介绍部分，创业者要采用通俗易懂的语言，对产品（服务）做出详细、准确的说明，达到让非专业人员的投资者都能看明白的效果。一般情况下，产品介绍都应附上产品原型、照片或其他介绍。

### 4 人员和组织架构

一个企业除了拥有产品外，人员也是不可缺少的。企业管理层人员素质的高低和组织架构是否合理，直接决定了企业经营风险的大小。因此，风险投资家会特别注重对管理队伍的评估。

在创业计划书中，必须要对重要人物进行介绍，包括他们所具有的能力，他们在本企业中的职务和工作经验，他们过去的详细经历及背景等。除此之外，在这部分创业计划书中，还应对公司结构做一简要介绍，包括公司的组织机构图、各部门的负责人及主要成员、公司的董事会成员等。图 9-2 所示为一个模拟的公司组织结构图。

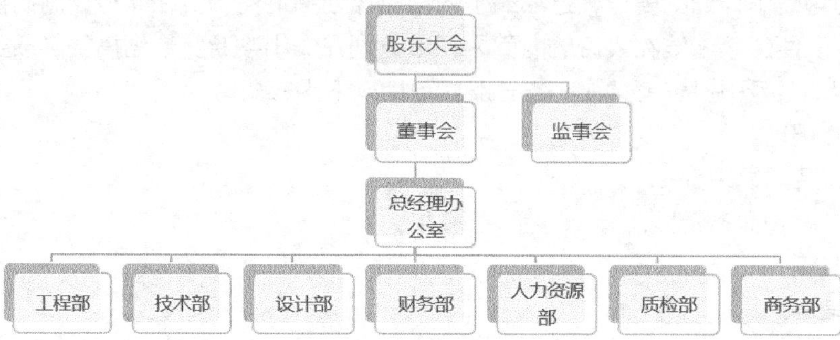


图 9-2 公司组织结构图

### 5 行业分析

在行业分析中，应该正确评估所选行业的基本特点、竞争状况以及未来的发展趋势等内容。以下内容是应该仔细思考并写进计划书的。

◆ 该行业发展程度如何？现在的发展动态如何？
◆ 创新和技术进步在该行业扮演着一个怎样的角色？
◆ 该行业的总销售额有多少？总收入为多少？发展趋势怎样？
◆ 经济发展对该行业的影响程度如何？政府是如何影响该行业的？
◆ 竞争的本质是什么？你将采取什么样的战略？
◆ 进入该行业的障碍是什么？你将如何克服？该行业典型的回报率有多少？

### 6 市场预测

在创业计划书中，市场预测应包括：需求预测、市场现状综述、竞争厂商概览、目标顾客和目标市场以及本企业产品的市场地位等内容。

创业者进行市场预测时，首先要对需求进行预测，了解市场是否存在需求以及需求程度如何？市场规模有多大？影响需求的关键因素等。其次，市场预测还包括对市场竞争情况的分析，如主要竞争对手有哪些？本企业预计的市场占有率是多少？本企业进入市场会引起竞争者怎样的反应等。

在创业计划书中，创业者还应阐明竞争者给本企业带来的风险以及本企业采取的策略。这样，投资风险被描述得越详细，就越容易引起投资者的兴趣。

### 7 营销策略

营销是企业经营中最富挑战性的环节。在创业计划书中，营销策略应包括以下内容。

◆ 市场机构和营销渠道的选择。

◆ 营销队伍和管理。

◆ 促销计划和广告策略。

◆ 价格策略。

对创业企业来说，由于产品和企业基本无知名度，很难进入其他企业已经稳定的销售渠道。因此，企业不得不暂时采取高成本低效益的营销战略，如广告策略，大打商品广告；价格策略，向批发商和零售商让利等。

## 8 生产制造规划

创业计划书中的生产制造规划应包括：产品制造和技术设备现状、新产品投产计划、技术提升和设备更新的要求、产品各项固定成本与变动成本的说明，以及详细生产成本的预估、质量控制和质量改进计划等内容。

在寻求资金的过程中，为了增加企业在投资前的评估价值，创业者应尽可能地使生产制造规划更加详细、可靠。一般来说，创业者在编写生产制造规划前，应回答以下问题。

◆ 企业生产制造所需的厂房、设备情况如何？

◆ 生产线的设计与产品组装是怎样的？

◆ 生产周期标准的制定以及生产作业计划的编制。

◆ 设备的引进和安装情况，谁是供应商？

◆ 供货者的前置期和资源的需求量。

◆ 物料需求计划及其保证措施。

◆ 质量控制的方法是怎样的？

◆ 怎样保证新产品在进入规模生产时的稳定性和可靠性？

## 9 财务规划与报酬分析

财务规划一般要包括：创业计划书的条件假设、预计的资产负债表、预计的损益表、现金收支分析以及资金的来源和使用。财务规划的重点是资产负债表、利润表（也称损益表）、现金流量表的编制。

企业的财务规划应保证和创业计划书的假设相一致。事实上，财务规划和企业的生产计划、人力资源计划、营销计划等是密不可分的。要完成财务规划，必须明确以下问题。

◆ 每件产品的生产费用是多少？

◆ 每件产品的定价是多少？

◆ 什么时候开始产品线扩张？

◆ 使用什么分销渠道，所预期的成本和利润是多少？

◆ 雇佣何时开始，工资预算是多少？

此外，报酬分析的主要内容包括：提供未来五年的损益平衡分析、投资报酬率预估，说明未来融资计划，说明投资者回收资金的可能方式、时机及获利情况等。

## 10 风险评估

风险评估旨在详细说明公司在运作过程中可能遇到的各种风险，并估计其严重性发生的概率，然后提出相应的解决方法。风险分析是为确认投资计划可能伴随的风险，并以数据方式衡量风险对投资计划的影响，目的是向投资者说明风险的对应策略。

常见的风险包括如下内容。

◆ 资源限制的风险。

◆ 市场不确定性带来的风险。

◆ 管理经验限制的风险。

◆ 关键管理者的风险。

◆ 不可抗力的风险。

### （四）创业计划书的编写流程

创业计划书是在对行业、市场进行充分研究的基础上编写完成的，它的最终目的是为了获得投资。因此，创业计划书的设计应从投资者的角度来考虑。在编写创业计划书时，要注意措辞准确、行文条理清晰、简明扼要，并围绕投资者的关注点去思考、调查和分析。创业计划书的编写可以分为以下 6 步。

扫一扫

创业计划书范文

#### 1 经验学习

初创企业的创业者完全没有编写创业计划书的经验，此时，可以先搜集国内外较为成功的创业计划书范文。借鉴这些资料中的内容、结构和写作手法后，取其精华，然后整理自己的写作思路。

#### 2 细化创业构想

创业者对自己将要开创的事业要给予非常具体、细致的思考，并细化创业构想，制定明确的时间进度表和工作进程。如果构思不完整，企业后期很可能经营困难，甚至破产倒闭。因此，成熟的创业者应具有较为完整的创业构思，并在制订计划书前，思考下面几个问题。

◆ 我为什么要创业？是有创业条件与机会，还是被逼无奈？

◆ 分析与评估自己，自己的优点是什么？缺点又是什么？

◆ 寻找适合自己创业的领域。

◆ 选定具体的经营范围，并对市场机会与市场前景有相当程度的把握。

阅读材料

### 这家副食品店为什么会关门？

廖小燕每天朝九晚五地上班，加上还要照顾孩子，一直觉得力不从心。于是，她产生了自己当老板的念头，开一家店面，这样既能照顾孩子又能维持日常生活，真是两全其美。于是，廖小燕开始琢磨开一家什么店呢？地址又该选在哪里？她看到小区门口那家的副食品店很不错，不仅收益好，而且离家近。于是小廖辞了职，办理营业执照后，在离家不远处也开了一家副食品店。

开业后不久，廖小燕很快就遇到了问题。她发现，来她店里的顾客远远没有自己预期的那么多，而且有时几天都没有一个顾客光顾。廖小燕苦撑了一段时间，发现情况越来越糟，每个月连基本的租金都无法赚回，小廖没有办法只能关门，把店面转租给别人。

廖小燕没有做任何准备，盲目跟风，看别人生意好就跟着开店，这直接导致了她的失败。这也说明，创业构思对创业成功的重要性，因此创业者要冷静分析、谨慎决策。

创业者在进行创业构思时，要考虑很多方面的问题，如怎么寻找合适的创业模式？企业的产品（服务）如何？怎样预见可能遇到的各种问题？

**3 市场调研**

市场调研就是市场需求调查，即运用科学的方法，有目的有计划地收集、整理、分析有关供求和资源的各种情报、信息和资料。在市场调研过程中，调研者要同潜在顾客展开接触，搜集顾客购买此类产品的时间周期、谁在决定是否购买、你的产品或服务凭什么吸引目标市场中的消费者等信息，以便制定销售策略。

此外，市场调研还包括对竞争对手的调查，例如竞争对手都有哪些？他们的产品与本企业的产品相比，有哪些相同点和不同点？竞争对手采用的营销策略是什么等。

**4 方案起草**

收集到足够的信息后，创业者即可开始起草创业计划。由于创业计划书中包含的内容较多，因此，创业者在计划时要明确各个部分的作用，做到有的放矢。同时，在撰写创业计划书的过程中，创业者还需咨询律师或顾问的意见，确保计划书中的文字和内容没有歧义，不会发生误解。

**5 完善方案**

首先根据撰写的计划书，把其中最重要的内容做成一个 1～2 页的摘要，放在前面。然后，认真检查一遍创业计划书，千万不要有错别字之类的低级错误，否则别人会觉得你做事不够严谨。最后，设计一个漂亮的封面，编写目录与页码，然后打印、装订成册。

创业计划书的封面要简洁有新意，包含项目或企业名称、地址、联系方式等。版本装订要精致，要按照资料的顺序进行排列，并提供目录和页码，最后还要附上计划书中支持材料的复印件。

**提醒**

在撰写创业计划书的过程中，要注意控制篇幅。简要的创业计划书一般为4～10页，全面翔实的创业计划书一般在40页以内。另外，封面的纸质要坚硬耐磨，尽量使用彩色纸张，以增加文件的外观吸引力，但颜色不要过于耀眼。

**6 检查方案**

对创业计划书文本和内容进行检查，以保证计划书的正确和美观。创业计划书的检查包括以下几方面的内容。

- 检查创业计划书是否体现出具有管理公司的经验。
- 检查创业计划书是否显示出公司的偿还能力。
- 检查创业计划书是否显示出已经进行过完整的市场调研。
- 检查创业计划书是否容易被投资者所领会。
- 检查创业计划书中是否有计划摘要并放在最前面。
- 检查创业计划书是否在文法上全部正确。

## 第五节 大学生创业的方法与技巧

大学生要想获得创业的成功，不仅需要做好思想、知识、基本素质等方面的充分准备，还需要掌握一套实用的创业方法和技巧。

## 一、大学生创业的方法

俗话说："好的开始等于成功的一半。"对于初涉商场的大学生创业者来说，如何成功地迈出创业的第一步，并获得"第一桶金"至关重要。一般来说，大学生成功启动创业，可以通过以下 4 种方法来实现。

### （一）先就业再创业

以个人创业为目的进行打工。首先要选择自己喜欢从事的工作，要选择所在地区颇具规模、有优势的企业。其次，有目的地去学习和积累经验，如学习所在企业的管理模式、产品知识和营销知识；最后充分利用现有的资源平台打好基础，待时机成熟后，再努力开创自己的事业。

### （二）"捆绑"成功人士创业

创业成功的一个有效秘诀是跟随已经事业有成的成功人士。大学生有了创业计划后，可以寻找一位成功人士作为自己的标杆，有目的、有准备地用心学习该成功人士的思考方式、做事方法、处事原则等，并用心与成功人士成为知心朋友，以获得成功人士的帮助与指导。

### （三）"摸石头过河"创业

"摸石头过河"创业法，是指一边创业一边修正创业失误，并不断克服创业困难的创业方法。这种方法能满足一些大学生创业者快速实现梦想的渴望，但在创业过程中可能会经历较多的挫折和失败。

### （四）有效利用网络创业

网络创业不同于传统创业，无需白手起家，而是利用现有的网络资源。网络创业的准入门槛低、成本少、风险小，并且方式也很灵活，特别适合初涉商海的大学生创业者。

目前，网络创业主要包括：网上开店和网上加盟两种形式。例如，京东、淘宝等知名商务网站都具备较完善的交易系统、交易规则以及成熟的客户群，每年这些网站还会投入大量的宣传推广费用。因此，大学生创业者可在投资较少的情况下，加盟这些网站，依托电子商务平台来发展业务。

阅读材料

### 利用网络成功创业

在某购物平台上有一家订制喜糖的网店，很受欢迎，并且买家对网店的赞誉度也很高。这家网店的创办人是还在宁夏读大四的学生，叫王一新。

王一新2015年年初，就已经在这个平台上开了这家订制喜糖店，货源和发货均由他自己负责。网店开张后，刚开始一个月只接了两笔小单，销量完全提不上来。于是，王一新就想了很多办法接单子，每天通过网络接触社会上形形色色的人，不厌其烦地介绍自己的产品，终于打开了销路。由于送货及时，加上产品质量过硬、服务态度和售后方面都做得很到位，网店不仅销量提升了，而且也有了很高的信誉度。小王说："有自己的事业是我一直以来的想法，大学空闲时间多，利用网店不仅可以锻炼自己处世的能力，而且还可以累积一定的资金，为自己毕业后创业打下很好的基础。"

## 二、捕捉商机的技巧

市场需求自身创造着商业机会，大学生创业者在寻找商机的同时，商机也在寻找着创业者。因此，掌握寻找商业机会的技巧能帮助大学生创业者在竞争中脱颖而出。

**（一）分析环境，寻找商机**

从环境中发现商机。一般来说，环境可分为创业的一般环境和具体环境。

- 创业的一般环境。通常是指创业者所处的宏观环境，可以从政治、经济、社会和技术 4 个方面进行划分。
- 创业的具体环境。通常是指创业者所处的微观环境，一般从供应商、顾客、竞争者、政府以及公众压力 5 个方面来进行分析。

环境既蕴涵着无限的商机，也隐藏着一定的威胁，大学生创业者要充分利用环境变化提供的机会，小心规避环境中的风险与威胁，并从分析环境的机会与威胁中发现创业商机。假设开办一家食品厂，当得知“现在人们都很注重食品安全的问题，到底吃什么才最安全？”已成为国家当前关注的民族安全政治问题时，那么生态、绿色食品就将会成为时下的商机和最好的卖点。

**（二）调查研究，寻找商机**

调查研究是发现商机的前提与基础，没有深入的市场调查和社会调查，就不会发现与环境相容并且能够满足顾客需求的商机。大学生创业者既要对市场需求进行调查、研究，又要对社会进行调查、研究，从调查中得出关于产品设计、生产规模和财务核算等信息，进而研究出相应的经营对策。

通过调查研究，寻找创业商机的方法如下。

（1）观察。即对事物进行仔细地察看和了解。观察顾客的状况、竞争者的状况、街区环境状况等，发现其中所蕴含的商机，并把这些记录下来，作为创业思路和备选项目的依据。

（2）体验。即通过亲身实践来认识周围的事物。大多数创业者都有过看似浅显和认为应该成功的项目，但真正接触后才发现不像想象得那么简单，最终以失败收场。正所谓“出水才见两脚泥”，只有亲自实践才能体验到事物的本质和内涵。

例如，只有亲自去饭店体验他们的服务质量，才知道招聘和培训服务员的重要性；只有亲自去参与促销活动，才能够掌握促销活动的实际作用和效果。

（3）询问。即打听或征求意见。询问不是自己直接去看或体验，而是了解他人的看法和感受。因此，大学生创业者还要向有创业经验的亲朋好友请教和询问，向相关的顾客询问，向周围的公众询问等。通过询问对象的经验、意见与建议，会帮助大学生创业者评判自己所确立的商机是否正确，使自己少走弯路。

（4）换位。即转换自己的位置，从项目关系人的位置和利益出发，对商机进行调查研究。创业项目是否具有商机，来自外部（包括顾客、竞争者、供应者等）的需要与认可。因此，在进行创业机会调查研究时，就不能一厢情愿，而应站在顾客、竞争者、供应商等的位置，从他们的角度和利益出发，运用观察、体验和询问去调查和收集第一手资料。

### （三）挖掘热点，寻找商机

从产品市场的发展规律来看，由潜在的市场变为现实的产业化市场，大致可以分为以下 5 个主要步骤来实现。

（1）种子市场阶段。消费者对尚未存在的东西具有的需求和欲望，形成种子市场。例如，我国近年来出现的私有高档住宅和小区，催生了业主们期望有人为他们“看家护院”的需求和欲望。

（2）市场具体化阶段。推出适合潜在市场的产品或服务，导致市场的具体化。例如，中国月嫂的出现。

（3）市场扩展化阶段。跟进者的行为，使市场得以扩展。例如，月嫂培训班的出现。

（4）市场独立化阶段。市场被跟进者占满以后，新产品就需要高度独特化，市场出现分裂。例如，满足业主不同需求的月嫂出现了等级划分的情况等。

（5）市场再结合阶段。市场走向再结合。例如，我国目前正由房地产商为主体的物业销售模式转变为由业主为主体的物业购买模式。

从这个产品市场发展的过程来看，创业最容易成功的时机是在市场具体化和市场再结合这两个阶段。这两个阶段的变化最为剧烈，产品市场最热，剧烈的变化则蕴涵着商机，蕴涵着新的需求。因此，大学生创业者要善于在热点产业中积极寻找商机。

# 第六节 大学生创业的风险与防范

在创业道路上机遇与挑战同在，成功与挫折并存。了解创业过程中可能存在的风险，寻找防范措施，避免陷入创业误区，对于大学生创业者来说，具有积极的意义。

## 一、大学生创业的风险

做任何一件事情都会有风险，创业更是如此，那么大学生创业一般会遇到哪些风险呢？

### （一）缺乏市场调研

缺乏对市场的了解是目前大学生创业中普遍存在的现象，不少大学生创业者没有对其产品或项目做市场调查的意识，而只是进行理想化的推断，甚至仅凭一时心血来潮做决定。大学生在创业初期一定要做好市场调研，在了解市场的基础上创业，才能长久。

### （二）缺乏创业技能

很多大学生创业者眼高手低，当创业计划转变为实际操作时，才发现自己根本不具备解决问题的能力，这样的创业无异于纸上谈兵。

### （三）社会资源贫乏

企业创建、市场开拓、产品推介等工作都需要调动社会资源，大学生在这方面就会感到非常吃力。平时要多参加各种社会实践活动，扩大自己人际交往的范围。

### （四）缺乏承受挫折的能力

很多创业大学生的经历是一帆风顺的，没有经历过挫折与失败，所以抗挫折能力较差，加上没有做好迎接困难、面对挑战的心理准备，当遇到问题时，很容易心灰意冷，停滞不前。

另外，从创业成本上来讲，很多创业大学生对昂贵的、高风险创业费用的承受能力也是有限的。

**（五）盲目扩张**

当创业者初尝甜头后，往往急于求成，想更快地收回成本创造盈利，从而盲目扩张，造成企业不能与自身能力、市场需求相协调，这样是极其危险的。此时，如稍有意外，就可能产生巨大的损失，最终导致前期所有的努力都功亏一篑。

阅读材料

## 盲目扩张终酿恶果

BC公司成立之初，注册资本为50万元。经过3年的快速发展，BC公司强力推进并购扩张发展的经营战略，把BC公司的资产总规模扩展到了500万元，净资产额为200万元，成为当地最大的医药企业。在并购扩张战略过程中，BC公司主要依赖银行贷款的支撑，在其陌生的产业领域，重复着“大跃进”式的盲目扩张，使得公司债务日趋积累，负债水平大幅上升。巨大的债务压力，使企业资金需求受到限制，并不断曝出资金危机。最终，因多家债权银行起诉而爆发了危机，公司被迫进入重整程序。

**（六）管理风险**

企业管理，是一个合伙企业存活的关键。大学生创业初期的合作伙伴往往是亲朋挚友，由于初涉商场，知识单一，又缺乏实践经验，就会出现决策随意、信息不通、患得患失、用人不当、急功近利、盲目跟风等现象。再加上对合作伙伴的信任，而忽略了企业管理的重要性，长此以往，导致企业的管理混乱不堪，最后企业的存活也就越来越艰难。

**（七）竞争风险**

任何行业都会面临竞争的问题，对于新创企业更是如此。如果创业者选择的行业是一个竞争非常激烈的领域，那么在创业之初很有可能受到同行的排挤。

一些大企业为了把小企业吞并或挤垮，常常会采用低价销售的手段。对于大企业而言，由于实力雄厚且已形成规模效益，短时间的降价并不会对企业造成致命的伤害，而对于初创企业则可能意味着倒闭的危险。因此，考虑好如何应对来自同行的残酷竞争是创业企业生存的必要准备。

**（八）团队分歧**

现代企业越来越重视团队的力量。初创企业在诞生或成长过程中最主要的力量来源一般都是创业团队，一个优秀的创业团队能使创业企业迅速地成长起来。但与此同时，风险也蕴含其中，团队的力量越大，产生的风险也就越大。一旦创业团队的核心成员在某些问题上产生分歧，就极有可能会对企业造成强烈的冲击。

事实上，做好团队的协作工作并非易事。很多创业初期很好的伙伴因为股权和利益最终闹得不欢而散。

阅读材料

## 团队分歧导致团队解散

张一林大学时学的是市场营销，毕业后也找到了一份不错的工作，关键是专业还对口。工作两年后，张一林积累了一部分的客户资源，学会了寻找客户并与客户交往的经验。赵明和李俊希是张一林的大学同学，毕业后分别在两家民营企业从事销售和客服工作，各自都积累了一些客户资源和积蓄。

一次大学同学聚会，三人谈得很投机，并萌生了共同创业的想法。说干就干，很快她们就凑齐了一笔创业资金，成立了一家公司，并租了一间办公室，还购买了一些办公设备。创业之初，她们分工明确，赵明和张一林轮流开展市场工作，奔波于各个展览会场，向往来商户发放资料，李俊希负责资料整理和分析、电话拜访。经过不懈努力，半个月后，她们迎来了第一个客户。为了给客户留下良好印象，她们商量尽量降低利润，先把产品质量和服务质量提升，打开市场后再盈利。后来，陆续签了几笔业务，口碑也越来越好。

但好景不长，由于订单量少且利润也不多，加上日常的开支和水电费等，她们只够勉强支撑。有一次，赵明和张一林因为产品价格不统一而吵了起来，尽管经过李俊希的调节，两人各让了一步，化干戈为玉帛，但在以后的工作中，两人开始了明争暗斗。

最严重的一次是赵明私下以公司的名义与厂家签了合同，导致产品出现问题，严重损坏了公司的名誉和利益。随后，赵明和张一林的内讧情绪更加激烈，几个月后，公司陷入了绝境，李俊希在心灰意冷下提出了散伙的要求，并带走了自己的几个客户资源，这个创业团队就这样解散了。

## 二、创业风险的防范措施

虽然创业过程中的各种风险是难以预测且不可避免的，但是通过科学的方法，仍可以未雨绸缪，针对不同风险制定不同的防范措施，最大限度地降低风险的发生概率，甚至化风险为机遇。

### （一）应对竞争对手

所有的行业都不可能是独家经营，都不可避免地面对竞争对手，当竞争对手与自己不相上下，该如何保证自己始终处于优势状态呢？下面将根据实战经验给出一些面对竞争对手的应对策略。

- ◆ 控制技术，限制竞争。如果创业依托的技术有专利权，那么将在很大程度上排除同类竞争项目出现的可能性，降低投资成本和投资的商业风险。
- ◆ 密切注视同行的动向。在企业的研发阶段，应密切注视其他公司类似工作的进展情况，如同类产品的功能设计，从中找出自己产品的优势，为产品推出市场，以及后期如何跟进提供了可执行的方案。
- ◆ 选择高技术项目。如果项目的技术含金量足够高，那么其他企业要想通过完全破解技术配方或关键内核来仿制新产品是不可能的，而其他企业自行研制开发也需要很长的时间。因而高技术项目能够有效地延长其他企业跟进的时间。

◆ 重视产品的更新换代。在第一代产品还在酝酿过程中时，就要制订后续系列产品的开发计划，并在生产规划中详细论证以确保开发计划的实施。因此，企业一方面要抓紧时机生产出升级换代产品以完善原有产品的缺点，更好地满足顾客的需求；另一方面还要优化生产工艺和销售渠道，在成本和价格方面适应市场竞争的需要。

◆ 注重产品多样性。在当今市场竞争日益激烈的情况下，创业企业推出主打产品的同时一定要采取产品多样化的战略，以扩大市场占有率。此外，多样化的产品也能有效地防止竞争者的模仿和进攻。

阅读材料

## 产品开发出奇制胜

20 世纪 90 年代末，法国的一家食品公司在鲜奶制品市场中引入了全新的品种：熟酸奶。熟酸奶是一种携带成千上万个能增强抵抗力的发酵菌——免疫干酪乳杆菌的鲜奶制品，面向的消费者是那些注重饮食健康的人们以及儿童。

成千上万个免疫干酪乳杆菌，它们对人的身体健康究竟有什么用呢？该家食品公司，宣称它们可以增强体质。再加上口感好，又是鲜奶制品，自然会受到顾客们的青睐。由于该款熟酸奶是独立的小包装，携带起来也很方便，很爱带小孩外出玩耍的妈妈和年轻人的青睐。

### （二）应对市场变化

不管是企业还是企业的产品，都需要面对变幻莫测的市场，作为创业者应该采取哪些措施来应对呢？

◆ 有效的市场调查。只有进行有效的市场调查和研究，才能了解顾客的需求。市场调查不仅包括项目创意的调查，而且要贯穿产品研发和试制过程的始终，成为可依赖的标准，切实指导产品的开发和改进。

◆ 扎实高效的组织。仅有好的创意、好的机会还不足以真正成就一个企业，新产品、新技术的实现和推广，还要依靠扎实高效的团队努力。因此，建立高素质、善于学习和能够主动适应市场的组织，才能将新产品的营销、推广策略真正落到实处。

◆ 新领域的先锋。新技术、新产品不仅能满足顾客需要，还应能够发掘并引起新的市场需求，动态地改变消费者的偏好，成为新领域的先锋。

### （三）应对管理危机

由于创业企业的管理团队一般都很年轻，又是刚刚组建，彼此间缺乏默契，再加上管理经验不足，又要在短时间完成新技术、新产品的生产和推广，因而会出现很多的管理问题，必须积极采取措施进行应对。

#### 1 借用外脑

对于创业公司管理队伍年轻化的问题，在公司起步这个比较关键的发展阶段，可以考虑与风投公司或是孵化公司合作，邀请有经验的人士参与经营管理；也可以聘用各方面专业人才加盟。这样可以利用有经验的专业人士带动整个组织及其管理团队的成长和进步。

**2 培养团队精神**

团队精神是企业抵达成功彼岸的基石。在社会分工越来越细的今天，企业之间的竞争，已经不是个人赛，而是团体赛。因此，面对竞争日益激烈的市场，企业更应该注意自己团队人才的培养，塑造符合自身发展目标的企业文化。

**3 控制人员的流失**

由于创业企业很容易遇到各方面的风险和阻力，因此常常要面对技术、管理和销售服务人员的流失问题。要留住人才，就要根据不同类型人才的特点，采取不同的措施。

◆ 管理、技术人才。明确利益关系，对于高素质的专业人才可考虑分配一定数额的公司股份；同时制定有效的激励机制，管理人员和技术人员应该适用不同的绩效考评机制，还要用企业文化所形成的强大凝聚力留住人才。

◆ 销售、服务人才。根据业绩评估，及时提高工资和福利待遇；建立完善的晋升制度，做到奖惩分明；加强并提高服务人员从业素质的培训，使其感到在公司中的个人价值。

防止专业人才及业务骨干流失是创业者应当时刻注意的问题，在那些依靠某种技术或专利创业的企业中，拥有或掌握这一关键技术的业务骨干的流失是创业失败的最主要风险源。

**（四）应对财务危机**

在创业初期前两年很可能会遭遇财务危机，度过这个危机，企业就可能迎来一个春天。面对这些财务危机时，创业者应采取相应的措施。

**1 完善财务管理体系**

大学生创业企业要建立一套严格的财务管理制度，包括财务报表制度、投融资制度、赊销制度以及审核制度等，真正把财务管理工作提高到企业管理的高度上来，而不仅仅是记账手段。

此外，大学生创业企业一般初始资金都不富余，这就需要科学、合理地配置这些有限的资源，以发挥他们的最大效用。一般来说，创业初期的资金应本着“专款专用”的原则，不能拆东墙补西墙，更不能把短期资金用作长期投资，否则容易引发企业的资金链断裂。

提醒

在企业创业的最初几年，至少是前5年，始终把用户的需求作为第一目标，并在资金允许的情况下加大投资力度，提高产品技术含量。

**2 适时调整财务结构**

企业在发展过程中应适时改变财务结构。事实证明，如果销售额增长，新企业的成长速度就会大于资本结构的成长速度。因此，新企业的每一次成长，都需要一个与众不同的新财务结构。

公司在运营一定年限后，会力求寻找更大的资金来源，主要途径有寻找合伙人，或与其他公司合伙等。在选择资金来源时，企业家必须充分了解合伙人或合伙公司的信誉和营业互补性及发展前景等信息。

#### 3 拓宽融资渠道

资金是决定大学生创业企业生存和发展的关键性问题。为了应对创业过程中的财务危机，大学生创业者可以通过以下方式来缓解。

- 大学生创业者要充分了解并利用国家、省市各级政府提供的鼓励创业的优惠政策。一般来说，这些优惠政策主要包括：创业企业注册资金允许分期支付，享受国家相应的税费减免，创业贷款政府贴息，对大学生创业企业录用应届毕业生就业给予奖励等。
- 创业企业可以利用商业信用保持适度负债，例如，企业采购原料时尽量避免现金支付，力争延长信用期限，从而有利于资金的融通。
- 创业企业可以开展股份融资，通过设立企业股份，吸纳资金充裕的个体以资金作为股本加入创业团队，不仅可以缓解融资难的问题，还能够分散创业企业的经营风险。
- 对于初创企业而言，筹集资金除了依靠开源以外，也要注重节流。在企业经营管理过程中，都应本着节约的原则。除此以外，创业企业本身也要更注重产品质量和服务水平，本着诚信经营的原则，树立良好的商业信用，从而增加金融机构授信的砝码，提高企业自身的融资能力。

#### 4 增加成本意识

企业创立初期，大学生创业者们往往会选择开辟新市场、扩大销售量，而忽略了成本控制这一环节。甚至有部分大学生创业者在没有摸清市场状况的前提下，就贸然购买原料、设备等投入生产，结果导致产品滞销。这种滞销的库存商品又会导致当期生产成本的增加，进而造成企业的流动资金短缺，甚至出现现金流断裂。

一般而言，大学生在创业初期所要投入的成本主要有：场地租金、生产经营设备的投入、员工工资、开办企业所缴纳的各项税费等。大学生在创业初始阶段，要严格核算企业的可控变动成本和可控固定成本，根据企业经营目标和产品市场状况，合理确定可控成本的范围以及边界。

## 第七节 大学生创业的案例解析

创业因人、因时、因地而不同，创业成功取决于创业者丰富的社会经验和对市场的把握。大学生由于经验、能力欠缺，创业之路难免不平坦。因此，大学生创业要脚踏实地，不能急于求成，既要选对行业，又要制订较为详细的创业计划。同时，大学生创业者应通过各类实践活动积累创业相关的经验，如专业技术、管理能力等的学习。面对创业过程中的困难和挫折，大学生创业者应不轻易放弃。有了创业的信心，学习、积累了创业相关的知识和能力，脚踏实地地做好创业的每一个环节，大学生创业者必然能够走向成功。

### 一、合法经营是创业成功的必要条件

企业的经营行为主要是指从事某项能够为企业带来利益的活动。一般情况下，正常的企业经营行为不会有非法经营罪的风险，但是也有部分企业因发生非法经营行为而受到处罚。按照法律规定，非法经营罪是指违反国家规定，未取得经营方面的行政许可，而从事的扰乱市场经营秩序的行为，包括非法经营烟草、非法经营食盐、非常出版以及非法经营证券、期货、保险等。

阅读材料

### 合法经营才能成功

姜某曾是广州某大学公共关系学专业的学生，读书期间他一直在一家广告公司做市场策划，这一经历触发了他的创业灵感。大三的时候，他找到学计算机的几个朋友商量创办公司，大家一拍即合，并制订了目标。经过两个多月的努力，一家注册资金为30万元的高科技公司诞生了，姜某为法定代表人。包括姜某在内的7人团队准备在IT界大展拳脚。

在目睹其他团队在互联网上以经营电影网站的方式传播非法视频获取暴利时，姜某的团队虽然羡慕不已，但他们深知“君子爱财，取之有道”，依然坚守合法经营的理念。最终，其他非法经营的团队受到法律严厉的惩处，而姜某则受到来自各方面的嘉奖，其公司在稳定的运营中也取得了不错的效益。

任何一个创业者，首先要是一个守法者，然后才是一个经商者，最后才可能是一个成功者。作为大学生，不要被一时的利益冲昏头脑。妄想通过非法的途径获取暴利，这是不可取的。只有合法经营才能被社会容纳，受到社会的支持、法律的保护，最后走向创业成功。

提醒

创业者在经营过程中应该注意自己经营的内容，特别要注意某些特殊项目是否有行政许可。对于超出自己经营范围的，要特别小心，多向有关部门咨询请示，多做相关调查。

## 二、创业要有详细的计划

创业计划是创业者叩响投资者大门的“敲门砖”，一份优秀的创业计划往往会使创业者受到投资者的另眼相待，达到事半功倍的效果。一般来说，创业计划中应该包括创业的类型、资金规划及资金来源、资金总额的分配比例、阶段目标、财务预估、行销策略、风险评估、创业的动机、股东名册、预定员工人数等。周详的创业计划能够帮助创业者预测企业是否可达到预期目标，以保持企业的可持续发展。

阅读材料

### 详细的创业计划助力企业起飞

胡某就读西安某大学，大学最后一学期，迎接胡某的是一场接一场的招聘会和一次又一次的失望而归。在与企业的接触中，胡某了解到企业也存在类似的烦恼，因为缺乏对大学生的了解，企业仅通过一次招聘会或一次简单的面试就与大学生签订用人协议，事后却发现招聘来的大学生并不适合这份工作，为此浪费了大量的人力和物力。于是，他萌发出一个想法：办一个不同寻常的求职网站，为大学生和企业搭建一个长期稳定的接触平台。大学生和企业只要注册登录，就可以通过这个平台相互了解，企业甚至可以跟踪大学生在校期间的表现，在大学生毕业时决定是否予以录用。

在西安市政府举行的全市落实创业政策恳谈会上，胡某刚提出自己想建立一个大学生求职网站的想法就得到了领导的赞赏和支持。在领导的鼓励下，胡某迅速完善了先前酝酿许久的创业计划，架构起网站的基本框架。接下来的几个月，胡某开始了广泛的市场调研。

胡某对20多家企业进行了调查，并与这些企业的人力资源管理部门负责人进行了沟通，网站的特色服务内容得到多数人的肯定。他计划用2~3年的时间向外界推广该网站，吸纳大学生和企业登录，并向企业收取一部分会员费。几年后，当网络访问量有了一定提升后，广告将会成为网站赢利的又一渠道。未来，在继续完善网站服务内容的基础上，可以推出一系列连带产品，相信网站会有更大的发展前景。

尽管制订了自己的创业计划，确立了赢利模式，进行了市场调研，也得到了父母兄长的资金支持，但胡某却忽视了创业的关键因素之一——组建得力的团队，这是一个不可避免的问题。胡某自己不会编写程序，而网站的建立必须由专业的技术人员来完成，在哪里能找到这样一位技术人员呢？刚开始他以为这不是问题，好在“亡羊补牢，未为迟也”，在制订创业计划的后期，胡某及时向身边好友发布信息，通过好友的帮助，找到了专业的技术团队，通过不断的沟通和协商，双方建立了合作关系，拟定了合作计划。

因为及时弥补了自己的疏忽，所以胡某的创业梦想最后才没有被搁置。

“合理的创业方案、资金和团队是创业的3大要素，缺一不可。”胡某总结道。

完整、详细的创业计划是创业成功必不可少的前提，它对创业具有重要的指导和评估意义。不管从事什么行业，不管创办的企业是大还是小，创业者都要有详细的创业计划。

## 三、创业需要积累足够的经验

大学生有创业热情，可是由于经验欠缺、能力不足等原因，导致创业成功率不高。为此，大学生在创业前要考虑清楚自己的优势，要熟悉所选择的行业。同时，尽量从小事做起，多积累经验，做到厚积薄发。创业之初，不要急功近利，不要过早地追求赢利，不要做损害长远利益的事情。

阅读材料

### 积累经验使创业水到渠成

小陈大学毕业后没有回老家，而是选择留在太原。迫于经济方面的压力，他只能先找一份工作，而枯燥乏味、没有技术含量的工作使他感到很难受，两个多月后，他选择了离职。

“我到底想要做什么？”这是小陈赋闲在家一个多月一直在思考的问题。最终他决定自己创业，开一家特色鲜花店。小陈的父母态度很明确，不反对也不支持。启动资金是小陈面临的最大问题，他只好找亲戚朋友。在“添油加醋”地描绘自己的创业蓝图后，小陈的叔叔答应给他提供资金。但由于小陈不懂行，经验不足，这次盲目的决定导致生意失败，不但亏了钱，更是打击了他的创业信心。但小陈并没有一蹶不振，反而从书店买回了一些创业方面的书，针对自己的情况，制订了一个大致的创业规划。

小陈在大学学的是机械专业，根据创业规划，他选择先从事这方面的工作，去了北京的一家机械公司上班。刚开始，从基层干起，工资也很少，小陈很不适应，抱着“再坚持一秒钟就能挺住”的想法，他最终熬下去了。为了实现创业的梦想，小陈下了不少功夫，别人下班后，他还要看图纸。一年多的时间里，他基本上放弃了休息时间。功夫不负有心人，小陈顺利成了单位的年轻技术骨干，在掌握了这些技术后，他毫不犹豫地辞职了。

回到太原，小陈开始了第二次创业。他吸取了上次创业失败的教训，结合之前掌握的技术，研究了太原小机械市场的需求和走势后，开了一家专营小机械的公司，这次取得了不错的效益。

回想自己的创业过程，小陈深有感触，他认为：年轻人创业拥有思维活跃、充满活力、喜欢接受新鲜事物等优势，但创业初期所拥有的资金、经验及专业特长等都十分少。虽然通过学校的学习使年轻人具备了一定的专业知识，但由于没有进入社会，商业意识、社会经验、企业管理等方面都比较欠缺，因此，在创业方向的选择上应扬长避短，一定要寻找适合自己发展的道路。不要盲目创业，否则成功的概率很小。在创业前，还应进行思想观念、思维方式等方面的系统学习，掌握一定的技能。

如果没有在北京工作的那一段经历，陈某不一定能够创业成功。大学生一定不能盲目创业，在创业前要正确认识自己能力和经验的不足，想方设法培养自己的创业能力，积累创业的相关经验。

## 四、创业要懂得如何理财

对于创业者来说，如何合理地分配创业资金？如何进行资本的转化？这些都需要丰富的理财知识。每一个成功的企业家都会高度重视企业的财务管理，以确保企业获得有效的资源配置。从某种意义上说，创业者理财能力的高低决定整个创业项目的走向。

创业者应该重视培养自己的理财能力，因为创业中的资金问题随时都会出现，创业的风险也无处不在，没有良好的理财能力，创业资金的使用效率肯定会大打折扣，企业的发展也必将受到较大的影响。

提醒

创业是离不开资本运作的，也就是说没有理财能力，创业也就失去了根本。资金是企业的生存之源，创业者要保证它不枯竭。在创业之前，创业者应努力培养自己控制资金的能力。

阅读材料

### 善于理财，走出创业的困境

秦龙和秦虎两兄弟毕业于同一所大学，因为父母做服装生意，家道殷实，毕业不久后，在父母的帮助下，两兄弟都开了一家服装制造的“小作坊”。

由于从小在父母的身边，耳濡目染下，秦龙和秦虎学到了不少服装制造和工厂管理方面的经验，再加上父母丰富的客户资源，两兄弟的生意做得都不错。

在获得一些利润，有了经济基础后，秦龙开始了“铺张浪费”的生活，除了购买经营所需的货车外，还为自己购置了一辆昂贵的小车，添加了很多不必要的生产设备。在日常生活中也大手大脚起来。反观秦虎，严格管理服装厂的生产，能节省的开支就尽量减免，但对于工厂发展和维护运营的支出则一点都不马虎。

半年后，行业不景气，销量捉襟见肘，秦龙因为缺少流动资金，其服装厂岌岌可危。而秦虎因为具有良好的理财观念和习惯，善于理财，在小有成绩后，并没有乐于享受，所以他用手中多余的钱安然度过了这次危机。当市场再次利好时，秦龙的服装厂一时难以恢复如初，秦虎的服装厂则再次迎来爆发，业务量持续上涨。

善于理财是大学生创业的重要基本功。如果大学生创业者不懂财务，则必须让得力的助手帮助理财。否则，企业必将因为资金问题而陷于困境。

## 五、创业要经受得住挫折

每个人在创业中都可能面临失败，面对失败有人一蹶不振，有人吸取经验再次上路。因此，创业者一定要培养抗挫折能力，只有不怕失败，能经受挫折，才能走向最后的成功。当面临困境时，创业团队如果能够齐心协力、同舟共济，努力克服困难，必将使企业走上健康发展的道路。

阅读材料

### 正确对待创业过程中的挫折，风雨之后总会有彩虹

贵州工业大学6名在校大学生共同投资创办了“莱利广告策划公司”。创办者蒋某学的是专业法学，方某学的专业是电子信息。大一的时候，两人共同发起并创办了贵州高校首家红十字会，该红十字会于次年发展成为一个有2 700多名会员的大社团。

当年的“全国高校优秀社团”中，贵州仅此一家社团入选。不久，蒋某和方某双双进入贵州天马国际旅行社兼职。蒋某任外联经理，方某任业务经理，两人共同负责大学生旅游市场的开发和经营。这段兼职经历对蒋某和方某二人影响很大：一是扩大了他们的交际网，使他们初步积累了社会经验；二是旅行社内部的团队精神及创业激情深深打动了他们。从那时起，创业的种子悄悄在这两个热血青年的骨子里萌芽了。

当蒋某把心中的梦想告诉方某时，二人一拍即合，随即决定创办一家广告策划公司！锁定创业目标后，蒋某和方某开始忙碌起来。为了系统地了解财务和管理方面的知识，连续3个月，蒋某和方某除了进行市场调查外，大部分课余时间都泡在了书店里。同时，他们开始通过各种途径物色合作伙伴。几个月后，由6名“勇士”投资5万元创立的广告策划公司成立了。

公司成立伊始，创业者们纷纷表示对公司未来充满信心！但是，热情并不能消除困难。虽然他们得到了社会各界的帮助和支持，但由于缺乏成熟的企业管理能力和市场开拓经验，角色的突然转变使这些大学生们感到现实和创业激情碰撞的“阵痛”。

在困难面前低头、临危不前不是蒋某的作风，他认为有困难就要想方设法去解决。经过商量，蒋某决定根据股东们的课程表统筹安排，规定在没课且完成学习任务的前提下实行轮班制，兼顾学习和工作。

当困难解决后，公司陆续接到不少订单。3个月之后，公司的办公场所由原来的简易场地搬进了时代广场。

大学生创业本身就面临诸多困难，在校大学生创业更是如此，既有经营方面的挑战，又有学业方面的压力。因此，在校大学生创业时应充分考虑人员结构，保证团队成员都能够把全部时间和精力投入创业中，在遇到困难或挫折时，团队成员应该团结一致，互相帮助和激励，共同协商解决问题的办法。

## 六、创业入对行就成功了一半

“女怕嫁错郎，男怕入错行。”在严峻的就业形势面前，大学生创业已然成为“时尚”。大学生创业仅有激情是不够的，选准行业是创业成功的首要条件。不同的行业，所要求的知识储备是不同的，大学生创业不管是选择自己熟悉的行业，还是选择热门行业，都应当了解行业的专业知识以及行业的相关政策、法规等。一旦入错行，知识储备不全，创业容易失败；选择正确的行业，熟悉行业的专业知识和技能，大学生创业者可更好地把控创业过程，使创业走向成功。

阅读材料

### 创业入对行，不起眼的馒头也能创造奇迹

“认清自己，不好高骛远，越低端的行业越有市场。”小宋对创业深有体会。他赖以起家的法宝竟然是一个个毫不起眼的馒头。

小宋是某大学广告专业的学生，毕业后他就一直在找创业项目，当时他也没想好做什么，他卖过药、养过狗，大三的时候还“倒卖”过女士内衣。由于小宋是学广告设计的，所以他在内衣款式选择上有自己独到的眼光。内衣卖了一年，因为口碑好，小宋的内衣店生意还算不错，他也挣到了自己的“第一桶金”。但是，毕业后，他放弃了这一在常人看来很不错的门路。因为小宋觉得贸易不是他的强项，他花了两年时间寻找创业项目，最终将创业的“点子”锁定在了馒头上。

之所以选择馒头，是因为这个行业门槛低，且没有一家标杆企业。他给自己的馒头店起了个名字——“公馆馒头”。

要卖馒头，靠自己肯定不行，需要的是面点师傅。附近超市卖的花式多样的馒头很快进入了小宋的视野。在得知面点师傅现在的工资和福利待遇后，小宋以高过这个水平的待遇把人挖走了。面点师傅之所以放弃稳定的工作，投奔到小宋的馒头店中，靠的是小宋的人性化管理。师傅说机器不好用，磨不出好豆浆，小宋就每天3点起来自己磨，给大家示范；阴沟堵了，工人嫌脏捞不干净，他就用手一把一把地掏。

两年的时间，从当初的一家店，发展到后来的5家店，从简单的包子、馒头发展到玛瑙馒头、饭团糕等40多个品种，小宋的生意越做越大。如今，小宋已顺利注册了一家食品公司，其资产也早已百万元。

大学生创业重要的是选择合适的行业。一方面选择自己熟悉、感兴趣的行业，因为熟悉，则专业知识就是自己的优势；因为感兴趣，则自己会把更多精力投入创业活动中。另一方面，要选择有市场前景的行业，不一定要“专业对口”，但大量学习该行业的知识是非常必要的。有前景的行业可以减轻大学生创业者创业的压力，使其更容易创业成功。创业的资金、创业的经验和能力有限，大学生创业者不妨在低端行业里寻找机会，低端行业一般投资较少，因为“不起眼”，所以竞争对手较少。

## 七、创业不应该急于求成

企业成长如同人的成长一样，是一个从量变到质变的过程。如果过分追求成长速度，则无异于拔苗助长。其实，企业经营就像一场马拉松比赛，不是看谁现在跑得快，而是看谁能在关键时刻跑到别人前面去。创业不是一开始就注定成功的，它是一个漫长的过程，需要经过不断摸索和试验。

阅读材料

### 创业是一个漫长的过程，坚持总会苦尽甘来

阿华从浙江宁波城市技术学院园艺专科毕业后，又到南京林业大学、浙江农科所和中国林科院工厂化育苗中心学习了几年，这些都为他创业奠定了坚实的基础。

在一次博览会上，阿华第一次见到了彩叶植物，他萌生了种植彩叶树的想法。他认为千篇一律的绿色植物已满足不了人们的审美需求。

经过调查得知，当时国内的彩色树研究处于萌芽期，市场上优良的彩叶树非常少。于是，阿华在当地流转了大片土地，成立了合作社，委托苗木公司从国外引进了16种珍稀彩叶枫，开始了创业之路。

种苗下地后，阿华没日没夜地守在大棚里，观察记录彩色枫的长势、适应情况。经过一段时间的经验积累，阿华尝试批量生产彩叶枫苗木，首批繁育的6万棵“橙色梦想”枫树因水土不服只存活了4 000棵，一次性损失达200多万元。

阿华为此联系母校的老师，不厌其烦地讨教学习，在跌跌撞撞的摸索中，珍稀彩叶枫终于扎实生根。陆陆续续，阿华先后从美国、日本、加拿大等10余个国家引进500多种彩叶枫，成功培育356种。

阿华随时都有一股敢拼敢闯的劲儿，他在出国考察期间，从法国引进了薰衣草，从美国引进了大马士革玫瑰。为了带动村民致富，阿华通过工厂化育苗的方式，培育标准化种苗，分发给周边农户及社员种植。其合作社为农户免费提供技术、植保等方面的咨询及服务，并统一价格回收、统一包装上市。

如今，村里的老年人个个都能在家门口挣钱，村庄的“花海”也让前来游玩的人络绎不绝。

创业是一个漫长的过程，在这个过程中会出现不同的问题和困难，创业者需要保持良好的心态。特别是大学生，在创业时容易急于求成，须知好事多磨。脚踏实地地追求自己的创业梦，当有了一次创业成功的经验时，大学生创业者的创业能力自然会得到提升，此时大学生创业者会掌握更多的资源，扩大企业规模或增加产业会变得比较容易。但需要注意的是，当企业效益逐渐凸显后，创业者不能一味地扩大企业规模，而应关注并妥善处理资金预算、市场预测，以及材料、人员相关要素的协调管理等问题。

阅读材料

## 大学生创业必经3大“阶梯”

1. 体验创业

所谓体验创业，就是大学生通过低成本、无风险的个人投资用一种体验的态度和心情进行创业实践活动，逐步增强社会认知，着力感悟自身价值。

2. 学习创业

拥有体验创业的经历之后，那些不想创业的大学生就可以寻找自己喜欢的工作，而那些真正有兴趣继续创业的大学生则要进入下一阶段——学习创业阶段。这个阶段的主要任务是学习创业知识、挖掘创业天赋、明确创业方向。

3. 实践创业

创业是一项充满挑战的伟大事业，一个具有创业愿望的大学生能否最终走上成功创业之路，与他是否相信自己可以在激烈的竞争中胜出有直接的关系。大量事实证明，大学生的实践创业将有效激发大学生的智慧潜能，促进大学生的社会适应能力。在经历了创业实践之后，无论成败，大学生都将拥有值得终身珍视的人生财富。这对于大学生未来赢取事业的成功、家庭的幸福、人生的快乐都将发挥无与伦比的重要作用。

总体而言，体验创业、学习创业与实践创业是大学生成功创业的3个阶段，各个阶段是前后相连的。

# 第八节　评估与分析

进入大学以后，今后有创业想法或准备开始创业的大学生们，不妨先做一个创业测评，通过测评来看看自己是否具备创业的前提条件，再进行查漏补缺，及早规划自己的创业之路。

（1）你知道自己为什么想创业吗？

是□　否□

（2）你有强烈的创业动机吗？

是□　否□

（3）你平时做事很自信吗？

是□　否□

（4）你觉得遇到难题后，自己的决策力强吗？

是□　否□

（5）你认为自己当前具备一些基本的管理、营销和财务知识吗？

是□　否□

（6）你觉得自己平时好学吗？

是□　否□

（7）你具备领导能力吗？

是□　否□

（8）你平时遇到冒险的事情，敢于走在别人的前面吗？

是□　否□

（9）你认为自己是一个负责的人吗？

是□　否□

（10）你认为自己具备开拓进取的精神吗？

是□　否□

（11）你平时的人脉关系广吗？

是□　否□

（12）你有能力带领和运作一个团队吗？

是□　否□

（13）你平时思考问题有创新性吗？

是□　否□

（14）创业人之间发生矛盾时，你会坚持原则，据理力争吗？

是□　否□

（15）你认为创业公司的财务预测中，最重要的是销售增长吗？

是□　否□

（16）你认为招聘员工时，最重要的是文凭吗？

是□　否□

（17）你认为创业成功的关键是资金实力吗？

是□　　否□

（18）开始创业后，你认为立刻做的第一件事是着手研发产品吗？

是□　　否□

当回答“是”多于“否”时，说明你已经具备一定的创业条件了，可以试图进行创业；反之，则应慎重选择创业。当然，这个结果不是绝对的，创业条件是可以通过自己的努力来创造并改善。

# 参考文献


[1] 马于军. 大学生就业问题研究 [M]. 长沙：湖南人民出版社，2007.

[2] 黄赤兵，黄永权. 大学生就业指导 [M]. 2 版. 厦门：厦门大学出版社，2015.

[3] 杨邦勇. 大学生职业发展与就业指导 [M]. 2 版. 上海：同济大学出版社，2012.

[4] 通识教育规划教材编写组. 大学生就业指导 [M]. 北京：人民邮电出版社，2016.

[5] 白涛. 学生就业指导与创业教育 [M]. 哈尔滨：哈尔滨工程大学出版社，2010.

[6] 麦可思研究院. 2010 年中国大学生就业报告 [M]. 北京：社会科学文献出版社，2010.

[7] 李绍勋，范建荣. 大学生职业生涯规划与创业就业指导 [M]. 北京：人民邮电出版社，2015.

[8] 文厚润，张斌. 大学生就业实用教程——大学生职业发展与就业指导[M]. 2 版. 北京：高等教育出版社，2013.

[9] 吴克明. 中国大学生就业问题研究 [M]. 济南：山东人民出版社，2015.

[10] 庞开山. 大学生就业与创业法律实务 [M]. 合肥：中国科学技术大学出版社，2011.

[11] 刘清亮，陈玲，王吉祥. 就业指导与职业规划 [M]. 北京：人民邮电出版社，2009.

[12] 王德炎，刘义，阮敏，秦莉红. 大学生就业指导案例 [M]. 成都：西南交通大学出版社，2010.

[13] 肖建中. 职业规划与就业指导 [M]. 北京：北京大学出版社，2006.

[14] 王宝生. 大学生就业与创业指导教程 [M]. 3 版. 北京：机械工业出版社，2014.

[15] 林永和. 毕业生就业指导 [M]. 北京：经济管理出版社，2006.

[16] 就业与创业课题研究组. 大学生就业与创业指导教程 [M]. 北京：人民军医出版社，2008.

[17] 周宏岩，苏文平. 大学生职业生涯规划与就业指导 [M]. 北京：化学工业出版社，2009.

[18] 劳动和社会保障部培训就业司　中国就业培训技术指导中心组织. 360 职业生涯——职业指导教学训练指导手册 [M]. 北京：中国劳动社会保障出版社，2006.

[19] 朱俊德. 不可不知的 1 000 个职场常识 [M]. 北京：中国法制出版社，2009.

[20] 路军. 世界著名公司面试题 [M]. 北京：企业管理出版社，2009.

[21] 张帆. 职业指导案例 [M]. 北京：化学工业出版社，2008.

[22] 苏珊·霍奇森著，张晓林，等译. 面试中的 248 个问题及回答技巧 [M]. 北京：中国市场出版社，2009.

[23] 胡开鲜. 就业指导案例教程 [M]. 北京：化学工业出版社，2009.

[24] 伍样伦，何东. 大学生就业 [M]. 北京：科学出版社，2011.

［25］ 孙玉贤．大学生职业生涯发展规划［M］．兰州：甘肃人民出版社，2008.

［26］ 黄希庭．心理学导论［M］．北京：人民教育出版社，2001.

［27］ 全国高等学校学生信息咨询与就业指导中心．大学生职业发展与就业指导［M］．北京：高等教育出版社，2009.

［28］ 王晓红．大学生创业准备的指导策略［M］．武汉：湖北社会科学，2011.

［29］ 赵峻波．MBTI 性格类型方法在大学生职业规划中的应用［M］．北京：中国电力教育，2009.

［30］ 未来之舟．求职礼仪手册［M］．北京：中国海洋出版社，2005.

［31］ 北京高校学生心理素质教育工作研究中心组织．大学生职业生涯辅导［M］．北京：经济管理出版社，2008.

［32］ 刘磊．初涉职场，18 个细节决定成败［M］．中国大学生就业杂志，2005 年第 9 期．

［33］ 赵麟斌．大学生职业生涯规划与就业指导［M］．北京：北京大学出版社，2008.

［34］ 张文勇，马树强．大学生职业规划与就业指导［M］．北京：科学出版社，2006.

［35］ 高桥，王辉．大学生职业发展与就业指导教学指南［M］．北京：现代教育出版社，2008.

［36］ 高桥．大学生就业指导［M］．北京：清华大学出版社，2006.

［37］ 高校教材编委会．大学生就业指导［M］．长春：吉林大学出版社，2005.

［38］ 罗萤．大学生职业发展与就业指导［M］．福州：福建人民出版社，2012.

［39］ 丁振宇．现代礼仪全书［M］．北京：光明日报出版社，2002.

［40］ 张文．求职礼仪［M］．广州：华南理工大学出版社，2000.